银行业专业人员职业资格考试(初级)应试指导教材

个人理财

(第2版)

银行业专业人员职业资格考试应试指导教材编写组　编著

中国财富出版社有限公司

图书在版编目(CIP)数据

个人理财/银行业专业人员职业资格考试应试指导教材编写组编著.—2 版.—北京：中国财富出版社有限公司,2022.6(2023.4 重印)

(银行业专业人员职业资格考试(初级)应试指导教材)

ISBN 978-7-5047-7721-8

Ⅰ.①个… Ⅱ.①银… Ⅲ.①私人投资-资格考试-自学参考资料 Ⅳ.①F830.59

中国版本图书馆 CIP 数据核字(2022)第 096803 号

策划编辑	李彩琴	**责任编辑**	张红燕　孟　婷	**版权编辑**	李　洋
责任印制	梁　凡	**责任校对**	孙丽丽	**责任发行**	董　倩

出版发行	中国财富出版社有限公司		
社　　址	北京市丰台区南四环西路 188 号 5 区 20 楼	**邮政编码**	100070
电　　话	010-52227588 转 2098(发行部)		010-52227588 转 321(总编室)
	010-52227566(24 小时读者服务)		010-52227588 转 305(质检部)
网　　址	http://www.cfpress.com.cn	**排　　版**	安徽佰通教育科技发展有限公司
经　　销	新华书店	**印　　刷**	三河市悦鑫印务有限公司
书　　号	ISBN 978-7-5047-7721-8/F·3439		
开　　本	787mm×1092mm　1/16	**版　　次**	2022 年 6 月第 2 版
印　　张	13.5	**印　　次**	2023 年 4 月第 3 次印刷
字　　数	328 千字	**定　　价**	42.00 元

编 委 会

前　言

一、考试简介

银行业专业人员职业资格考试科目包括“银行业法律法规与综合能力”和“银行业专业实务”。其中，“银行业专业实务”下设“个人理财”“公司信贷”“个人贷款”“风险管理”“银行管理”五个专业类别。考生须在主办方举办的连续两次考试中通过“银行业法律法规与综合能力”与“银行业专业实务”科目下任意一个专业类别后，方可取得银行业专业人员职业资格证书。

为了帮助广大考生更快、更好地熟悉考试内容，把握考试重点，并及时进行巩固和自我检测，银行业专业人员职业资格考试应试指导教材编写组根据中国银行业协会2021年4月发布的《〈个人理财〉初级考试大纲》，对真题考点进行细致分析，编写了本套教材。

二、学习指导

特色模块	学习指导
应试分析	把握整章的主要内容、所占分值、考试重点及学习方法等。
思维导图	建立整章的脉络框架，明确不同知识点的学习要求。
知识精讲	★结合学习要求和真考解读有侧重点地学习。其中，标记蓝色及下画线的内容需要重点记忆（蓝色标记为考试重点，下画线标记为题眼）。 ★学完知识点做典型真题，了解知识点考查形式，做到灵活运用。
章节练习	学完一章知识点，进行章节真题练习，便于及时巩固和自我检测。

三、增值服务

（一）视频课程

本套教材随书赠送视频课程，为考生提供多元化学习方式。考生可通过以下两种方式观看视频课程：

（1）扫描每节节名右侧的二维码即可进入观看。

（2）扫描下文二维码，激活课程之后在网校观看。

（二）配书题库

本套教材中章节练习题目数量有限，智能题库系统为大家提供更多章节练习题。智能题库系统中有真题必练、模拟预测、错题训练等功能，有微信版、网页版及 App，考生可根据自己的实际情况，在不同的环境下选择不同的练习方式，充分利用自己的时间。

四、联系我们

尽管编写组成员们本着精益求精的态度编写本套教材，但由于时间所限，书中难免有不足之处，恳请广大读者批评指正。联系邮箱：weilaijiaoyucaijing@ foxmail. com。

预祝所有考生顺利通过考试！

银行业专业人员职业资格考试应试指导教材编写组

目　录

开　篇　考情分析

一、章节分值分布

为了更好地把握科目特点，熟悉考试重点，本书分析了近几次考试真题分值的分布情况。在考试真题数据分析基础上，编者整理了每一章在考试中涉及的大概分值。具体见表1。

表1　　考试真题分值平均分布情况

所属章节	分值
第一章　个人理财概述	5分
第二章　与个人理财业务相关的法律法规	20分
第三章　理财投资市场介绍	25分
第四章　理财产品概述	22分
第五章　客户分类与需求分析	6分
第六章　理财规划计算工具与方法	15分
第七章　理财师的工作流程和方法	5分
第八章　理财师金融服务技巧	2分

银行业专业人员职业资格考试对知识点的考查角度多样，考查形式多变，因此，本数据仅供考生参考。

二、考试题型解读

“个人理财”科目考试共145道题目，题型包括单选题、多选题和判断题。

（一）单选题

单选题有90道，每道0.5分，共45分。此类题型较为简单，即在给出的四个选项中选出符合题目要求的唯一答案。通常是针对某个知识点进行考查，考查较为简单。

【例题·单选题】下列选项中，不属于理财业务按客户类型（主要是资产规模）进行分类的是（　　）。

A. 理财业务　　B. 财富管理业务

C. 私人银行业务　　D. 小客户投资咨询业务

【答案】D**【解析】**按客户类型（主要是资产规模）进行分类，个人理财业务可分为理财业务（服务）、财富管理业务（服务）和私人银行业务（服务）三个层次。

（二）多选题

多选题有40道，每道1分，共40分。此类题型在所给出的五个选项中，有两项或两项以上符合题目的要求，多选、少选、错选均不得分。相对于单选题，有一定难度，要求考生对知识点有更准确的把握。

【例题·多选题】 下列各项中，属于理财师的职业特征的是（　　）。

A. 顾问性　　B. 综合性　　C. 受托性

D. 规范性　　E. 短期性

【答案】 ABD **【解析】** 理财师的职业特征包括顾问性、专业性、综合性、规范性、长期性和动态性。

（三）判断题

判断题有 15 道，每道 1 分，共 15 分。此类题型较为简单，即对题干描述做出判断，正确的为 A，错误的为 B。

【例题·判断题】 开放式理财产品总体份额与总体金额都是可变的，即开放式理财产品是可以随时根据市场供求情况发行新份额或被投资人赎回的理财产品。（　　）

A. 正确　　B. 错误

【答案】 A **【解析】** 银行理财产品按交易类型可分为两类：开放式产品和封闭式产品。开放式产品总体份额与总体金额都是变动的，是随时根据市场情况发行新的份额或被投资者赎回的理财产品。故本题选 A。

三、命题规律分析

（一）直接考查

在考试中，部分题目是对知识点进行直接考查，此类题目主要考查考生对知识点的掌握程度，重点在于记忆。考生可以通过多做练习题进行巩固。

（二）考查对知识点的理解运用

在考试中，部分题目需要考生在记忆、理解知识点的基础上进行答题，通常以多选题的形式进行考查，题目略有难度。这主要考查考生对知识点的灵活运用能力。考生可以通过典型真题了解各知识点的考查形式，对涉及的知识点进行深入理解，做到举一反三，在重复中加强记忆。

第一章　个人理财概述

应试分析

本章主要介绍个人理财及其相关概念、个人理财业务发展的现状及动因，以及理财师的执业资格与要求。在考试中，本章考查得较少，涉及的分值约为 5 分。考试重点集中在第一节中的银行个人理财业务的分类和第三节中的理财师的执业资格要求。本章内容在考试中多为直接考查，难度不大，考生可以根据正文中的真考解读进行有侧重点地学习。

思维导图

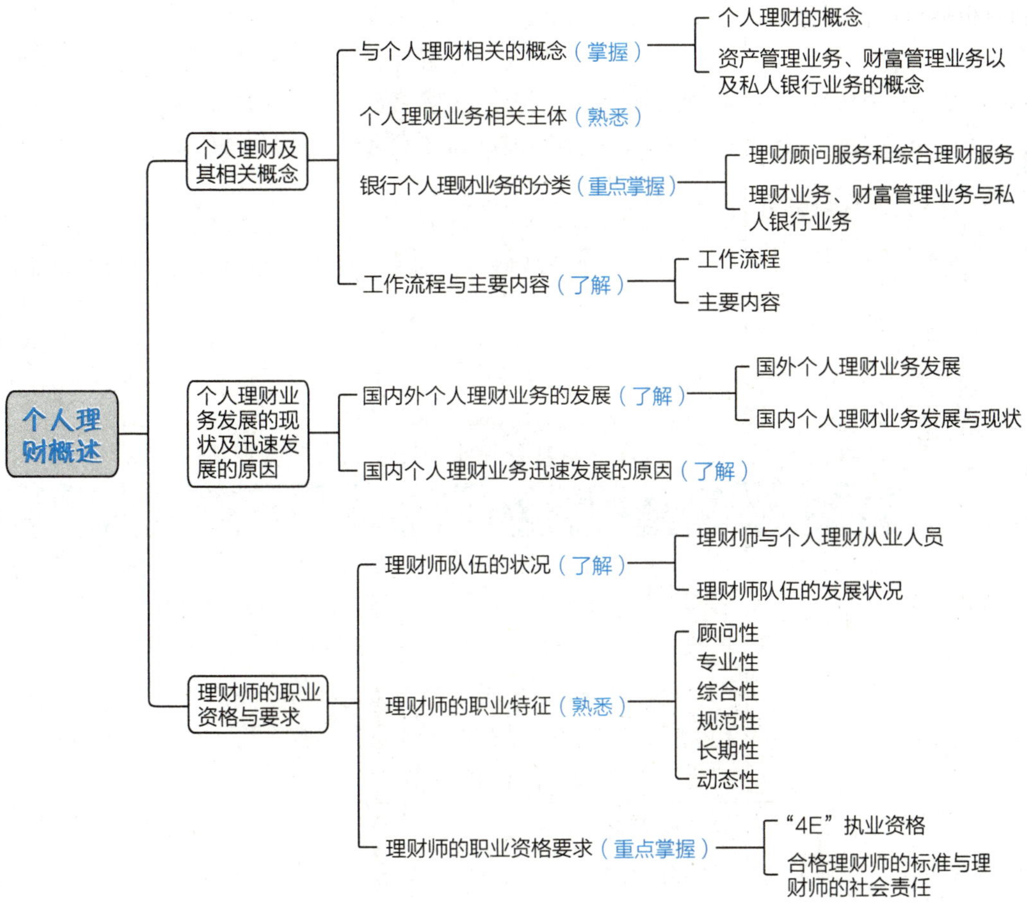

知识精讲

第一节 个人理财及其相关概念

真考解读属于常考点，一般会考1道题。

一、与个人理财相关的概念（掌握）

（一）个人理财的概念

项　目	内　容
一般概念	个人理财是指以了解、分析客户基本情况为前提，根据其人生目标、财务状况、风险属性等不同因素，制定理财目标与理财规划，执行理财规划，实现理财目标的过程。
银保监会给出的概念	《商业银行理财业务监督管理办法》规定，理财业务是指商业银行接受投资者委托，按照与投资者事先约定的投资战略、风险承担和收益分配方式，对受托的投资者财产进行投资和管理的金融服务。 具体可以从以下三点理解： （1）不是客户自己理财，而是专业人员提供资产管理服务。 （2）不是产品推销，而是提供个性化综合金融服务和非金融服务。 （3）不是仅仅针对客户某个生命阶段，而是针对客户一生的理财过程。

（二）资产管理业务、财富管理业务以及私人银行业务的概念

项　目	内　容
资产管理业务	资产管理业务是指银行、信托、证券、基金、期货、保险资产管理机构、金融资产投资公司等金融机构接受投资者委托，对受托的投资者财产进行投资和管理的金融服务。
财富管理业务	财富管理业务整合了私人银行业务、资产管理业务以及证券经纪业务，是通过一系列财务规划的程序，将个人或法人不同形式的财富，予以科学化管理的过程。
私人银行业务	私人银行业务是私人银行为高净值客户提供专业化、个性化、综合化金融服务和全方位非金融服务的经营行为。[解读1]

解读1私人银行业务特征包括准入门槛高；综合化服务；重视客户关系。

典型真题

【单选题】关于私人银行业务，下列表述错误的是(　　)。

A. 金融机构可从中收取服务费

B. 仅限于为客户提供资产管理、投资规划

C. 实际上属于综合化服务

D. 向个人业务中高资产净值客户提供全方位理财业务

【答案】B【解析】私人银行业务为高净值客户提供专业化、个性化、综合化金融服务和全方位非金融服务的经营行为，银行等金融机构也可从中收取服务费。

二、个人理财业务相关主体（熟悉）

真考解读 考查相对较少，考生熟悉即可。

相关主体	内容
个人客户	个人客户是个人理财业务的需求方，也是金融机构个人理财业务的服务对象。
商业银行	商业银行是个人理财业务的供给方，是个人理财服务的提供商之一。
非银行金融机构	包括证券公司、基金公司、信托公司、保险公司、租赁公司以及一些资产管理公司等金融机构，也是个人理财业务的提供商。
互联网金融机构	互联网金融机构包括网络银行、P2P 借贷平台、众筹平台、网络资产交易平台、网络经纪（代销基金、保险、证券等产品及相关资讯服务）、网络征信、第三方支付及金融产品搜索引擎等。解读2
第三方理财机构	第三方理财机构是指那些独立的中介理财机构，其不同于银行、证券、保险等大型金融机构，绝大多数第三方理财机构没有自己的产品，因而能够客观分析客户的财务状况和理财需求，帮助客户选择合适的金融产品和产品组合，提供综合性的理财规划。
律师、会计师事务所	涉及家族信托、企业股权结构设计和税务筹划等客户财产传承、保全等财务问题。
监管机构	国务院金融稳定发展委员会、中国人民银行、中国银行保险监督管理委员会、中国证券监督管理委员会、国家外汇管理局等。

解读2 互联网金融依托新的技术条件，发展普惠金融，主要服务于大众客户。

三、银行个人理财业务的分类（重点掌握）

真考解读 属于必考点，一般会考2道题。

（一）理财顾问服务和综合理财服务

按是否接受客户委托和授权对客户资金进行投资和管理，理财业务划分为理财顾问服务和综合理财服务。

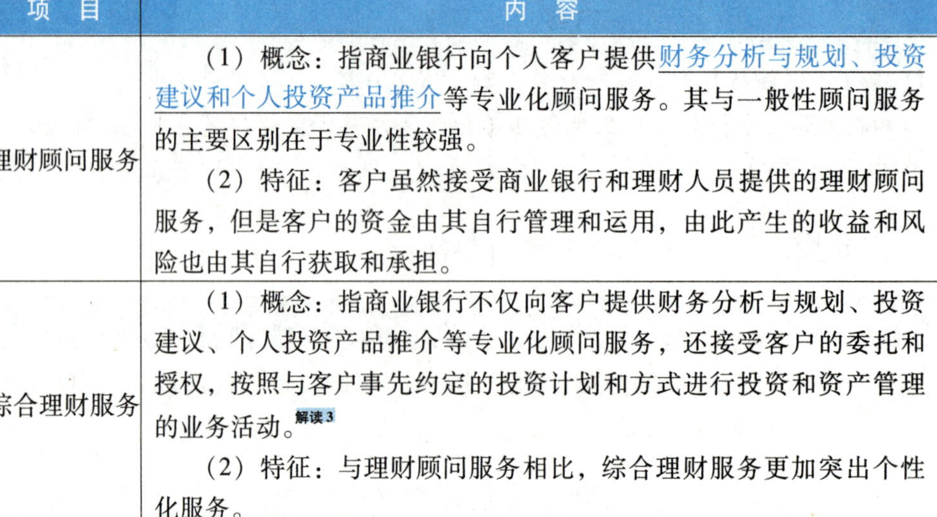

项目	内容
理财顾问服务	(1)概念：指商业银行向个人客户提供财务分析与规划、投资建议和个人投资产品推介等专业化顾问服务。其与一般性顾问服务的主要区别在于专业性较强。 (2)特征：客户虽然接受商业银行和理财人员提供的理财顾问服务，但是客户的资金由其自行管理和运用，由此产生的收益和风险也由其自行获取和承担。
综合理财服务	(1)概念：指商业银行不仅向客户提供财务分析与规划、投资建议、个人投资产品推介等专业化顾问服务，还接受客户的委托和授权，按照与客户事先约定的投资计划和方式进行投资和资产管理的业务活动。解读3 (2)特征：与理财顾问服务相比，综合理财服务更加突出个性化服务。

解读3 在综合理财服务中，商业银行充当了受托人和执行人的双重角色。

（二）理财业务、财富管理业务与私人银行业务

商业银行往往根据客户类型（主要是资产规模）进行个人理财业务分类，按照客户资产规模等级由低向高，个人理财业务可分为理财业务（服务）、财富管理业务（服务）和私人银行业务（服务）三个层次。

类别	内容
理财业务（服务）	面向所有客户，仅提供基础性服务。客户范围广泛，但是服务种类有限。
财富管理业务（服务）	面向中高端客户，提供部分个性化服务。客户等级与服务种类均超过理财业务（服务）。
私人银行业务（服务）	面向高端客户，提供个性化、综合性服务，服务种类最为齐全。

典型真题

【单选题】商业银行在理财顾问服务中给客户提供的服务不包括(　　)。

A. 储蓄存款产品推介　　B. 投资建议

C. 财务规划　　D. 财务分析

【答案】A【解析】为销售储蓄存款而进行的产品推介属于商业银行一般性业务咨询活动，不属于理财顾问服务。

【单选题】下列选项中，不属于理财业务按客户类型（主要是资产规模）进行分类的是(　　)。

A. 理财业务　　B. 财富管理业务

C. 私人银行业务　　D. 小客户投资咨询业务

【答案】D【解析】按客户类型（主要是资产规模）进行分类，个人理财业务可分为理财业务（服务）、财富管理业务（服务）和私人银行业务（服务）三个层次。

四、工作流程与主要内容（了解）

真考解读 考查较少，考生了解即可。

（一）工作流程

按照国际惯例，个人理财或理财规划流程是对理财师执业准则的要求。我们将理财师的工作流程概括为以下六个方面。

（1）接触客户，建立信任关系。

（2）收集、整理和分析客户的家庭财务状况。

（3）明确客户的理财目标。

（4）制订理财规划方案。

（5）理财规划方案的执行。

（6）后续跟踪服务。

（二）主要内容

个人理财核心内容包括家庭收支和债务管理、财富保障与规划、教育投资规划、退休养老规划、投资规划、税务规划、财富传承规划及中小企业主理财规划八部分内容。

第二节　个人理财业务发展的现状及迅速发展的原因

一、国内外个人理财业务的发展（了解）

真考解读 考查较少，考生了解即可。

（一）国外个人理财业务发展

个人理财业务兴起、发展并成熟于美国，其发展大致经历了以下三个阶段。

项　目	内　容
萌芽阶段（20 世纪 30—60 年代）	（1）该阶段个人理财业务概念尚未明确，没有出现独立意义上的个人理财业务。 （2）主要形式为保险产品和基金产品的销售服务。
形成与发展阶段（20 世纪 60—80 年代）	（1）1969 年，国际理财规划师协会（IAFP）应运而生，标志着个人理财业务开始向专业化发展。 （2）1973 年，注册理财规划师证书标志着专业理财师的诞生。
成熟阶段（20 世纪 90 年代中后期）	（1）理财产品逐渐取代银行存款，成为商业银行归集社会资金的工具。 （2）主要形式由销售金融产品向专业咨询服务转变。

（二）国内个人理财业务发展与现状

项 目	内 容
萌芽阶段（20 世纪 80 年代末—90 年代）	商业银行开始向客户提供专业化投资顾问和个人外汇理财服务，但大多数居民还没有理财的意识和概念。
形成阶段（21 世纪初—2005 年）	理财产品销售规模不断扩大，理财产品、理财环境、理财观念和意识以及理财师专业队伍的建设也有了显著的进步。
迅速发展阶段（2006 年至今）	个人理财业务已成为我国商业银行个人金融业务的重要组成部分，是银行非利息收入的重要来源。

真考解读 考查较少，考生了解即可。

二、国内个人理财业务迅速发展的原因（了解）

（1）我国城乡居民收入迅速增长，财富得到了大量的积累，除了收入和储蓄金额的增加之外，经济环境的变迁也直接促进了我国居民财富的积累。

（2）居民理财意识不断上升，理财需求不断增加。

（3）居民理财知识和技能欠缺，其日益积累的财富与其自身的投资理财知识、法律保护意识、时间和精力等不相匹配。

（4）随着金融市场不断发展，投资理财工具日趋丰富。

（5）国内金融机构战略转型的客观需要。

第三节 理财师的职业资格与要求

真考解读 考查较少，考生了解即可。

一、理财师队伍的状况（了解）

（一）理财师与个人理财从业人员

项 目	内 容
理财师	又称理财规划师、财富管理师，指取得相关从业资格，代表金融机构为客户提供理财规划专业服务活动的专业人士。
个人理财从业人员	相对一般性业务咨询人员较为专业，指能够为客户提供理财规划服务的业务人员，以及其他与个人理财业务销售和管理活动紧密相关的专业人员。其专业服务的性质主要体现在以下两个方面。 （1）顾问性质：商业银行在专业化服务活动中充当理财顾问，向客户提供咨询服务，相关业务人员须持有理财师专业证书。 （2）受托性质：商业银行将按照与客户事先约定的投资计划和方式进行投资和资产管理的业务活动。解读1

解读1 个人理财业务是建立在委托—代理关系基础上的银行业务。

（二）理财师队伍的发展状况

近年来，我国理财师队伍发展迅速，其发展现状有如下三个特征。

（1）理财师人数增长迅猛，队伍扩张迅速，究其原因，主要有以下三个因素。

①我国理财服务需求大，理财规划人才紧缺。

②监管力度加大，行业管理越来越规范。

③合格理财师的职场选择多，职业发展前景好，提升空间大。

（2）我国理财行业发展时间较短，理财师普遍比较年轻，专业素质水平参差不齐。

（3）客户缺乏对理财师的信任和依赖，对于理财师在理财过程中的专业指导并不认同，而且我国资本市场不健全，投资渠道匮乏，使高端客户的个性化需求无法得到满足等，造成理财师的市场认可度有待提高。

二、理财师的职业特征（熟悉）

真考解读 考查相对较少，考生应熟悉理财师的职业特征。

职业特征	内　容
顾问性	理财师在执业过程中，只提供建议，不做决策，最终决策权仍在客户本人。所以在操作过程中产生的收益和风险，均由客户自行获取和承担。
专业性	理财师必须具有良好的专业知识，能够熟练运用财务分析、理财工具等，可以及时为客户提供科学有效的投资方案。
综合性	理财师在执业过程中，不仅需要熟悉财务、法律、投资、债务管理、保险、税务等专业知识，还需要兼顾客户的家庭财务状况、非财务状况以及家庭不同时期对于理财的需求。
规范性	理财师在执业过程中的行为必须遵守相关法律法规、准则以及职业道德，应当具有标准的服务流程、健全的管理体系以及明确的责任划分。
长期性	理财师在执业过程中，追求的是与客户建立长期关系，帮助客户实现长期乃至一生的专业的财务规划。
动态性	理财师在执业过程中，对于同一客户的理财方案与投资建议不是一成不变的，应当随着客户自身状况、宏观经济状况、投资市场的发展以及企业重要因素的变化作出相应的改进。

典型真题

【单选题】关于理财规划服务涉及的内容，下列说法中错误的是(　　)。

A. 涉及财务、法律、投资　　B. 涉及保险、税务等

C. 不涉及债务管理　　D. 涉及家庭财务、非财务状况

【答案】C【解析】选项 A、选项 B、选项 D 均属于理财规划服务涉及的内容，选项 C 说法错误。

【多选题】下列各项中，属于理财师的职业特征的是(　　)。

A. 顾问性　　B. 综合性　　C. 受托性

D. 规范性　　E. 短期性

【答案】ABD【解析】理财师的职业特征包括顾问性、专业性、综合性、规范性、长期性和动态性。

真考解读 属于必考点，一般会考 2 道题。

三、理财师的职业资格要求（重点掌握）

（一）“4E”执业资格

“4E”由教育（Education）、考试（Examination）、工作经验（Experience）和职业道德（Ethics）四部分组成。解读2

解读2 必考点：“4E”执业资格的组成。

项　目	内　容
教　育	（1）教育是理财师资格认证的首要环节，是成为一名合格理财师的基础。 （2）获得理财师资格需要学习的内容包括金融、投资、法律、保险、税务、员工福利和社会保障、遗产处置等。
考　试	考试可以有效检验申请人对理财知识和技能的掌握程度，是否具备理财师工作的条件。通过考试则意味着具备了理财师工作所要求的胜任能力。
工作经验	理财从业人员的工作经验和从业记录通过资格审核后，才能被授予理财师资格证书。
职业道德	（1）职业道德不仅是获得理财师资格认证最重要的环节，也是最后环节。遵守职业道德是理财师应具备的最重要的职业素养。 （2）我国对于理财师职业道德的要求：遵纪守法、保守秘密解读3、正直守信、客观公正、勤勉尽职、专业胜任。

解读3 保守秘密是指理财师未经客户或所在机构明确同意，不得泄露客户的个人信息、家庭信息、资产信息等核心隐私以及所在机构的商业秘密。

典型真题

【单选题】下列不属于理财师执业资格“4E”执业资格的是(　　)。

A. 工作经验　　B. 教育　　C. 情绪管理　　D. 考试

【答案】C【解析】“4E”由教育、考试、工作经验和职业道德四部分组成，不包括选项 C。

【单选题】下列行为中，(　　)违反了保护商业机密与客户隐私的规定。

A. 与同业工作人员交流对某些客户的评价，但未透露客户具体数据

B. 避免向同事打听客户的个人信息和交易信息

C. 了解调查申请贷款客户的信用记录、财务经营状况

D. 与同事通过电子邮件发送银行在网上已公布的财务数据

【答案】A【解析】选项A，虽然未透露具体数据，但对客户的评价也可能涉及客户的信息和隐私，因而可能违反了保护商业机密与客户隐私的规定。故本题选A。

（二）合格理财师的标准与理财师的社会责任

项目	内容
合格理财师的标准	（1）拥有良好的品德。 （2）具有超强的服务意识和服务本领。 （3）专业扎实，理财师的专业能力体现在了解、分析客户的能力和资产配置能力两方面。其中，了解、分析客户的能力主要通过掌握接触客户、取得客户信赖的方法，收集、整理客户信息，客户分类和了解、分析客户需求等。
理财师的社会责任	（1）理财师在执业过程中，充当国家金融政策和金融法规的重要传导者。 （2）理财师在执业过程中，充当正确投资理念的重要宣导者，倡导并引导客户树立健康的投资理念。 （3）理财师在执业过程中，充当理财风险的揭示者，应当正确向客户揭示理财过程中的风险。 （4）理财师在执业过程中，充当客户声音的反馈者，应当认真听取并向上级报告客户的建议和意见，忠诚倾听客户的心声。

章节练习

一、单选题（以下各小题所给出的四个选项中，只有一项符合题目要求，请选择相应选项，不选、错选均不得分）

1. 小王向客户提供了财务分析与规划，提出了投资建议，推介了投资产品，根据客户的委托和授权进行投资和资产管理。区分小王提供的是理财顾问服务还是综合理财服务的要点在于(　　)。
   A. 根据客户的委托和授权进行投资和资产管理
   B. 推介投资产品
   C. 提供服务分析与规划
   D. 提出投资建议

2. 理财师要以自己的专业水准来判断，坚持客观性，不带任何个人感情，这体现了(　　)的职业道德准则。
   A. 正直守信　　B. 客观公正　　C. 勤勉尽职　　D. 专业胜任

3. 下列选项中，属于个人理财业务供给方的是(　　)。
   A. 个人客户　　B. 商业银行
   C. 银行业机构　　D. 监管机构
4. 下列不属于国外银行个人理财业务发展阶段的是(　　)。
   A. 萌芽阶段　　B. 形成与发展阶段
   C. 成熟阶段　　D. 稳定发展阶段
5. 下列关于商业银行和客户在理财顾问服务中角色的说法，正确的是(　　)。
   A. 商业银行提供建议并作出决策，客户不参与
   B. 商业银行只提供建议，最终决策权在客户
   C. 客户提供建议并作出决策，商业银行不参与
   D. 客户只提供建议，最终决策权在商业银行

二、多选题（以下各小题所给出的五个选项中，有两项或两项以上符合题目的要求，请选择相应选项，多选、少选、错选均不得分）

1. 理财业务是指商业银行接受投资者委托，按照与投资者事先约定的(　　)对受托的投资者财产进行投资和管理的金融服务。
   A. 投资策略　　B. 风险承担方式
   C. 流动性要求　　D. 客户要求
   E. 收益分配方式
2. 理财师的专业能力可以概括为(　　)。
   A. 了解、分析客户的能力
   B. 反馈客户意见的能力
   C. 实现客户理财目标的能力
   D. 投资理财产品选择、组合和理财规划的能力
   E. 传导国家金融政策的能力
3. 理财顾问服务具有顾问性、专业性、长期性等特点，以下关于这些特点，说法正确的是(　　)。
   A. 商业银行提供理财顾问服务寻求的是银行短期的经营业绩
   B. 理财顾问服务是一项专业性很强的服务，要求从业人员有扎实的金融基础知识
   C. 理财顾问服务对银行理财产品实现的是顾问式、组合式销售，能够提高业绩
   D. 理财顾问服务涉及的内容非常广泛，要求能够兼顾客户财务的各个方面需求
   E. 商业银行在理财顾问服务中提供建议，最终决策权在客户，收益或风险由银行和客户共同获取或承担

三、判断题（请对以下各项描述做出判断，正确的为A，错误的为B）

1. 工作经验要求是理财行业和理财师职业发展的有力保证。(　　)
   A. 正确　　B. 错误
2. 私人银行业务是面向中高端客户提供的服务。(　　)
   A. 正确　　B. 错误

答案详解

一、单选题

1. A【解析】区别理财顾问服务与综合理财服务的要点：根据客户的委托和授权进行投资和资产管理，与理财顾问服务相比，综合理财服务更加突出个性化服务。

2. B【解析】客观公正就是理财师要以自己的专业水准来判断，坚持客观性，不带任何个人感情。在理财业务开展过程中，公正对待每位客户、委托人、合伙人或所在的机构。

3. B【解析】商业银行是理财业务的供给方，是个人理财服务的提供商之一。

4. D【解析】国外银行个人理财业务发展阶段：①萌芽阶段；②形成与发展阶段；③成熟阶段。

5. B【解析】在理财顾问服务中，商业银行不涉及客户财务资源的具体操作，只提供建议，最终决策权在客户。

二、多选题

1. ABE【解析】2018 年 9 月 26 日，中国银保监会正式颁布了《商业银行理财业务监督管理办法》，明确了“理财业务是指商业银行接受投资者委托，按照与投资者事先约定的投资策略、风险承担和收益分配方式，对受托的投资者财产进行投资和管理的金融服务”。

2. AD【解析】理财师的专业能力可以概括为如下两点：①了解、分析客户的能力；②资产配置能力（投资理财产品选择、组合和理财规划的能力）。

3. BCD【解析】商业银行提供理财顾问服务寻求的是和客户建立一个长期的关系，不能只追求短期的利益；银行提供建议，最终决策权在客户，所有权益或风险均由客户获取或承担。

三、判断题

1. B【解析】职业道德要求是理财行业和理财师职业发展的有力保证。

2. B【解析】财富管理业务是面向中高端客户提供的服务，而私人银行业务则是仅面向高端客户提供的服务。

第二章　与个人理财业务相关的法律法规

应试分析

本章的内容包括与个人理财业务相关的法律法规基础知识、与理财规划相关的法律法规和银行销售及代理销售产品相关的法律法规。其中，考试重点是《中华人民共和国民法典》（以下简称《民法典》）中与个人理财业务相关的规定。本章内容非常重要，是历次考试的重点，涉及的分值约为20分。鉴于本章都是法律法规的条文知识，死记硬背难以完全掌握，故考生在复习的时候应以理解为主，多做相关的练习，积累法律条文知识，做到熟能生巧。

思维导图

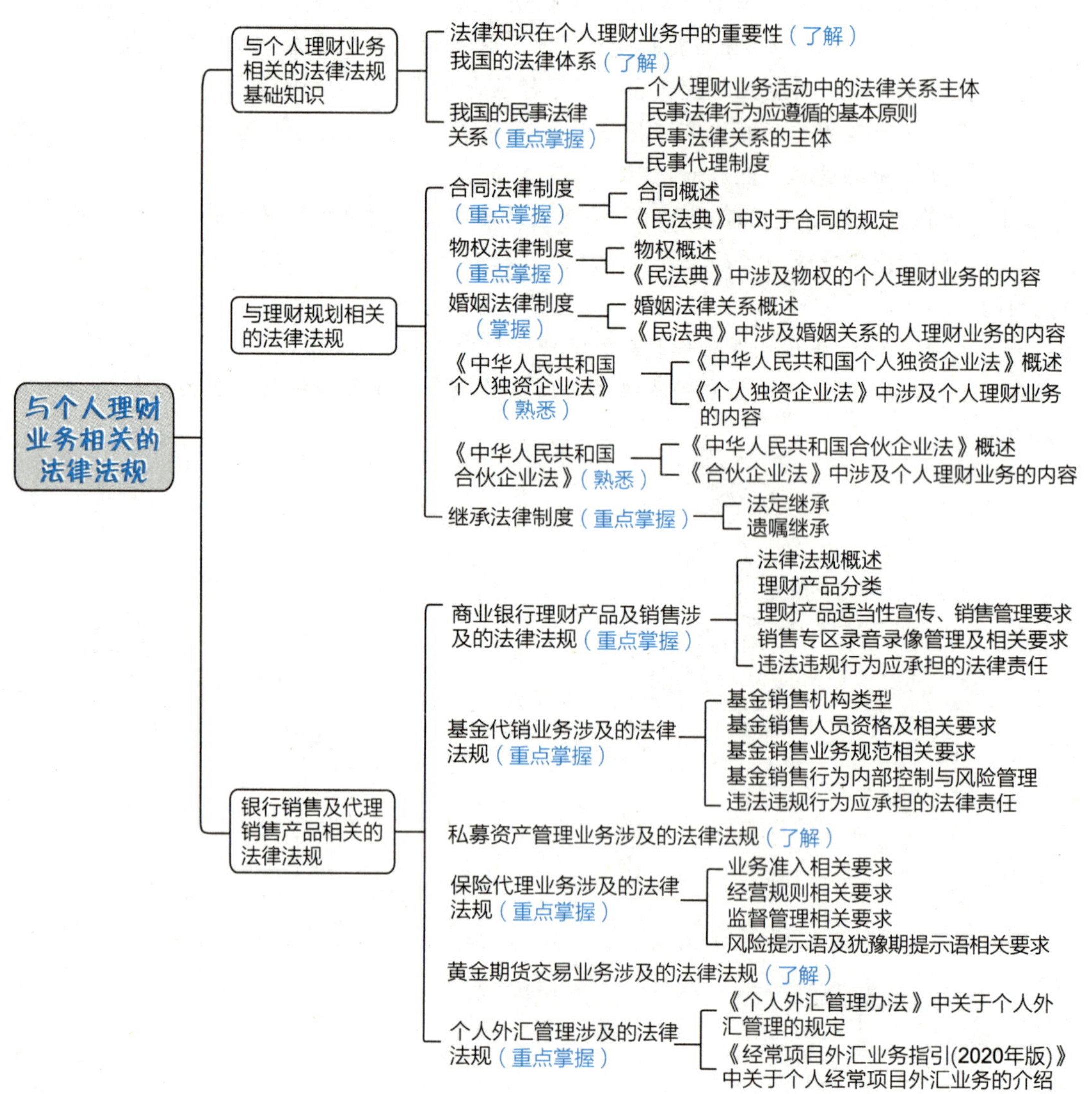

知识精讲

第一节 与个人理财业务相关的法律法规基础知识

一、法律知识在个人理财业务中的重要性（了解）

真考解读 考查较少，考生了解即可。

法律具有规范性、强制性和深层逻辑性，这些特性决定了法律是理财师设计和管理计划的最重要的内容和依据。具备法律意识，并掌握基本的法律知识，是理财师需要具备的基本素质，也是理财师开展日常业务的重要保障。

二、我国的法律体系（了解）

真考解读 考查较少，考生了解即可。

项　目	内　容
统帅地位	《中华人民共和国宪法》（以下简称《宪法》）。
法　律	包括宪法相关法、民法商法、行政法、经济法、社会法、刑法、诉讼法等。其中，与理财师工作相关的法律包括《中华人民共和国民法典》（以下简称《民法典》）《中华人民共和国商业银行法》《中华人民共和国证券法》《中华人民共和国证券投资基金法》《中华人民共和国保险法》《中华人民共和国信托法》等。
行政规章[解读1]	包括各种行政法规和地方性法规。其中，与理财师工作相关的行政法规包括《商业银行理财业务监督管理办法》《证券投资基金销售管理办法》《证券期货经营机构私募资产管理业务管理办法》《证券期货经营机构私募资产管理计划运作管理规定》。

解读1 行政规章更加贴近理财师的实际工作，也是理财师执业的主要依据。

三、我国的民事法律关系（重点掌握）

真考解读 属于必考点，一般会考3道题。

（一）个人理财业务活动中的法律关系主体

金融机构和客户是个人理财业务活动中法律关系的主体。两者之间是平等的，金融机构为客户提供的财务分析、财务规划和投资建议等专业化服务属于民事活动范畴。

（二）民事法律行为应遵循的基本原则

民事法律行为指民事主体通过意思表示设立、变更、终止民事法律关系的行为。

民事主体在民事活动中的法律地位一律平等。民事主体之间进行民事法律活动时，应当遵循自愿、公平、诚信原则，不得违背公序良俗。其中，诚信原则是民事活动中最核心、最基本的原则。

典型真题

【单选题】民事主体通过意思表示设立、变更、终止民事法律关系的行为是(　　)。

A. 权利义务行为　　B. 民事法律行为

C. 民事行为　　D. 商业交换行为

【答案】B【解析】民事法律行为是指民事主体通过意思表示设立、变更、终止民事法律关系的行为。选项 B 正确。

(三) 民事法律关系的主体

民事法律关系的主体指参与民事法律关系、享有民事权利，同时承担民事义务的特殊的一类“人”。这里的“人”包括自然人、法人以及非法人组织。针对个人理财业务，民事法律关系的主体就是个人客户和金融机构，相对应的即自然人和法人组织。

1.《民法典》中关于自然人的规定

解读 2 自然人的民事权利能力一律平等。

解读 3 必考点：民事行为能力人的分类。

项　目	内　容
民事权利能力	自然人从出生时起到死亡时止，具有民事权利能力，依法享有民事权利，承担民事义务。[解读 2]
民事行为能力	自然人的民事行为能力包括自然人能够以自己的行为独立参加民事法律关系、行使民事权利和设定民事义务等。自然人的民事行为能力根据自然人的年龄、智力和精神状况可分为以下三类。[解读 3] (1) 完全民事行为能力人。 ①18 周岁以上的自然人为成年人。不满 18 周岁的自然人为未成年人。 ②成年人为完全民事行为能力人，可以独立实施民事法律行为。16 周岁以上的未成年人，以自己的劳动收入为主要生活来源的，视为完全民事行为能力人。 (2) 限制民事行为能力人。 ①8 周岁以上的未成年人为限制民事行为能力人，实施民事法律行为由其法定代理人代理或者经其法定代理人同意、追认；但是，可以独立实施纯获利益的民事法律行为或者与其年龄、智力相适应的民事法律行为。 ②不能完全辨认自己行为的成年人为限制民事行为能力人，实施民事法律行为由其法定代理人代理或者经其法定代理人同意、追认；但是，可以独立实施纯获利益的民事法律行为或者与其智力、精神健康状况相适应的民事法律行为。

续 表

项 目	内 容
民事行为能力	(3) 无民事行为能力人。解读4 ①不满8周岁的未成年人为无民事行为能力人，由其法定代理人代理实施民事法律行为。 ②不能辨认自己行为的成年人为无民事行为能力人，由其法定代理人代理实施民事法律行为。8周岁以上的未成年人不能辨认自己行为的，适用前款规定。

解读4 无民事行为能力人、限制民事行为能力人的监护人是其法定代理人。

典型真题

【单选题】(　　)周岁以上的未成年人是限制民事行为能力人。

A. 8　　B. 12　　C. 16　　D. 18

【答案】 A **【解析】** 不满8周岁的未成年人为无民事行为能力人；8周岁以上的未成年人是限制民事行为能力人；18周岁以上的自然人或16周岁以上的未成年人且以自己的劳动收入为主要生活来源的，视为完全民事行为能力人。选项A正确。

2.《民法典》中关于法人的规定

《民法典》规定，法人是具有民事权利能力和民事行为能力，依法独立享有民事权利和承担民事义务的组织。

《民法典》对法人应当具备的条件做了以下详细阐述。

(1) 法人应当依法成立。法人应当有自己的名称、组织机构、住所、财产或者经费。法人成立的具体条件和程序应依照法律、行政法规的规定。设立法人时，法律、行政法规规定须经有关机关批准的，应依照其规定。

(2) 法人的民事权利能力和民事行为能力，从法人成立时产生，到法人终止时消灭，法人以其全部财产独立承担民事责任。

《民法典》中，根据法人活动的性质，将法人划分为营利法人、非营利法人以及特别法人，营利法人解读5包括有限责任公司、股份有限公司和其他企业法人等；非营利法人包括事业单位、社会团体、基金会、社会服务机构等；特别法人包括机关法人、农村集体经济组织法人、城镇农村的合作经济组织法人、基层群众性自治组织法人。

解读5 在我国，公司法人是最普遍的营利法人形式。

(四) 民事代理制度解读6

解读6 民事代理制度是重要的民事法律制度。《民法典》第一编第七章规定了代理的相关内容。

1. 代理的含义

《民法典》第一百六十一条规定，民事主体可以通过代理人实施民事法律行为。依照法律规定、当事人约定或者民事法律行为的性质，应当由本人亲自实施的民事法律行为，不得代理。

《民法典》第一百六十二条规定，代理人在代理权限内，以被代理人名义实施的民事法律行为，对被代理人发生效力。

2. 代理的分类

《民法典》第一百六十三条规定，代理包括委托代理和法定代理。委托代理人按照被代理人的委托行使代理权。法定代理人依照法律的规定行使代理权。

《民法典》第一百六十五条规定，委托代理授权采用书面形式的，授权委托书应当载明代理人的姓名或者名称、代理事项、权限和期限，并由被代理人签名或者盖章。

《民法典》第一百六十九条规定，代理人需要转委托第三人代理的，应当取得被代理人的同意或者追认。

转委托代理经被代理人同意或者追认的，被代理人可以就代理事务直接指示转委托的第三人，代理人仅就第三人的选任以及对第三人的指示承担责任。

转委托代理未经被代理人同意或者追认的，代理人应当对转委托的第三人的行为承担责任；但是，在紧急情况下，代理人为了维护被代理人的利益需要转委托第三人代理的除外。

3. 代理的法律责任

(1)《民法典》第一百六十四条规定，代理人不履行或者不完全履行职责，造成被代理人损害的，应当承担民事责任。代理人和相对人恶意串通，损害被代理人合法权益的，代理人和相对人应当承担连带责任。

(2)《民法典》第一百六十七条规定，代理人知道或者应当知道代理事项违法仍然实施代理行为，或者被代理人知道或者应当知道代理人的代理行为违法未作反对表示的，被代理人和代理人应当承担连带责任。

(3)《民法典》第一百七十一条规定，行为人没有代理权、超越代理权或者代理权终止后，仍然实施代理行为，未经被代理人追认的，对被代理人不发生效力。

相对人可以催告被代理人自收到通知之日起30日内予以追认。被代理人未作表示的，视为拒绝追认。行为人实施的行为被追认前，善意相对人有撤销的权利。撤销应当以通知的方式作出。

行为人实施的行为未被追认的，善意相对人有权请求行为人履行债务或者就其受到的损害请求行为人赔偿。但是，赔偿的范围不得超过被代理人追认时相对人所能获得的利益。

相对人知道或者应当知道行为人无权代理的，相对人和行为人按照各自的过错承担责任。

解读7 必考点：代理终止的情形，考生应熟练掌握。

4. 代理的终止[解读7]

(1)《民法典》第一百七十三条规定，有下列情形之一的，委托代理终止：

①代理期限届满或者代理事务完成。

②被代理人取消委托或者代理人辞去委托。

③代理人丧失民事行为能力。

④代理人或者被代理人死亡。

⑤作为代理人或者被代理人的法人、非法人组织终止。

(2)《民法典》第一百七十五条规定，有下列情形之一的，法定代理终止：

①被代理人取得或者恢复完全民事行为能力。

②代理人丧失民事行为能力。

③代理人或者被代理人死亡。

④法律规定的其他情形。

典型真题

【多选题】委托代理终止的情形有(　　)。

A. 被代理人取消委托或者代理人辞去委托

B. 作为被代理人或者代理人的法人终止

C. 代理人死亡

D. 代理人丧失民事行为能力

E. 代理期限届满或代理事务完成

【答案】ABCDE**【解析】**有下列情形之一的，委托代理终止：①代理期限届满或者代理事务完成。②被代理人取消委托或者代理人辞去委托。③代理人丧失民事行为能力。④代理人或者被代理人死亡。⑤作为代理人或者被代理人的法人、非法人组织终止。选项A、选项B、选项C、选项D、选项E均正确。

第二节　与理财规划相关的法律法规

一、合同法律制度（重点掌握）

真考解读 属于必考点，一般会考2道题。

（一）合同概述

合同是建立民事法律关系的常见方式。客户在购买银行理财产品时与银行签订的理财协议书、购买保险产品的保险合同，都属于合同范畴。

《民法典》第四百六十四条第一款规定，合同是民事主体之间设立、变更、终止民事法律关系的协议。

（二）《民法典》中对于合同的规定[解读1]

解读1 必考点：合同的订立形式、格式条款合同。

项　目	内　容
合同的订立[解读2]	(1) 第四百六十九条　当事人订立合同，可以采用书面形式、口头形式或者其他形式。 书面形式是合同书、信件、电报、电传、传真等可以有形地表现所载内容的形式。以电子数据交换、电子邮件等方式能够有形地表现所载内容，并可以随时调取查用的数据电文，视为书面形式。

解读2 当事人订立合同，应当具有相应的民事权利能力和民事行为能力。

解读3 格式条款和非格式条款不一致的，应当采用非格式条款。

解读4 当事人没有确切证据中止履行的，应当承担违约责任。

续 表

项 目	内 容
合同的订立	（2）第五百零一条　当事人在订立合同过程中知悉的商业秘密或者其他应当保密的信息，无论合同是否成立，不得泄露或者不正当地使用；泄露、不正当地使用该商业秘密或者信息，造成对方损失的，应当承担赔偿责任。
格式条款合同	（1）第四百九十六条　格式条款是当事人为了重复使用而预先拟定，并在订立合同时未与对方协商的条款。采用格式条款订立合同的，提供格式条款的一方应当遵循公平原则确定当事人之间的权利和义务，并采取合理的方式提示对方注意免除或者减轻其责任等与对方有重大利害关系的条款，按照对方的要求，对该条款予以说明。提供格式条款的一方未履行提示或者说明义务，致使对方没有注意或者理解与其有重大利害关系的条款的，对方可以主张该条款不成为合同的内容。 （2）第四百九十八条　对格式条款的理解发生争议的，应当按照通常理解予以解释。对格式条款有两种以上解释的，应当作出不利于提供格式条款一方的解释。[解读3]
合同中免责条款的无效情形	第五百零六条　合同中的下列免责条款无效： （1）造成对方人身损害的。 （2）因故意或者重大过失造成对方财产损失的。
可撤销合同	下列合同，当事人一方有权请求人民法院或者仲裁机构撤销： （1）因重大误解、以欺诈手段实施订立的。 （2）受第三人欺诈或胁迫签订的。
合同的履行	（1）第五百二十五条　当事人互负债务，没有先后履行顺序的，应当同时履行。一方在对方履行之前有权拒绝其履行请求。一方在对方履行债务不符合约定时，有权拒绝其相应的履行请求。 （2）第五百二十六条　当事人互负债务，有先后履行顺序，应当先履行债务一方未履行的，后履行一方有权拒绝其履行请求。先履行一方履行债务不符合约定的，后履行一方有权拒绝其相应的履行请求。 （3）第五百二十七条　应当先履行债务的当事人，有确切证据证明对方有下列情形之一的，可以中止履行：[解读4] ①经营状况严重恶化。 ②转移财产、抽逃资金，以逃避债务。 ③丧失商业信誉。 ④有丧失或者可能丧失履行债务能力的其他情形。

续 表

项 目	内 容
违约责任	（1）定义。 当事人一方不履行合同义务或者履行合同义务不符合约定的，应当承担继续履行、采取补救措施或者赔偿损失等违约责任。 （2）承担形式。 继续履行、支付违约金、赔偿损失、遵守定金罚则以及采取补救措施。

典型真题

【多选题】签订的合同如有(　　)情形，当事人一方有权请求人民法院或者仲裁机构变更或者撤销。

A. 受第三人胁迫或欺诈

B. 恶意串通，损害国家、集体或者第三人利益

C. 因重大误解订立的

D. 以合法形式掩盖非法目的

E. 违反法律、行政法规的强制性规定

【答案】AC【解析】根据《民法典》的相关规定，基于重大误解、以欺诈手段实施、受第三人欺诈或胁迫等签订的合同，属于可撤销合同。当事人可向人民法院或仲裁机关提出撤销合同的请求。

二、物权法律制度（重点掌握）

真考解读 属于必考点，一般会考2道题。

（一）物权概述

物权是属于个人财产上的权利。物权包括所有权、用益物权和担保物权。其中，个人理财业务中对物权的相关规定主要集中在《民法典》第二编的第四分编中。

（二）《民法典》中涉及物权的个人理财业务的内容

项 目	内 容
担保物权	（1）第三百八十七条　债权人在借贷、买卖等民事活动中，为保障实现其债权，需要担保的，可以依照本法和其他法律的规定设立担保物权。 第三人为债务人向债权人提供担保的，可以要求债务人提供反担保。反担保适用本法和其他法律的规定。 （2）第三百八十八条　设立担保物权，应当依照本法和其他法律的规定订立担保合同。

解读5 必考点：可以抵押的财产以及不得抵押的财产，考生应重点掌握。

续 表

项 目	内 容
抵押权	(1) 第三百九十五条　债务人或者第三人有权处分的下列财产可以抵押：解读5 ①建筑物和其他土地附着物。 ②建设用地使用权。 ③海域使用权。 ④生产设备、原材料、半成品、产品。 ⑤正在建造的建筑物、船舶、航空器。 ⑥交通运输工具。 ⑦法律、行政法规未禁止抵押的其他财产。 抵押人可以将前款所列财产一并抵押。 (2) 第三百九十六条　企业、个体工商户、农业生产经营者可以将现有的以及将有的生产设备、原材料、半成品、产品抵押，债务人不履行到期债务或者发生当事人约定的实现抵押权的情形，债权人有权就抵押财产确定时的动产优先受偿。 (3) 第三百九十九条　下列财产不得抵押： ①土地所有权。 ②宅基地、自留地、自留山等集体所有土地的使用权，但是法律规定可以抵押的除外。 ③学校、幼儿园、医疗机构等为公益目的成立的非营利法人的教育设施、医疗卫生设施和其他公益设施。 ④所有权、使用权不明或者有争议的财产。 ⑤依法被查封、扣押、监管的财产。 ⑥法律、行政法规规定不得抵押的其他财产。 (4) 第四百二十条　为担保债务的履行，债务人或者第三人对一定期间内将要连续发生的债权提供担保财产的，债务人不履行到期债务或者发生当事人约定的实现抵押权的情形，抵押权人有权在最高债权额限度内就该担保财产优先受偿。
质　权	(1) 第四百二十五条　债务人或者第三人为出质人，债权人为质权人，交付的动产为质押财产。 (2) 第四百二十七条　设立质权，当事人应当采用书面形式订立质押合同。 质押合同一般包括下列条款： ①被担保债权的种类和数额。 ②债务人履行债务的期限。 ③质押财产的名称、数量等情况。

续 表

项 目	内 容
质 权	④担保的范围。 ⑤质押财产交付的时间、方式。 (3) 第四百四十条　债务人或者第三人有权处分的下列权利可以出质:解读6 ①汇票、本票、支票。 ②债券、存款单。 ③仓单、提单。 ④可以转让的基金份额、股权。 ⑤可以转让的注册商标专用权、专利权、著作权等知识产权中的财产权。 ⑥现有的以及将有的应收账款。 ⑦法律、行政法规规定可以出质的其他财产权利。

解读6 必考点:质权中可以出质的权利。

典型真题

【多选题】根据《民法典》规定，不可以抵押的财产有(　　)。

A. 正在建造的建筑物、船舶、航空器

B. 建设用地使用权

C. 宅基地使用权

D. 土地所有权

E. 自留地使用权

【答案】CDE【解析】选项 A、选项 B 属于可以抵押的财产，选项 C、选项 D、选项 E 均属于不可以抵押的财产。

【多选题】根据《民法典》规定，下列债务人或者第三人有权处分的权利中，可以出质的有(　　)。

A. 债券　　B. 应收账款　　C. 可以转让的基金份额

D. 汇票　　E. 提单

【答案】ABCDE【解析】选项 A、选项 B、选项 C、选项 D、选项 E 均属于可以出质的债务人或者第三人有权处分的权利。

真考解读 属于常考点，一般会考 1 道题。

三、婚姻法律制度（掌握）

(一) 婚姻法律关系概述

客户婚姻关系的成立和解除都会产生复杂的财产关系变化，财产关系的变化会引发客户新的财产规划需求，所以理财师有必要了解我国婚姻法律制度中与财产相关的内容。

解读7 常考点：夫妻对共同所有财产，有平等的处理权。

解读8 夫妻对婚姻关系存续期间所得的财产以及婚前财产的约定，对双方具有法律约束力。

（二）《民法典》中涉及婚姻关系的个人理财业务的内容

项目	内容
夫妻财产的约定	（1）第一千零六十二条　夫妻在婚姻关系存续期间所得的下列财产，为夫妻的共同财产，归夫妻共同所有：[解读7] ①工资、奖金、劳务报酬。 ②生产、经营、投资的收益。 ③知识产权的收益。 ④继承或者受赠的财产，但是本法第一千零六十三条第三项规定的除外。 ⑤其他应当归共同所有的财产。 （2）第一千零六十三条　下列财产为夫妻一方的个人财产： ①一方的婚前财产。 ②一方因受到人身损害获得的赔偿或者补偿。 ③遗嘱或者赠与合同中确定只归一方的财产。 ④一方专用的生活用品。 ⑤其他应当归一方的财产。 （3）第一千零六十四条　夫妻双方共同签名或者夫妻一方事后追认等共同意思表示所负的债务，以及夫妻一方在婚姻关系存续期间以个人名义为家庭日常生活需要所负的债务，属于夫妻共同债务。 夫妻一方在婚姻关系存续期间以个人名义超出家庭日常生活需要所负的债务，不属于夫妻共同债务；但是，债权人能够证明该债务用于夫妻共同生活、共同生产经营或者基于夫妻双方共同意思表示的除外。 （4）第一千零六十五条　男女双方可以约定婚姻关系存续期间所得的财产以及婚前财产归各自所有、共同所有或者部分各自所有、部分共同所有。[解读8]约定应当采用书面形式。没有约定或者约定不明确的，适用本法第一千零六十二条、第一千零六十三条的规定。 夫妻对婚姻关系存续期间所得的财产约定归各自所有，夫或者妻一方对外所负的债务，相对人知道该约定的，以夫或者妻一方的个人财产清偿。
夫妻离婚时的财产分配	（1）第一千零八十七条　离婚时，夫妻的共同财产由双方协议处理；协议不成的，由人民法院根据财产的具体情况，按照照顾子女、女方和无过错方权益的原则判决。 对夫或者妻在家庭土地承包经营中享有的权益等，应当依法予以保护。 （2）第一千零八十八条　夫妻一方因抚育子女、照料老年人、协助另一方工作等负担较多义务的，离婚时有权向另一方请求补偿，

续 表

项 目	内 容
夫妻离婚时的财产分配	另一方应当给予补偿。具体办法由双方协议；协议不成的，由人民法院判决。 （3）第一千零八十九条　离婚时，夫妻共同债务应当共同偿还。共同财产不足清偿或者财产归各自所有的，由双方协议清偿；协议不成的，由人民法院判决。 （4）第一千零九十条　离婚时，如果一方生活困难，有负担能力的另一方应当给予适当帮助。具体办法由双方协议；协议不成的，由人民法院判决。 （5）第一千零九十二条　夫妻一方隐藏、转移、变卖、毁损、挥霍夫妻共同财产，或者伪造夫妻共同债务企图侵占另一方财产的，在离婚分割夫妻共同财产时，对该方可以少分或者不分。离婚后，另一方发现有上述行为的，可以向人民法院提起诉讼，请求再次分割夫妻共同财产。

典型真题

【单选题】根据《民法典》的相关规定，下列关于夫妻财产的表述，错误的是(　　)。

A. 夫妻对婚前财产的约定对双方均有法律的约束力

B. 夫妻对婚前财产的约定应当采用书面形式

C. 夫妻对共同所有的财产有平等的处理权

D. 夫妻对所负债务进行偿还约定的，以夫妻一方财产清偿

【答案】D **【解析】**夫妻对婚姻关系存续期间所得的财产约定归各自所有，夫或者妻一方对外所负的债务，相对人知道该约定的，以夫或者妻一方的个人财产清偿。选项D没有说明相对人知道该约定，故错误。

【单选题】根据《民法典》的相关规定，下列表述错误的是(　　)。

A. 夫妻有互相抚养的义务　　B. 离婚时家庭土地经营权益归丈夫所有

C. 家庭债务由夫妻共同偿还　　D. 离婚时夫妻共同财产由双方协议处理

【答案】B **【解析】**对夫或者妻在家庭土地承包经营中享有的权益等，应当依法予以保护，不能单独归丈夫所有，故选B。

四、《中华人民共和国个人独资企业法》（熟悉）

真考解读 考查相对较少，考生熟悉即可。

（一）《中华人民共和国个人独资企业法》概述

《中华人民共和国个人独资企业法》（以下简称《个人独资企业法》），于1999年8月30日第九届全国人民代表大会常务委员会第十一次会议通过，自2000年1月1日起施行。《个人独资企业法》中，个人独资企业是指依照本法在

中国境内设立，由一个自然人投资，财产为投资人个人所有，投资人以其个人财产对企业债务承担无限责任的经营实体。

（二）《个人独资企业法》中涉及个人理财业务的内容

项　目	内　容
设立个人独资企业应当具备的条件	第八条　设立个人独资企业应当具备下列条件：[解读9] （1）投资人为一个自然人。 （2）有合法的企业名称。 （3）有投资人申报的出资。 （4）有固定的生产经营场所和必要的生产经营条件。 （5）有必要的从业人员。
个人独资企业的债务承担责任	第十八条　个人独资企业投资人在申请企业设立登记时明确以其家庭共有财产作为个人出资的，应当依法以家庭共有财产对企业债务承担无限责任。
个人独资企业的管理	第十九条　个人独资企业投资人可以自行管理企业事务，也可以委托或者聘用其他具有民事行为能力的人负责企业的事务管理。 投资人委托或者聘用他人管理个人独资企业事务，应当与受托人或者被聘用的人签订书面合同，明确委托的具体内容和授予的权利范围。 受托人或者被聘用的人员应当履行诚信、勤勉义务，按照与投资人[解读10]签订的合同负责个人独资企业的事务管理。
个人独资企业解散时财产的清算与债务的偿还	第二十七条　个人独资企业解散，由投资人自行清算或者由债权人申请人民法院指定清算人进行清算。 投资人自行清算的，应当在清算前十五日内书面通知债权人，无法通知的，应当予以公告。债权人应当在接到通知之日起三十日内，未接到通知的应当在公告之日起六十日内，向投资人申报其债权。 第二十八条　个人独资企业解散后，原投资人对个人独资企业存续期间的债务仍应承担偿还责任，但债权人在五年内未向债务人提出偿债请求的，该责任消灭。 第二十九条　个人独资企业解散的，财产应当按照下列顺序清偿： （1）所欠职工工资和社会保险费用。 （2）所欠税款。 （3）其他债务。 第三十条　清算期间，个人独资企业不得开展与清算目的无关的经营活动。在按前条规定清偿债务前，投资人不得转移、隐匿财产。 第三十一条　个人独资企业财产不足以清偿债务的，投资人应当以其个人的其他财产予以清偿。

解读9 设立个人独资企业应当具备的条件可能会考查，考生应熟悉。

解读10 投资人对受托人或者被聘用的人员职权的限制，不得对抗善意第三人。

典型真题

【单选题】根据《个人独资企业法》，下列说法错误的是(　　)。

A. 投资人自行清算的，应当在清算前十五个工作日内口头或书面通知债权人

B. 个人独资企业财产不足以清偿债务的，投资人应当以其个人的其他财产予以清偿

C. 个人独资企业解散的，应优先清偿所欠职工工资和社会保险费用

D. 投资人以家庭共有财产作为个人出资的，应以家庭共有财产对企业债务承担无限责任

【答案】A【解析】投资人自行清算的，应当在清算前十五日内书面通知债权人，无法通知的，应当予以公告。

五、《中华人民共和国合伙企业法》（熟悉）

真考解读 考查相对较少，考生熟悉即可。

（一）《中华人民共和国合伙企业法》概述

《中华人民共和国合伙企业法》（以下简称《合伙企业法》），于1997年2月23日第八届全国人民代表大会常务委员会第二十四次会议通过，2006年8月27日第十届全国人民代表大会常务委员会第二十三次会议修订，自2007年1月1日起施行。《合伙企业法》规定，合伙企业是指自然人、法人和其他组织依照本法在中国境内设立的普通合伙企业和有限合伙企业。普通合伙企业由普通合伙人组成，合伙人对合伙企业债务承担无限连带责任。本法对普通合伙人承担责任的形式有特别规定的，从其规定。有限合伙企业由普通合伙人和有限合伙人组成，普通合伙人对合伙企业债务承担无限连带责任，有限合伙人以其认缴的出资额为限对合伙企业债务承担责任。

（二）《合伙企业法》中涉及个人理财业务的内容

项　目	内　容
普通合伙企业	第十四条　设立合伙企业，应当具备下列条件： （1）有二个以上合伙人。合伙人为自然人的，应当具有完全民事行为能力。 （2）有书面合伙协议。 （3）有合伙人认缴或者实际缴付的出资。 （4）有合伙企业的名称和生产经营场所。 （5）法律、行政法规规定的其他条件。 第十六条　合伙人可以用货币、实物、知识产权、土地使用权或者其他财产权利出资，也可以用劳务出资。[解读11]合伙人以实物、知识产权、土地使用权或者其他财产权利出资，需要评估作价的，可以由全体合伙人协商确定，也可以由全体合伙人委托法定评估机构评估。

解读11 合伙人以劳务出资的，其评估办法由全体合伙人协商确定，并在合伙协议中载明。

续 表

项 目	内 容
普通合伙企业	第十七条 合伙人应当按照合伙协议约定的出资方式、数额和缴付期限，履行出资义务。以非货币财产出资的，依照法律、行政法规的规定，需要办理财产权转移手续的，应当依法办理。 第二十二条 除合伙协议另有约定外，合伙人向合伙人以外的人转让其在合伙企业中的全部或者部分财产份额时，须经其他合伙人一致同意。合伙人之间转让在合伙企业中的全部或者部分财产份额时，应当通知其他合伙人。 第二十三条 合伙人向合伙人以外的人转让其在合伙企业中的财产份额的，在同等条件下，其他合伙人有优先购买权；但是，合伙协议另有约定的除外。 第二十四条 合伙人以外的人依法受让合伙人在合伙企业中的财产份额的，经修改合伙协议即成为合伙企业的合伙人，依照本法和修改后的合伙协议享有权利，履行义务。 第二十五条 合伙人以其在合伙企业中的财产份额出质的，须经其他合伙人一致同意；未经其他合伙人一致同意，其行为无效，由此给善意第三人造成损失的，由行为人依法承担赔偿责任。 第五十一条 合伙人退伙，[解读12]其他合伙人应当与该退伙人按照退伙时的合伙企业财产状况进行结算，退还退伙人的财产份额。退伙人对给合伙企业造成的损失负有赔偿责任的，相应扣减其应当赔偿的数额。 第五十二条 退伙人在合伙企业中财产份额的退还办法，由合伙协议约定或者由全体合伙人决定，可以退还货币，也可以退还实物。
有限合伙企业	第六十一条 有限合伙企业由二个以上五十个以下合伙人设立；[解读13]但是，法律另有规定的除外。 第七十二条 有限合伙人可以将其在有限合伙企业中的财产份额出质；但是，合伙协议另有约定的除外。 第七十三条 有限合伙人可以按照合伙协议的约定向合伙人以外的人转让其在有限合伙企业中的财产份额，但应当提前三十日通知其他合伙人。 第七十四条 有限合伙人的自有财产不足清偿其与合伙企业无关的债务的，该合伙人可以以其从有限合伙企业中分取的收益用于清偿；债权人也可以依法请求人民法院强制执行该合伙人在有限合伙企业中的财产份额用于清偿。人民法院强制执行有限合伙人的财产份额时，应当通知全体合伙人。在同等条件下，其他合伙人有优先购买权。 第八十一条 有限合伙人退伙后，对基于其退伙前的原因发生的有限合伙企业债务，以其退伙时从有限合伙企业中取回的财产承担责任。

解读12 退伙时有未了结的合伙企业事务的，待该事务了结后进行结算。

解读13 有限合伙企业至少应当有一个普通合伙人。

六、继承法律制度（重点掌握）

项目	内容
法定继承	《民法典》中对法定继承作出规定，具体如下： 第一千一百二十六条　继承权男女平等。 第一千一百二十七条　遗产按照下列顺序继承：[解读14] （1）第一顺序：配偶、子女、父母。 （2）第二顺序：兄弟姐妹、祖父母、外祖父母。 继承开始后，由第一顺序继承人继承，第二顺序继承人不继承；没有第一顺序继承人继承的，由第二顺序继承人继承。 本编所称子女，包括婚生子女、非婚生子女、养子女和有扶养关系的继子女。 本编所称父母，包括生父母、养父母和有扶养关系的继父母。 本编所称兄弟姐妹，包括同父母的兄弟姐妹、同父异母或者同母异父的兄弟姐妹、养兄弟姐妹、有扶养关系的继兄弟姐妹。 第一千一百二十八条　被继承人的子女先于被继承人死亡的，由被继承人的子女的直系晚辈血亲代位继承。被继承人的兄弟姐妹先于被继承人死亡的，由被继承人的兄弟姐妹的子女代位继承。[解读15] 第一千一百二十九条　丧偶儿媳对公婆，丧偶女婿对岳父母，尽了主要赡养义务的，作为第一顺序继承人。 第一千一百三十条　同一顺序继承人继承遗产的份额，一般应当均等。[解读16] 对生活有特殊困难又缺乏劳动能力的继承人，分配遗产时，应当予以照顾。 对被继承人尽了主要扶养义务或者与被继承人共同生活的继承人，分配遗产时，可以多分。有扶养能力和有扶养条件的继承人，不尽扶养义务的，分配遗产时，应当不分或者少分。
遗嘱继承	《民法典》中对遗嘱继承作出规定，具体如下：[解读17] 第一千一百三十三条　自然人可以依照本法规定立遗嘱处分个人财产，并可以指定遗嘱执行人。自然人可以立遗嘱将个人财产指定由法定继承人中的一人或者数人继承。自然人可以立遗嘱将个人财产赠与国家、集体或者法定继承人以外的组织、个人。 第一千一百三十四条　自书遗嘱由遗嘱人亲笔书写，签名，注明年、月、日。 第一千一百三十五条　代书遗嘱应当有两个以上见证人在场见证，由其中一人代书，并由遗嘱人、代书人和其他见证人签名，注明年、月、日。

真考解读 属于必考点，一般会考2道题。

解读14 必考点：法定继承的顺序。

解读15 代位继承人一般只能继承被代位继承人有权继承的遗产份额。

解读16 继承人协商同意的，也可以不均等。

解读17 必考点：遗嘱继承的方式。

续 表

项 目	内 容
遗嘱继承	第一千一百三十六条 打印遗嘱应当有两个以上见证人在场见证。遗嘱人和见证人应当在遗嘱每一页签名，注明年、月、日。 第一千一百三十七条 以录音录像形式立的遗嘱，应当有两个以上见证人在场见证。遗嘱人和见证人应当在录音录像中记录其姓名或者肖像，以及年、月、日。 第一千一百三十八条 遗嘱人在危急情况下，可以立口头遗嘱。口头遗嘱应当有两个以上见证人在场见证。危急情况消除后，遗嘱人能够以书面或者录音录像形式立遗嘱的，所立的口头遗嘱无效。 第一千一百三十九条 公证遗嘱由遗嘱人经公证机构办理。解读18

解读18 遗嘱人立有数份遗嘱，内容相抵触的，以最后的遗嘱为准。

典型真题

【单选题】根据《民法典》的相关规定，下列关于继承权的表述，错误的是(　　)。

A. 继承开始后，有遗赠扶养协议的按照协议办理

B. 丧偶儿媳对公婆尽了主要赡养义务的可以作为第一顺序继承人

C. 所有继兄弟姐妹均可作为继承人参与继承

D. 继承开始后，没有第一顺序继承人的由第二顺序继承人继承

【答案】C【解析】继承编所称兄弟姐妹，包括同父母的兄弟姐妹、同父异母或者同母异父的兄弟姐妹、养兄弟姐妹、有扶养关系的继兄弟姐妹。

【多选题】根据《民法典》的相关规定，第一顺序继承人包括(　　)。

A. 子女　　B. 父母　　C. 祖父母

D. 兄弟姐妹　　E. 配偶

【答案】ABE【解析】《民法典》规定，遗产按照下列顺序继承：①第一顺序：配偶、子女、父母；②第二顺序：兄弟姐妹、祖父母、外祖父母

第三节　银行销售及代理销售产品相关的法律法规

真考解读 属于必考点，一般会考2道题。

一、商业银行理财产品及销售涉及的法律法规（重点掌握）

（一）法律法规概述

（1）2016年5月13日，原银监会发布了《中国银监会关于规范商业银行代理销售业务的通知》（银监发〔2016〕24号，以下简称《代销通知》）。

（2）2017年8月23日，原银监会发布了《银行业金融机构销售专区录音录

像管理暂行规定》（银监办发〔2017〕110 号，以下简称《双录规定》）。

（3）2018 年 4 月 27 日，中国人民银行、中国银行保险监督管理委员会（以下简称银保监会）、中国证券监督管理委员会、国家外汇管理局联合发布了《关于规范金融机构资产管理业务的指导意见》（银发〔2018〕106 号，以下简称《指导意见》）。

（4）2018 年 9 月 26 日，银保监会发布《商业银行理财业务监督管理办法》（银保监会令〔2018〕6 号，以下简称《理财新规》），作为《指导意见》配套实施细则。

（5）2020 年 1 月 25 日，中央人民银行、银保监会、证监会和外汇局联合制定并发布《关于进一步规范金融营销宣传行为的通知》（银发〔2019〕316 号，以下简称《营销宣传行为规范》）。

以上 5 部法律法规逐步规范了商业银行在理财产品中的销售行为，构成了重要的法律保障。

（二）理财产品分类[解读1]

《理财新规》对商业银行理财产品从不同维度进行分类管理，具体内容如下。

项　目	内　容
第八条	商业银行应当根据募集方式的不同，将理财产品分为公募理财产品和私募理财产品。 《理财新规》所称公募理财产品是指商业银行面向不特定社会公众公开发行的理财产品。公开发行的认定标准按照《中华人民共和国证券法》执行。 《理财新规》所称私募理财产品是指商业银行面向合格投资者非公开发行的理财产品。合格投资者是指具备相应风险识别能力和风险承受能力，投资于单只理财产品不低于一定金额且符合下列条件的自然人、法人或者依法成立的其他组织： （1）具有 2 年以上投资经历，且满足家庭金融净资产不低于 300 万元人民币，或者家庭金融资产不低于 500 万元人民币，或者近 3 年本人年均收入不低于 40 万元人民币。 （2）最近 1 年年末净资产不低于 1000 万元人民币的法人或者依法成立的其他组织。 （3）国务院银行业监督管理机构规定的其他情形。 私募理财产品的投资范围由合同约定，可以投资于债权类资产和权益类资产[解读2]等。
第九条	商业银行应当根据投资性质的不同，将理财产品分为固定收益类理财产品、权益类理财产品、商品及金融衍生品类理财产品和混合类理财产品。固定收益类理财产品投资于存款、债券等债权类资产的比例不低于 80%；权益类理财产品投资于权益类资产的比例不低于 80%；商品及金融衍生品类理财产品投资于商品及金融衍生品的比例不低于 80%；混合类理财产品投资于债权类资产、权益类资

解读 1 必考点：理财产品根据不同标准的分类。

解读 2 权益类资产是指上市交易的股票、未上市企业股权及其受（收）益权。

续 表

项 目	内 容
第九条	产、商品及金融衍生品类资产且任一资产的投资比例未达到前三类理财产品标准。 非因商业银行主观因素导致突破前述比例限制的，商业银行应当在流动性受限资产可出售、可转让或者恢复交易的15个交易日内将理财产品投资比例调整至符合要求，国务院银行业监督管理机构规定的特殊情形除外。
第十条	商业银行应当根据运作方式的不同，将理财产品分为封闭式理财产品和开放式理财产品。 《理财新规》所称封闭式理财产品是指有确定到期日，且自产品成立日至终止日期间，投资者不得进行认购或者赎回的理财产品。开放式理财产品是指自产品成立日至终止日期间，理财产品份额总额不固定，投资者可以按照协议约定，在开放日和相应场所进行认购或者赎回的理财产品。

典型真题

【单选题】根据《商业银行理财业务监督管理力法》，商业银行应当根据募集方式的不同，将理财产品分为（　　）。

A. 净值型理财产品和非净值理财产品

B. 自营理财产品和代销理财产品

C. 公募理财产品和私募理财产品

D. 开放式理财产品和封闭式理财产品

【答案】C【解析】商业银行应当根据募集方式的不同，将理财产品分为公募理财产品和私募理财产品。故选C。

（三）理财产品适当性宣传、销售管理要求

项 目	内 容
《营销宣传行为规范》对金融营销宣传行为的规范	金融营销宣传行为是指金融产品或金融服务经营者利用各种宣传工具或方式，就金融产品或金融服务进行宣传、推广的行为。 （1）建立健全金融营销宣传内控制度和管理机制。 （2）建立健全金融营销宣传行为监测工作机制。 （3）加强对业务合作方金融营销宣传行为的监督。 （4）不得非法或超范围开展金融营销宣传活动。 （5）不得以欺诈或引人误解的方式对金融产品或金融服务进行营销宣传。

续 表

项 目	内 容
《营销宣传行为规范》对金融营销宣传行为的规范	（6）不得以损害公平竞争的方式开展金融营销宣传活动。 （7）不得利用政府公信力进行金融营销宣传。 （8）不得损害金融消费者知情权。 （9）不得利用互联网进行不当金融营销宣传。 （10）不得违规向金融消费者发送金融营销宣传信息。 （11）金融产品或金融服务经营者不得开展法律法规和国务院金融管理部门认定的其他违法违规金融营销宣传活动。
《指导意见》对资产管理产品的发行、销售行为的规定	金融机构发行和销售资产管理产品，应当坚持“了解产品”和“了解客户”的经营理念，加强投资者适当性管理，向投资者销售与其风险识别能力和风险承担能力相适应的资产管理产品。 金融机构应当加强投资者教育，不断提高投资者的金融知识水平和风险意识，向投资者传递“卖者尽责、买者自负”的理念，打破刚性兑付。 金融机构代理销售其他金融机构发行的资产管理产品，应当符合金融监督管理部门规定的资质条件。未经金融监督管理部门许可，任何非金融机构和个人不得代理销售资产管理产品。
《理财新规》对银行理财产品的销售行为的规范	第二十五条　商业银行理财产品销售是指商业银行将本行发行的理财产品向投资者进行宣传推介和办理认购、赎回等业务活动。 第二十六条　商业银行销售理财产品，应当加强投资者适当性管理，向投资者充分披露信息和揭示风险，不得宣传或承诺保本保收益，不得误导投资者购买与其风险承受能力不相匹配的理财产品。 商业银行理财产品宣传销售文本应当全面、如实、客观地反映理财产品的重要特性，充分披露理财产品类型、投资组合、估值方法、托管安排、风险和收费等重要信息，所使用的语言表述必须真实、准确和清晰。 商业银行发行理财产品，不得宣传理财产品预期收益率，在理财产品宣传销售文本中只能登载该理财产品或者本行同类理财产品的过往平均业绩和最好、最差业绩，并以醒目文字提醒投资者“理财产品过往业绩不代表其未来表现，不等于理财产品实际收益，投资须谨慎”。

续 表

项　目	内　容
《理财新规》对银行理财产品的销售行为的规范	第二十七条　商业银行应当采用科学合理的方法，根据理财产品的投资组合、同类产品过往业绩和风险水平等因素，对拟销售的理财产品进行风险评级。 理财产品风险评级结果应当以风险等级体现，由低到高至少包括一级至五级，并可以根据实际情况进一步细分。 第二十八条　商业银行应当对非机构投资者的风险承受能力进行评估，确定投资者风险承受能力等级，由低到高至少包括一级至五级，并可以根据实际情况进一步细分。 商业银行不得在风险承受能力评估过程中误导投资者或者代为操作，确保风险承受能力评估结果的真实性和有效性。 第二十九条　商业银行只能向投资者销售风险等级等于或低于其风险承受能力等级的理财产品，并在销售文件中明确提示产品适合销售的投资者范围，在销售系统中设置销售限制措施。 商业银行不得通过对理财产品进行拆分等方式，向风险承受能力等级低于理财产品风险等级的投资者销售理财产品。 其他资产管理产品投资于商业银行理财产品的，商业银行应当按照穿透原则，有效识别资产管理产品的最终投资者。 第三十条　商业银行应当根据理财产品的性质和风险特征，设置适当的期限和销售起点金额。商业银行发行公募理财产品的，单一投资者销售起点金额不得低于1万元人民币。 商业银行发行私募理财产品的，合格投资者投资于单只固定收益类理财产品的金额不得低于30万元人民币，投资于单只混合类理财产品的金额不得低于40万元人民币，投资于单只权益类理财产品、单只商品及金融衍生品类理财产品的金额不得低于100万元人民币。 第三十一条　商业银行只能通过本行渠道（含营业网点和电子渠道）销售理财产品，或者通过其他商业银行、农村合作银行、村镇银行、农村信用合作社等吸收公众存款的银行业金融机构代理销售理财产品。 第三十二条　商业银行通过营业场所向非机构投资者销售理财产品的，应当按照国务院银行业监督管理机构的

续 表

项 目	内 容
《理财新规》对银行理财产品的销售行为的规范	相关规定实施理财产品销售专区管理，并在销售专区内对每只理财产品销售过程进行录音录像。 第三十三条 商业银行应当按照国务院银行业监督管理机构的相关规定，妥善保存理财产品销售过程涉及的投资者风险承受能力评估、录音录像等相关资料。 商业银行应当依法履行投资者信息保密义务，建立投资者信息管理制度和保密制度，防范投资者信息被不当采集、使用、传输和泄露。商业银行与其他机构共享投资者信息的，应当在理财产品销售文本中予以明确，征得投资者书面授权或者同意，并要求其履行投资者信息保密义务。 第三十四条 商业银行应当建立理财产品销售授权管理体系，制定统一的标准化销售服务规程，建立清晰的报告路线，明确分支机构业务权限，并采取定期核对、现场核查、风险评估等方式加强对分支机构销售活动的管理。
《代销通知》对商业银行代销理财产品的代销行为的规范	第二十二条 商业银行应当按照国务院金融监督管理机构的规定确定代销业务的销售渠道。通过营业网点代销产品的，应当按照银监会有关规定在专门区域销售，销售专区应当具有明显标识。 第二十三条 商业银行应当在营业网点或官方网站提供查询代销产品信息的渠道，建立代销产品分类目录，明示代销产品的代销属性、发行机构、合格投资者范围等信息，不得将代销产品与存款或其他自身发行的理财产品混淆销售。 第二十四条 商业银行应当使用合作机构提供的实物或电子形式的代销产品宣传资料和销售合同，全面、客观地揭示代销产品风险。国务院金融监督管理机构另有规定的除外。 代销产品宣传资料首页显著位置应当标明合作机构名称，并配备以下文字说明：“本产品由××机构（合作机构）发行与管理，代销机构不承担产品的投资、兑付和风险管理责任”。 第二十五条 商业银行应当对客户风险承受能力进行评估，确定客户风险承受能力评级，并只能向客户销售等于或低于其风险承受能力的代销产品。国务院金融监督管理机构另有规定的除外。

续 表

项 目	内 容
《代销通知》对商业银行代销理财产品的代销行为的规范	风险承受能力评估依据应当包括但不限于客户年龄、财务状况、投资经验、投资目的、收益预期、风险偏好、流动性要求、风险认识和风险损失承受程度等。 第二十六条　商业银行应当告知客户代销业务流程和收费标准，代销产品的发行机构、产品属性、主要风险和风险评级情况，以及商业银行与合作机构各自的责任和义务等信息。 第二十七条　商业银行应当向客户提供并提示其阅读相关销售文件，包括风险提示文件，以请客户抄写风险提示等方式充分揭示代销产品的风险，销售文件应当由客户签字逐一确认，国务院金融监督管理机构另有规定的除外。通过电子渠道销售的，应由客户通过符合法律、行政法规要求的电子方式逐一确认。 第二十八条　商业银行应当加强员工行为管理，对销售人员及其代销产品范围进行明确授权，并在营业网点公示。 第二十九条　销售人员应当具备代销业务相关的法律法规、金融、财务等专业知识、技能和相应的岗位资格，遵守国务院金融监督管理机构、行业协会和商业银行指定的销售人员行为准则和职业道德标准，并充分了解所代销产品的属性和风险特征。 第三十一条　商业银行通过营业网点开展代销业务的，应当根据国务院金融监督管理机构的相关规定实施录音录像，完整客观地记录营销推介、风险和关键信息提示、客户确认和反馈等重点销售环节。 第三十三条　商业银行从事代销业务，不得有以下情形：解读3 （1）未经授权或超越授权范围开展代销业务，假借所属机构名义私自推介、销售未经审批的产品，或在营业区域内存放未经审批的非本行产品销售文件和资料。 （2）将代销产品作为存款或其自身发行的理财产品进行销售，或者采取夸大宣传、虚假宣传等方式误导客户购买产品。 （3）违背客户意愿将代销产品与其他产品进行捆绑销售。 （4）由销售人员违规代替客户签署代销业务相关文件，

解读3 商业银行不得允许非本行人员在营业网点从事产品宣传推介、销售等活动。

续 表

项　目	内　容
《代销通知》对商业银行代销理财产品的代销行为的规范	或者代替客户进行代销产品购买等操作、代替客户持有或安排他人代替客户持有代销产品。 （5）为代销产品提供直接或间接、显性或隐性担保，包括承诺本金或收益保障。 （6）给予合作机构及其工作人员，或者向合作机构及其工作人员收取、索要代销协议约定以外的利益。 （7）国务院金融监督管理机构禁止的其他情形。

（四）销售专区录音录像管理及相关要求

《双录规定》对理财及代销产品销售期间的录音录像行为作出如下规范。

项　目	内　容
第四条	银行业金融机构在营业场所销售自有理财产品及代销产品的，应进行销售专区建设并安装配备录音录像设备。个别面积较小、确实不具备设置独立销售专区条件的营业场所，可设置固定销售专柜，并按照专区“双录”相关规定进行管理。 银行业金融机构在营业场所销售自有理财产品及代销产品，应在销售专区内进行，不得在销售专区外进行产品销售活动。消费者通过自助终端等电子设备进行自主购买的除外。
第五条	银行业金融机构应在销售专区内配备包含“销售专区”（或“销售专柜”）、“录音录像”字样的明显标识，在显著位置以醒目字体提醒消费者可通过信息查询平台、网站或其他媒介了解产品相关信息，并进行明确的风险提示。
第六条	银行业金融机构销售人员应遵循相关监管要求并具有理财及代销业务相应资格，销售人员相关信息及其销售资格应在专区内进行公示，法律法规另有规定的除外。除本机构工作人员外，禁止其他任何人员在营业场所开展营销活动。
第七条	银行业金融机构应建立统一的产品信息查询平台，并由专门部门负责平台的信息录入及管理工作。产品信息查询平台应收录全部在售及存续期内金融产品的基本信息，凡未在平台上收录的产品，一律不得销售。产品信息查询平台应建立产品分类目录，严格区分自有与代销、公募与私募等不同产品类型，充分披露产品信息，产品信息涵盖产品类型、发行机构、风险等级、合格投资者范围、收费标准、收费方式等内容。 银行业金融机构应在营业场所配备可登录产品信息查询平台的终端或提供纸质产品目录，便于消费者查询、核实产品信息。银行业金融机构不得借助信息查询平台公开宣传私募产品。

续 表

项 目	内 容
第八条	银行业金融机构在销售专区内提供的产品宣传资料应真实、合法，全面反映产品的主要属性，严禁使用诱惑性、误导性的文字夸大收益或隐瞒重要信息。产品宣传资料应包含对产品风险的揭示，并以醒目、浅显易懂的文字表达。其中，代销产品宣传资料首页显著位置还应标明合作机构名称，并包含以下文字声明：“本产品由××机构（合作机构）发行与管理，代销机构不承担产品的投资、兑付和风险管理责任。”
第九条	银行业金融机构应在销售专区内公布本机构咨询举报电话，以便消费者进行产品信息咨询及确认，举报误导销售、私售产品等违规行为。
第十条	银行业金融机构应对自有理财产品及代销产品的销售过程进行同步录音录像，完整客观地记录营销推介、相关风险和关键信息提示、消费者确认和反馈等重点销售环节，消费者确认内容应至少包括其充分了解销售人员所揭示的产品风险等。银行业金融机构进行上述录音录像行为应征得消费者同意，如其不同意则不能销售产品。
第十一条	银行业金融机构应在自助终端等电子设备中对产品风险信息进行充分披露，同时还应提示消费者如有销售人员介入进行营销推介，则应停止自助终端购买操作，转至销售专区内购买。严禁销售人员在自助终端等电子设备上代客操作购买产品。
第十二条	银行业金融机构应保障录音录像质量，确保影音资料清晰、完整、连贯。 （1）录像可明确辨认销售人员和消费者的面部特征。 （2）录音可明确辨识销售人员和消费者的语言表述，并与录像画面保持同步。
第十三条	银行业金融机构应将录音录像资料至少保留到产品终止日起6个月后或合同关系解除日起6个月后，发生纠纷的要保留到纠纷最终解决后。银行业金融机构代销其他非银行业金融机构的产品时，国务院金融监督管理机构对录音录像资料保存期限另有规定的，从其规定。
第十四条	银行业金融机构应对存储的录音录像资料进行严格管理，不可人为更改、涂抹或删除，并确保能够实现快速精准的检索调阅。
第十五条	银行业金融机构应对录音录像资料数据进行备份，并妥善保管备份数据。

续 表

项 目	内 容
第十六条	银行业金融机构应对录音录像数据存储及管理系统采取有效的信息安全措施，切实保障消费者信息安全权。
第十七条	银行业金融机构应遵照保密管理相关规定，在录音录像资料存储期限届满时按要求对相关资料进行销毁。

典型真题

【单选题】《银行业金融机构销售专区录音录像管理暂行规定》中规定银行业金融机构应建立统一的产品信息查询平台，并由专门部门负责平台的信息录入及管理工作，下列表述中错误的是(　　)。

A. 未在平台上收录的产品，一律不得销售

B. 银行业金融机构经报备银保监会，可以借助信息查询平台公开宣传私募产品

C. 产品信息查询平台应建立产品分类目录，严格区分自有与代销、公募与私募等不同产品类型

D. 充分披露产品信息，产品信息涵盖产品类型、发行机构、风险等级、合格投资者范围、收费标准

【答案】B**【解析】**银行业金融机构不得借助信息查询平台公开宣传私募产品。故选B。

（五）违法违规行为应承担的法律责任

《理财新规》针对以下几种情形作出了明确的法律责任规定。

项 目	内 容
第七十条	商业银行从事理财业务活动，有下列情形之一的，由银行业监督管理机构依照《中华人民共和国银行业监督管理法》第四十六条的规定，予以处罚。 （1）提供虚假的或者隐瞒重要事实的报表、报告等文件、资料的。 （2）未按照规定进行风险揭示或者信息披露的。 （3）根据《指导意见》经认定存在刚性兑付行为的。 （4）拒绝执行本办法第六十八条规定的措施的。 （5）严重违反本办法规定的其他情形。
第七十一条	商业银行从事理财业务活动，未按照规定向银行业监督管理机构报告或者报送有关文件、资料的，由银行业监督管理机构依照《中华人民共和国银行业监督管理法》第四十七条的规定，予以处罚。

续 表

项 目	内 容
第七十二条	商业银行从事理财业务活动的其他违法违规行为，由银行业监督管理机构依照《中华人民共和国银行业监督管理法》《中华人民共和国商业银行法》等法律法规予以处罚。
第七十三条	商业银行从事理财业务活动，违反有关法律、行政法规以及国家有关银行业监督管理规定的，银行业监督管理机构除依照本办法第七十条至第七十二条规定处罚外，还可以依照《中华人民共和国银行业监督管理法》第四十八条和《金融违法行为处罚办法》的相关规定，对直接负责的董事、高级管理人员和其他直接责任人员进行处理；涉嫌犯罪的，依法移送司法机关处理。

真考解读 属于必考点，一般会考3道题。

二、基金代销业务涉及的法律法规（重点掌握）

《公开募集证券投资基金销售机构监督管理办法》（以下简称《销售办法》），由中国证券监督管理委员会2020年第7次委务会审议通过，修订后的《公开募集证券投资基金销售机构监督管理办法》，自2020年10月1日起施行。

解读4 必考点：可以从事基金销售业务的机构类型。

（一）基金销售机构类型[解读4]

商业银行（含在华外资法人银行，下同）、证券公司、期货公司、保险机构、证券投资咨询机构、独立基金销售机构以及中国证监会认定的其他机构从事基金销售业务的，应向工商注册登记所在地的中国证监会派出机构进行注册并取得相应资格。

典型真题

【单选题】根据《公开募集证券投资基金销售机构监督管理办法》，下列机构中不可以申请基金代销业务资格的是(　　)。

A. 信托公司　　B. 证券投资咨询机构

C. 商业银行　　D. 证券公司

【答案】A【解析】信托公司不可以申请基金代销业务资格，故选A。

（二）基金销售人员资格及相关要求

项 目	内 容
第三条	基金销售机构及其从业人员从事基金销售业务，基金服务机构及其从业人员从事与基金销售相关的服务业务，应当遵守法律法规、中国证监会规定以及基金合同、基金销售协议等约定，遵循自愿、公平的原则，诚实守信，谨慎勤勉，廉洁从业，恪守职业道德和行为规范，不得损害国家利益、社会公共利益和投资人的合法权益。

续 表

项　目	内　容
第七条	申请注册基金销售业务资格，应当具备下列条件： （1）财务状况良好，运作规范。 （2）有与基金销售业务相适应的营业场所、安全防范等设施，办理基金销售业务的信息管理平台符合中国证监会的规定。 （3）具备健全高效的业务管理和风险管理制度，反洗钱、反恐怖融资及非居民金融账户涉税信息尽职调查等制度符合法律法规要求，基金销售结算资金管理、投资者适当性管理、内部控制等制度符合中国证监会的规定。 （4）取得基金从业资格的人员不少于 20 人。 （5）最近 3 年没有受到刑事处罚或者重大行政处罚；最近 1 年没有因相近业务被采取重大行政监管措施；没有因重大违法违规行为处于整改期间，或者因涉嫌重大违法违规行为正在被监管机构调查；不存在已经影响或者可能影响公司正常运作的重大变更事项，或者重大诉讼、仲裁等事项。 （6）中国证监会规定的其他条件。
第八条	商业银行、证券公司、期货公司、保险公司、保险经纪公司、保险代理公司、证券投资咨询机构申请注册基金销售业务资格，应当具备下列条件： （1）本办法第七条规定的条件。 （2）有负责基金销售业务的部门。 （3）财务风险监控等监管指标符合国家金融监督管理部门的规定。 （4）负责基金销售业务的部门取得基金从业资格的人员不低于该部门员工人数的 1/2，部门负责人取得基金从业资格，并具备从事基金业务 2 年以上或者在金融机构 5 年以上的工作经历；分支机构基金销售业务负责人取得基金从业资格。 （5）中国证监会规定的其他条件。

（三）基金销售业务规范相关要求

1. 一般性规定

项　目	内　容
第十五条	基金销售机构办理基金销售业务，应当与基金管理人签订书面销售协议，明确双方权利义务。未经签订书面销售协议，基金销售机构不得办理基金的销售。

续 表

项 目	内 容
第十六条	基金销售机构开展基金宣传推介活动，应当坚持长期投资理念和客观、真实、准确的原则。基金销售机构应当集中统一制作和使用基金宣传推介材料，并对内容的合规性进行内部审查，相关审查材料应当存档备查。基金宣传推介材料的管理规范，由中国证监会另行制定。
第十七条	基金销售机构应当按照中国证监会的规定了解投资人信息，坚持投资人利益优先和风险匹配原则，根据投资人的风险承担能力销售不同风险等级的产品，把合适的基金产品销售给合适的投资人。 基金销售机构应当加强投资者教育，引导投资人充分认识基金产品的风险收益特征。投资人购入基金前，基金销售机构应当提示投资人阅读基金合同、招募说明书、基金产品资料概要，提供有效途径供投资人查询，并以显著、清晰的方式向投资人揭示投资风险。 基金销售机构应当推动定期定额投资、养老储备投资等业务发展，促进投资人稳健投资，杜绝诱导投资人短期申赎、频繁申赎行为。
第十八条	基金销售机构应当根据反洗钱、反恐怖融资及非居民金融账户涉税信息尽职调查等法律法规要求履行相关职责，有效识别投资人身份，核对投资人的有效身份证件，登记投资人身份基本信息，确保基金账户持有人名称与有效身份证件中记载的名称一致，留存有效身份证件的复印件或者影印件，了解投资人资金来源的合法性，向基金管理人提供客户法定基本身份信息等反洗钱必要信息，并为基金管理人履行反洗钱、反恐怖融资及非居民金融账户涉税信息尽职调查等相关职责提供协助。
第十九条	基金销售机构应当按照法律法规、中国证监会的规定和基金合同、份额发售公告、招募说明书等文件的约定，办理基金份额的认购、申购和赎回，不得擅自拒绝接受投资人的申请。 投资人认购、申购基金份额，应当全额交付款项，中国证监会规定的特殊基金品种除外。 投资人在基金合同约定之外的日期和时间提出申购、赎回申请的，作为下一个交易日的交易处理，其基金份额申购、赎回价格为下次办理基金份额申购、赎回时间所在开放日的价格。
第二十条	基金销售机构、基金销售支付机构应当按照法律法规、基金合同和基金销售协议等的规定，归集、划转基金销售结算资金，确保基金销售结算资金安全、及时划付，并将赎回、分红及未成功认购、申购的款项划入投资人认购、申购时使用的结算账户。中国证监会就特殊基金品种、特殊业务类型另有规定的，从其规定。

续 表

项目	内容
第二十一条	基金销售机构应当按照法律法规和中国证监会规定以及基金合同、招募说明书和基金销售协议等的约定收取销售费用，并如实核算、记账；未经招募说明书载明，不得对不同投资人适用不同费率。 基金销售机构按照中国证监会的规定，为投资人提供除基金合同、招募说明书约定服务以外的增值服务的，可以向投资人收取增值服务费。
第二十二条	基金销售机构应当按照下列要求持续为投资人提供信息服务： （1）及时告知投资人其认购、申购、赎回的基金名称以及基金份额的确认日期、确认份额和金额等信息。 （2）提供有效途径供投资人实时查询其所持基金的基本信息。 （3）定期向投资人主动提供基金保有情况信息。 （4）按照中国证监会的规定，做好有关信息传递工作，向投资人及时提供对其投资决策有重大影响的信息。 （5）中国证监会规定的其他要求。 基金销售机构应当与投资人约定提供前款规定信息的方式。
第二十三条	基金销售机构可以委托其他基金销售机构办理基金销售中后台处理等活动，具体规定由中国证监会另行制定。

2. 禁止性规定

项目	内容
第二十四条	基金销售机构及其从业人员从事基金销售业务，不得有下列情形：解读5 （1）虚假记载、误导性陈述或者重大遗漏。 （2）违规承诺收益、本金不受损失或者限定损失金额、比例。 （3）预测基金投资业绩，或者宣传预期收益率。 （4）误导投资人购买与其风险承担能力不相匹配的基金产品。 （5）未向投资人有效揭示实际承担基金销售业务的主体、所销售的基金产品等重要信息，或者以过度包装服务平台、服务品牌等方式模糊上述重要信息。 （6）采取抽奖、回扣或者送实物、保险、基金份额等方式销售基金。 （7）在基金募集申请完成注册前，办理基金销售业务，向公众分发、公布基金宣传推介材料或者发售基金份额。

解读5 必考点：基金销售机构及其从业人员从事基金销售业务禁止行为。

续 表

项 目	内 容
第二十四条	（8）未按照法律法规、中国证监会规定、招募说明书和基金份额发售公告规定的时间销售基金，或者未按照规定公告即擅自变更基金份额的发售日期。 （9）挪用基金销售结算资金或者基金份额；违规利用基金份额转让等形式规避基金销售结算资金闭环运作要求、损害投资人资金安全。 （10）利用或者承诺利用基金资产和基金销售业务进行利益输送或者利益交换。 （11）违规泄露投资人相关信息或者基金投资运作相关非公开信息。 （12）以低于成本的费用销售基金。 （13）实施歧视性、排他性、绑定性销售安排。 （14）中国证监会规定禁止的其他情形。

（四）基金销售行为内部控制与风险管理

项 目	内 容
第二十五条	基金销售机构应当按照审慎经营的原则，建立健全并有效执行基金销售业务的内部控制与风险管理制度，完善内部责任追究机制，确保基金销售业务符合法律法规和中国证监会的规定。
第二十六条	基金销售机构应当指定专门合规风控人员对基金销售业务的经营运作情况进行审查、监督和检查，并保障合规风控人员履职的独立性和有效性。合规风控人员应当具备与履职相适应的专业知识和技能，不得兼任与合规风控职责相冲突的职务。 合规风控人员应当对基金销售业务内部制度、基金宣传推介材料和新销售产品、新业务方案等进行合规审查，出具合规审查意见，并存档备查。 基金销售机构应当于每一年度结束之日起3个月内完成年度监察稽核报告，并存档备查。
第二十七条	基金销售机构应当对基金管理人、基金产品进行审慎调查和风险评估，充分了解产品的投资范围、投资策略、风险收益特征等，并设立产品准入委员会或者专门小组，对销售产品准入实行集中统一管理。 基金管理人应当制定基金销售机构准入的标准和程序，审慎选择基金销售机构，并定期开展再评估。
第二十八条	基金销售机构应当建立健全投资人基金交易账户和资金账户管理制度，保障投资人信息安全和资金安全。

续 表

项 目	内 容
第二十九条	基金销售机构应当确保基金销售信息管理平台安全、高效运行，建立符合规定的灾难备份系统和应急预案。
第三十一条	基金销售机构应当建立健全业务范围管控制度，审慎评估基金销售业务与其依法开展或者拟开展的其他业务之间可能存在的利益冲突，完善利益冲突防范机制。 基金销售机构应当采取有效隔离措施，避免因其他业务风险影响基金销售业务稳健运行。 基金销售机构应当保持对基金销售业务的持续投入，确保实质展业及业务连续性。
第三十二条	基金销售机构应当对分支机构基金销售活动、基金销售信息技术系统实行集中统一管理，不得与他人合资、合作经营管理分支机构，不得将分支机构承包或者委托给他人经营管理。
第三十三条	基金销售机构应当建立健全档案管理制度，妥善保管投资人的开户资料和与基金销售业务有关的其他资料。投资人身份资料自业务关系结束当年计起至少保存20年，与基金销售业务有关的其他资料自业务发生当年计起至少保存20年。

（五）违法违规行为应承担的法律责任

项 目	内 容
第五十条	中国证监会及其派出机构按照审慎监管原则，可以要求基金销售相关机构及其股东、实际控制人报送相关信息、材料，定期或者不定期对基金销售相关机构从事基金销售业务及相关服务业务的情况进行非现场或者现场检查。 基金销售相关机构及其股东、实际控制人、从业人员等应当配合检查、调查，提供的信息、资料应当及时、真实、准确、完整。
第五十一条	独立基金销售机构发生下列事项的，应当在5个工作日内向住所地中国证监会派出机构备案： （1）变更公司章程、名称、住所、组织形式、经营范围、注册资本、高级管理人员。 （2）新增持有5%以上股权的股东，变更控股股东、实际控制人。 （3）持有5%以上股权的股东变更姓名、名称，或者质押所持独立基金销售机构的股权。 （4）设立、撤销分支机构，变更分支机构名称、营业场所。 （5）对外进行股权投资或者提供担保。 （6）中国证监会规定的其他事项。

续 表

项 目	内 容
第五十二条	基金销售机构的业务许可证自颁发之日起，有效期3年。基金销售机构不存在下列情形的，其业务许可证有效期予以延续，每次延续的有效期为3年： (1) 无法持续符合本办法第七条第（一）项至第（四）项规定的基础性展业条件，且未得到有效整改。 (2) 合规内控严重缺失，被中国证监会或者其派出机构采取责令暂停办理相关业务的行政监管措施，且未在要求期限内有效整改。 (3) 未实质开展公募基金销售业务，最近一个会计年度基金（货币市场基金除外）销售日均保有量低于5亿元。 (4) 中国证监会规定的其他情形。
第五十三条	基金销售相关机构违反法律、行政法规、本办法及中国证监会其他规定，法律法规有规定的，依照其规定处理；法律法规没有规定的，中国证监会及其派出机构可以采取监管谈话、出具警示函、责令改正、责令处分有关人员、责令暂停办理相关业务等行政监管措施，对相关主管人员、直接责任人员，可以采取监管谈话、出具警示函、公开谴责、认定为不适当人选等行政监管措施，发现违法行为涉嫌犯罪的，移送司法机关处理。
第五十四条	中国证监会及其派出机构依法责令基金销售机构暂停办理相关业务的，可以责令其暂停下列一项或者多项业务： (1) 接受新投资人开立交易账户申请。 (2) 签订新的销售协议，增加销售新产品。 (3) 办理公募基金份额认购、申购或者私募基金份额参与。 基金销售机构被责令暂停办理相关业务的，可以办理销户、赎回、托管转出等业务。
第五十五条	基金销售机构申请注册基金销售业务资格，隐瞒有关情况或者提供虚假材料的，中国证监会派出机构不予注册，并给予警告；已经注册的，撤销注册，对相关主管人员和其他直接责任人员给予警告，并处3万元以下罚款。国家金融监督管理部门监管的机构存在上述情况的，移交相关金融监督管理部门处理。

真考解读 较少考查，考生了解即可。

三、私募资产管理业务涉及的法律法规（了解）

《销售办法》对私募资产管理业务涉及的法律法规，具体内容如下。

项 目	内 容
第四十五条	基金销售机构应当以非公开方式向合格投资者销售私募基金，不得通过公众传播媒体、互联网、公开营业场所等平台或者手机短信、微信等渠道公开或者变相公开宣传推介私募基金。

续 表

项 目	内 容
第四十六条	基金销售机构销售私募基金，应当充分了解投资人信息，收集、核验投资人资产证明、收入证明或者纳税凭证等材料，对投资人风险识别能力和风险承担能力进行评估，并要求投资人承诺投资资金为自有资金，不存在非法汇集他人资金等情况。 基金销售机构应当就合格投资者确认、投资者适当性匹配、风险揭示、自有资金投资等事项履行投资人签字确认等程序。
第四十七条	基金销售机构应当销售符合法律法规和中国证监会规定的私募基金，对拟销售私募基金进行审慎调查和风险评估，充分了解产品的投资范围、投资策略、投资集中度、杠杆水平、风险收益特征等。销售文件应当按照规定全面说明产品特征并充分揭示风险。基金销售机构不得销售未在产品合同等法律文件中明确限定投资范围、投资集中度、杠杆水平的私募基金。 基金销售机构合规风控人员应当对私募基金销售准入出具专项合规和风险评估报告，签字确认并存档备查。
第四十八条	基金销售机构应当针对私募基金销售业务建立专门的利益冲突识别、评估和防范机制。 基金销售机构应当对存在关联关系的私募基金管理人及私募基金履行严格的利益冲突评估机制，经评估无法有效防范利益冲突的，不得销售相关产品；经评估确定可以销售的，应当以书面形式向投资人充分披露，并在销售行为发生时由投资人签字确认。

四、保险代理业务涉及的法律法规（重点掌握）

真考解读 属于必考点，一般会考1道题。

为规范商业银行代理保险业务销售行为，中国银保监会办公厅印发《商业银行代理保险业务管理办法》（银保监办发〔2019〕179号，以下简称《代理保险办法》），自2019年10月1日起施行。

（一）业务准入相关要求

项 目	内 容
第八条	商业银行经营保险代理业务，应当具备下列条件： （1）具有中国银保监会或其派出机构颁发的金融许可证。 （2）主业经营情况良好，最近2年无重大违法违规记录（已采取有效整改措施并经中国银保监会及其派出机构认可的除外）。 （3）已建立符合中国银保监会规定的保险代理业务信息系统。 （4）已建立保险代理业务管理制度和机制，并具备相应的专业管理能力。

续 表

项　目	内　容
第八条	（5）法人机构和一级分支机构已指定保险代理业务管理责任部门和责任人员。 （6）中国银保监会规定的其他条件。
第九条	商业银行代理保险业务信息系统应具备以下条件： （1）具备与管控保险产品销售风险相适应的技术支持系统和后台保障能力。 （2）与保险公司业务系统对接。 （3）实现对其保险销售从业人员的管理。 （4）能够提供电子版合同材料，包括投保提示书、投保单、保险单、保险条款、产品说明书、现金价值表等文件。 （5）记录各项承保所需信息，并对各项信息的逻辑关系及真实性进行校对。 （6）中国银保监会规定的其他条件。
第十一条	商业银行申请经营保险代理业务，应当提交以下申请材料： （1）营业执照副本复印件。 （2）近两年违法违规行为情况的说明（机构成立不满两年的，提供自成立之日起的情况说明）。 （3）合作保险公司情况说明。 （4）保险代理业务信息系统情况说明。 （5）保险代理业务管理相关制度，如承保出单、佣金结算、客户服务等。 （6）保险代理业务责任部门和责任人指定情况的说明。 （7）中国银保监会规定的其他材料。
第十三条	中国银保监会及其派出机构依法作出批准商业银行经营保险代理业务的决定的，应当向申请人颁发许可证。许可证不设有效期。申请人取得许可证后，方可开展保险代理业务。 申请人应当在取得许可证 5 日内按照中国银保监会规定的监管信息系统登记相关信息，登记信息至少应当包括以下内容： （1）法人机构名称、住所或者营业场所。 （2）保险代理业务管理部门及责任人。 （3）许可证名称。 （4）业务范围。 （5）经营区域。 （6）中国银保监会规定的其他事项。

（二）经营规则相关要求

项目	内容
第十六条	商业银行选择合作保险公司时，应当充分考虑其偿付能力状况、风险管控能力、业务和财务管理信息系统、近两年违法违规情况等。 保险公司选择合作商业银行时，应当充分考虑其资本充足率、风险管控能力、营业场所、保险代理业务和财务管理制度健全性、近两年违法违规情况等。
第十七条	商业银行与保险公司开展保险代理业务合作，原则上应当由双方法人机构签订书面委托代理协议，确需由一级分支机构签订委托代理协议的，该一级分支机构应当事先获得其法人机构的书面授权，并在签订协议后，及时向其法人机构备案。 商业银行与保险公司签订的委托代理协议应当包括但不限于以下主要条款：代理保险产品种类，佣金标准及支付方式，单证及宣传材料管理，客户账户及身份信息核对，反洗钱，客户信息保密，双方权利责任划分，争议的解决，危机应对及客户投诉处理机制，合作期限，协议生效、变更和终止，违约责任等。
第十八条	商业银行代理销售的保险产品应当符合中国银保监会保险产品审批备案管理的有关要求。 保险公司应当针对商业银行客户的保险需求以及商业银行销售渠道的特点，细分市场，开发多样化的、互补的保险产品。
第十九条	商业银行对保险代理业务应当进行单独核算，对不同保险公司的代收保费、佣金进行独立核算，不得以保费收入抵扣佣金。 保险公司委托商业银行代理销售保险产品，应当建立商业银行代理保险业务的财务独立核算及评价机制，做到新业务价值、利润及费用独立核算，应当根据审慎原则科学制定商业银行代理保险业务财务预算、业务推动政策，防止出现为了业务规模不计成本的经营行为，防范费差损风险。
第二十一条	商业银行对取得的佣金应当如实全额入账，加强佣金集中管理，合理列支其保险销售从业人员佣金，严禁账外核算和经营。 保险公司应当按照财务制度据实列支向商业银行支付的佣金。保险公司及其人员不得以任何名义、任何形式向商业银行及其保险销售从业人员支付协议规定之外的任何利益。
第二十四条	商业银行应当加强对其保险销售从业人员的岗前培训和后续教育，组织其定期接受法律法规、业务知识、职业道德、消费者权益保护等相关培训。其中，商业银行保险销售从业人员销售投资连结型保险产品还应至少有 1 年以上的保险销售经验，每年接受不少于 40 小时的专项培训，并无不良记录。 保险公司应当按照中国银保监会有关规定加强对其银保专管员的管理，有关规定由中国银保监会另行制定。

续 表

项 目	内 容
第二十五条	商业银行网点经营保险代理业务应当将所属法人机构许可证复印件置于营业场所显著位置。 保险公司应当切实承担对其分支机构的管理责任，不得委托没有取得许可证的商业银行或者没有取得法人机构授权的商业银行网点开展保险代理业务。
第二十九条	商业银行及其保险销售从业人员应当使用保险公司法人机构或经其授权的保险公司一级分支机构统一印制的保险产品宣传材料，不得设计、印刷、编写或者变更相关保险产品的宣传册、宣传彩页、宣传展板或其他销售辅助品。
第三十条	各类宣传材料应当按照保险条款全面、准确描述保险产品，要在醒目位置对经营主体、保险责任、退保费用、现金价值和费用扣除情况进行提示，不得夸大或变相夸大保险合同利益，不得承诺不确定收益或进行误导性演示，不得有虚报、欺瞒或不正当竞争的表述。 各类保险单证和宣传材料在颜色、样式、材料等方面应与银行单证和宣传材料有明显区别，不得使用带有商业银行名称的中英文字样或商业银行的形象标识，不得出现“存款”“储蓄”“与银行共同推出”等字样。
第三十一条	保险单册样式应当合理设计，封套及内页装订后为 A4 大小，封面用不小于 72 号字体标明“保险合同”字样，用不小于二号字体标明保险公司名称，用不小于三号字体标明规定的风险提示语及犹豫期提示语，保险合同中应当包含保险条款及其他合同要件。
第三十四条	商业银行保险销售从业人员应当请投保人本人填写投保单。有下列情形的，可由保险销售从业人员代填： ①投保人填写有困难，并进行了书面授权。 ②投保人填写有困难，且无法书面授权，在录音录像的情况下进行了口头授权。 在代填过程中，保险销售从业人员应当与投保人逐项核对填写内容，按投保人描述填写投保单。填写后，投保人确认投保单填写内容为自己真实意思表示后签字或盖章。 商业银行应当将书面授权文件、录音、录像等资料交由保险公司进行归档管理。
第三十六条	商业银行代理销售的保险产品保险期间超过 1 年的，应当在保险合同中约定 15 日的犹豫期，并在保险合同中载明投保人在犹豫期内的权利。犹豫期自投保人收到保险单并书面签收之日起计算。

续 表

项　目	内　容
第三十八条	商业银行代理销售意外伤害保险、健康保险、定期寿险、终身寿险、保险期间不短于10年的年金保险、保险期间不短于10年的两全保险、财产保险（不包括财产保险公司投资型保险）的保费收入之和不得低于保险代理业务总保费收入的20%。
第四十条	商业银行每个网点与每家保险公司的连续合作期限不得少于1年。 商业银行和保险公司应当保持合作关系和客户服务的稳定性。合作期间内，其中一方出现对合作关系有实质影响的不利情形，另一方可以提前中止合作。对商业银行与保险公司中止合作的情况，商业银行应当配合保险公司做好期满给付、退保、投诉处理等后续服务。

（三）监督管理相关要求

项　目	内　容
第五十八条	中国银保监会及其派出机构依法对商业银行代理保险业务制定相关的规章和审慎经营规则，进行现场检查和非现场监管。
第五十九条	银行业协会和保险业协会要通过加强行业自律，在维护市场秩序、促进公平竞争方面发挥积极作用。 中国银保监会及其派出机构应当督促银行业协会和保险业协会采取行业自律措施，建立行业内部沟通协调机制，加强自我约束和相互监督，共同维护市场秩序、促进公平竞争。
第六十条	中国银保监会及其派出机构可以对商业银行保险代理业务责任人进行谈话，并进行教育培训。
第六十二条	商业银行开展保险代理业务过程中违反审慎经营规则，违反第四十八条、第四十九条行为的，中国银保监会或者其省一级派出机构应当责令限期改正；逾期未改正的，或者其行为严重危及该商业银行稳健运行、损害客户合法权益的，经中国银保监会或者其省一级派出机构负责人批准，可以采取责令暂停部分业务、停止批准开办新业务的措施。 商业银行整改后，应当向中国银保监会或者其省一级派出机构提交报告。经中国银保监会或其派出机构验收后，符合有关审慎经营规则的，应当自验收之日起3日内解除对其采取的前款规定的措施。

续 表

项 目	内 容
第六十四条	商业银行作为保险产品的销售主体，依法对其保险销售从业人员的代理销售行为承担主体责任。 中国银保监会及其派出机构在依法对商业银行实施行政处罚和采取其他监管措施时，保险公司负有责任的，应当同时依法对该行为涉及的保险公司实施行政处罚和采取其他监管措施。 中国银保监会及其派出机构将依法严厉查处商业银行代理保险业务不正当竞争等行为，加大对商业银行、保险公司及其高级管理人员管理责任的追究力度。
第六十五条	商业银行和保险公司违反本办法相关要求，中国银保监会及其派出机构应当根据《中华人民共和国保险法》《中华人民共和国商业银行法》《中华人民共和国银行业监督管理法》等法律、行政法规及有关规定，依法采取监管措施或实施行政处罚，并追究相关人员责任。

（四）风险提示语及犹豫期提示语相关要求

项 目	内 容
第六十七条	本办法规定的风险提示语及犹豫期提示语内容如下： 分红保险风险提示语："您投保的是分红保险，红利分配是不确定的。" 万能保险风险提示语："您投保的是万能保险，最低保证利率之上的投资收益是不确定的。"有初始费用的产品还应包括："您缴纳的保险费将在扣除初始费用后计入保单账户。" 投资连结保险风险提示语："您投保的是投资连结保险，投资回报具有不确定性。"有初始费用的产品还应包括："您缴纳的保险费将在扣除初始费用后计入投资账户。" 其他产品类型的风险提示语，由公司自行确定。 犹豫期提示语："您在收到保险合同后 15 日内有全额退保（扣除不超过 10 元的工本费）的权利。超过 15 日退保有损失。"
第六十八条	本办法中，除犹豫期期限"15 日"的规定指自然日外，其余有关"3 日""5 日""15 日""30 日"的规定指工作日。 本办法所称"以上""以下"均含本数。

五、黄金期货交易业务涉及的法律法规（了解）

真考解读 较少考查，考生了解即可。

原中国银监会办公厅于 2008 年 3 月 7 日发布《关于商业银行从事境内黄金期货交易有关问题的通知》，用于规范商业银行从事境内黄金期货交易业务，有效防范风险。

项　目	内　容
黄金期货交易业务从业资格规定	商业银行从事境内黄金期货交易业务，通过我国期货行业认可的从业资格考试合格人员不少于4人，其中交易人员至少2人、风险管理人员至少2人，以上人员相互不得兼任，且无不良从业记录。
黄金期货交易业务禁止性规定	商业银行从事黄金期货经纪业务应取得相应资格，不得利用自有的黄金期货交易资格代理客户从事黄金期货经纪业务。 商业银行从事境内黄金期货交易，应建立必要的业务隔离制度，不得利用其黄金期货指定结算银行及指定交割金库的信息优势，为其黄金期货交易谋取不当利益。

六、个人外汇管理涉及的法律法规（重点掌握）

真考解读 属于必考点，一般会考2道题。

个人外汇管理涉及的相关法律法规包括《个人外汇管理办法》和《经常项目外汇业务指引（2020年版）》。

（一）《个人外汇管理办法》中关于个人外汇管理的规定

1. 个人外汇业务的分类及管理

项　目	内　容
第二条	个人外汇业务按照交易主体区分境内与境外个人外汇业务，按照交易性质区分经常项目和资本项目个人外汇业务。按上述分类对个人外汇业务进行管理。
第三条	经常项目项下的个人外汇业务按照可兑换原则管理，资本项目项下的个人外汇业务按照可兑换进程管理。
第六条	银行应通过外汇局指定的管理信息系统办理个人购汇和结汇业务，真实、准确录入相关信息，并将办理个人业务的相关材料至少保存5年备查。

2. 经常项目个人外汇管理

项　目	内　容
第十条	从事货物进出口的个人对外贸易经营者，在商务部门办理对外贸易经营权登记备案后，其贸易外汇资金的收支按照机构的外汇收支进行管理。
第十一条	个人进行工商登记或者办理其他执业手续后，可以凭有关单证办理委托具有对外贸易经营权的企业代理进出口项下及旅游购物、边境小额贸易等项下外汇资金收付、划转及结汇。
第十二条	境内个人外汇汇出境外用于经常项目支出，单笔或当日累计汇出在规定金额以下的，凭本人有效身份证件在银行办理；单笔或当日累计汇出在规定金额以上的，凭本人有效身份证件和有交易额的相关证明等材料在银行办理。

续　表

项　目	内　容
第十三条	境外个人在境内取得的经常项目项下合法人民币收入，可以凭本人有效身份证件及相关证明材料在银行办理购汇及汇出。
第十四条	境外个人未使用的境外汇入外汇，可以凭本人有效身份证件在银行办理原路汇回。
第十五条	境外个人将原兑换未使用完的人民币兑回外币现钞时，小额兑换凭本人有效身份证件在银行或外币兑换机构办理；超过规定金额的，可以凭原兑换水单在银行办理。

3. 资本项目个人外汇管理

项　目	内　容
第十六条	境内个人对外直接投资符合有关规定的，经外汇局核准可以购汇或以自有外汇汇出，并应当办理境外投资外汇登记。
第十七条	境内个人购买B股，进行境外权益类、固定收益类以及国家批准的其他金融投资，应当按相关规定通过具有相应业务资格的境内金融机构办理。
第十八条	境内个人向境内保险经营机构支付外汇人寿保险项下保险费，可以购汇或以自有外汇支付。
第十九条	境内个人在境外获得的合法资本项目收入经外汇局核准后可以结汇。
第二十条	境内个人对外捐赠和财产转移需购付汇的，应当符合有关规定并经外汇局核准。
第二十一条	境内个人向境外提供贷款、借用外债、提供对外担保和直接参与境外商品期货与金融衍生产品交易，应当符合有关规定并到外汇局办理相应登记手续。
第二十二条	境外个人购买境内商品房，应当符合自用原则，其外汇资金的收支和汇兑应当符合相关外汇管理规定。境外个人出售境内商品房所得人民币，经外汇局核准可以购汇汇出。
第二十三条	除国家另有规定外，境外个人不得购买境内权益类和固定收益类等金融产品。境外个人购买B股，应当按照国家有关规定办理。
第二十四条	境外个人在境内的外汇存款应纳入存款金融机构短期外债余额管理。
第二十五条	境外个人对境内机构提供贷款或担保，应当符合外债管理的有关规定。
第二十六条	境外个人在境内的合法财产对外转移，应当按照个人财产对外转移的有关外汇管理规定办理。

4. 个人外汇账户及外币现钞管理

项目	内容
第二十七条	个人外汇账户按主体类别区分为境内个人外汇账户和境外个人外汇账户；按账户性质区分为外汇结算账户、资本项目账户及外汇储蓄账户。
第二十八条	银行按照个人开户时提供的身份证件等证明材料确定账户主体类别，所开立的外汇账户应使用与本人有效身份证件记载一致的姓名。境内个人和境外个人外汇账户境内划转按跨境交易进行管理。
第二十九条	个人进行工商登记或者办理其他执业手续后可以开立外汇结算账户。
第三十条	境内个人从事外汇买卖等交易，应当通过依法取得相应业务资格的境内金融机构办理。
第三十一条	境外个人在境内直接投资，经外汇局核准，可以开立外国投资者专用外汇账户。账户内资金经外汇局核准可以结汇。直接投资项目获得国家主管部门批准后，境外个人可以将外国投资者专用外汇账户内的外汇资金划入外商投资企业资本金账户。
第三十二条	个人可以凭本人有效身份证件在银行开立外汇储蓄账户。外汇储蓄账户的收支范围为非经营性外汇收付、本人或与其直系亲属之间同一主体类别的外汇储蓄账户间的资金划转。境内个人和境外个人开立的外汇储蓄联名账户按境内个人外汇储蓄账户进行管理。
第三十三条	个人携带外币现钞出入境，应当遵守国家有关管理规定。
第三十四条	个人购汇提钞或从外汇储蓄账户中提钞，单笔或当日累计在有关规定允许携带外币现钞出境金额之下的，可以在银行直接办理；单笔或当日累计提钞超过上述金额的，凭本人有效身份证件、提钞用途证明等材料向当地外汇局事前报备。
第三十五条	个人外币现钞存入外汇储蓄账户，单笔或当日累计在有关规定允许携带外币现钞入境免申报金额之下的，可以在银行直接办理；单笔或当日累计存钞超过上述金额的，凭本人有效身份证件、携带外币现钞入境申报单或本人原存款金融机构外币现钞提取单据在银行办理。

（二）《经常项目外汇业务指引（2020年版）》中关于个人经常项目外汇业务的介绍

1. 个人结售汇的相关条款[解读6]

项目	内容
第五十四条	个人经常项目外汇业务应具有真实、合法的交易背景。个人结汇和境内个人购汇实行年度便利化额度管理，便利化额度分别为每人每年等值5万美元。

解读6 必考点：个人结售汇的相关条款，考生应重点掌握。

续 表

项目	内容
第五十五条	个人凭本人有效身份证件在银行办理年度便利化额度内的结汇和购汇。标有身份证件号码的户口簿、临时身份证可作为境内个人有效身份证件。个人可通过银行柜台或电子银行渠道办理结汇和购汇。
第五十六条	境内个人凭本人有效身份证件和有交易额的结汇资金来源材料，在银行办理不占用年度便利化额度的经常项目结汇。境内个人凭本人有效身份证件和有交易额的购汇资金用途材料，在银行办理不占用年度便利化额度的经常项目购汇。
第五十七条	境内个人办理购汇业务，应真实、准确、完整填写《个人购汇申请书》，并承担相应法律责任。
第五十八条	境外个人凭本人有效身份证件和有交易额的结汇资金用途材料，在银行办理不占用年度便利化额度的经常项目结汇。结汇单笔等值5万美元（不含）以上的，应将结汇所得人民币资金直接划转至交易对方的境内人民币账户。
第五十九条	境外个人在境内取得的经常项目合法人民币收入，凭本人有效身份证件和有交易额的购汇资金来源材料（含税务凭证）在银行办理购汇。 持有外国人永久居留身份证的境外个人适用购汇年度便利化额度。
第六十条	境外个人原兑换未用完的人民币兑回外汇，凭本人有效身份证件和原兑换水单办理，原兑换水单的兑回有效期为自兑换日起24个月；对于当日累计兑换不超过等值500美元（含）以及离境前在境内关外场所当日累计不超过等值1000美元（含）的兑换，可凭本人有效身份证件办理。
第六十一条	个人可委托近亲属代为办理年度便利化额度内的结汇和购汇。办理时需提供委托人和受托人的有效身份证件、委托书以及近亲属关系说明材料等。个人可委托他人（含近亲属）代为办理不占用年度便利化额度的结汇和购汇。办理时需提供委托人和受托人的有效身份证件、委托书和有交易额的相关材料等。本指引所称近亲属，是指配偶、父母、子女、兄弟姐妹、祖父母、外祖父母、孙子女、外孙子女。近亲属关系说明材料包括户口本、结婚证、出生证等。确无法提供近亲属关系说明材料的，可以近亲属关系承诺函替代。

续　表

项　目	内　容
第六十三条	被实施风险提示的个人，首次在柜台办理个人外汇业务时，银行应打印纸质《个人外汇业务风险提示函》进行告知；被实施“关注名单”管理的个人，首次在柜台办理个人外汇业务时，银行应打印纸质《个人外汇业务“关注名单”告知书》进行告知。 银行可根据个人要求为其本人查询被实施的“关注名单”管理结论，若个人对结论存在异议，应告知个人可向所在地外汇局核实。

2. 个人外汇收支的相关条款

项　目	内　容
第六十四条	境内个人外汇汇出境外用于经常项目支出，按下列规定在银行办理： （1）外汇账户内外汇汇出境外当日累计等值5万美元以下（含）的，凭本人有效身份证件办理；超过上述金额的，凭本人有效身份证件、有交易额的相关材料办理。境内个人办理外汇汇出业务时，应配合银行购汇用途与付汇用途一致性审核。 （2）持外币现钞汇出当日累计等值1万美元以下（含）的，凭本人有效身份证件在银行办理；超过上述金额的，凭本人有效身份证件、经海关签章的《海关申报单》或本人原存款银行外币现钞提取单据、有交易额的相关材料办理。
第六十五条	境外个人经常项目外汇汇出境外，按下列规定在银行办理： （1）外汇账户内外汇汇出，凭本人有效身份证件办理。 （2）持外币现钞汇出，当日累计等值1万美元以下（含）的，凭本人有效身份证件办理；超过上述金额的，凭本人有效身份证件、经海关签章的《海关申报单》或原存款银行外币现钞提取单据办理。
第六十六条	个人货物贸易外汇收支按下列规定办理： （1）个体工商户委托有对外贸易经营权的企业办理进口的，本人凭其与代理企业签定的进口代理合同或协议购汇，所购外汇通过本人外汇账户直接划转至代理企业经常项目外汇账户；个体工商户委托有对外贸易经营权的企业办理出口的，可以通过本人外汇账户收汇、结汇。结汇凭合同及物流公司出具的运输单据等商业单证办理。 （2）境内个人从事跨境电子商务，可通过本人外汇账户办理跨境电子商务外汇结算。境内个人办理跨境电子商务项下结售汇，提供有交易额的材料或交易电子信息的，不占用个人年度便利化额度。

续　表

项　目	内　容
第六十六条	(3)个人从事市场采购贸易，可通过个人外汇账户办理符合相关要求的市场采购贸易外汇结算。个人办理市场采购贸易项下结汇，提供有交易额的材料或交易电子信息的，不占用个人年度便利化额度。 (4)个人从事边境贸易活动，外汇收支参照本指引第三十九条、第四十条的规定办理。个人收取的外币现钞或现汇，凭合同、物流公司出具的运输单据等商业单据办理结汇或入账手续。外币现钞结汇或外币现钞入账金额当日累计等值1万美元以上（不含）的，个人还应提供经海关签章的《海关申报单》正本。
第六十七条	个人外汇账户内资金境内划转，仅限于本人账户之间、个人与近亲属账户之间。划转账户分别属于境内个人、境外个人的，按跨境交易进行管理，且应符合经常项目外汇汇出境外的规定。
第六十九条	银行为个人开立外汇账户时，应尽职调查，加强对客户的了解，强化个人身份认证核验，确保人证一致。
第七十一条	银行应关注个人购付汇用途是否一致，发现涉嫌付汇用途与购汇用途不一致的，应做好尽职调查，要求个人如实报告购付汇用途。
第七十二条	银行应加强电子银行个人结售汇业务风险识别，落实电子银行业务本人办理原则。通过多重技术手段，事中事后筛查拦截异常外汇交易，防范借用他人便利化额度、出借本人便利化额度及其他规避便利化额度和真实性管理的违规行为。
第七十六条	除下列情况外，银行应将个人结售汇数据录入个人外汇业务系统（以下简称个人系统）： (1)通过外币代兑机构发生的结售汇。 (2)通过银行柜台尾零结汇、转利息结汇等小于等值100美元（含）的结汇。 (3)外币卡（含境内卡和境外卡）境内消费结汇。 (4)境外卡通过自助银行设备提取人民币现钞。 (5)境内卡境外使用后购汇还款。 (6)通过自助兑换机办理的个人外币现钞兑换人民币现钞的单向兑换。
第七十九条	银行可办理代理境外分支机构开户见证业务。银行代理境外分支机构开户见证业务的客户主体仅限于已取得国外（境外）长期签证（连续居住三个月以上）的境内居民个人，汇款用途按有关个人外汇管理规定审核真实性。 若开办代理境外其他银行开户见证业务，应先取得银行保险业监督管理部门同意；如取得其同意，办理开户见证业务应遵守本条第二款的规定。

3. 外币现钞收付、存取和携带的相关条款[解读7]

解读7必考点：个人外汇现钞收付、存取相关条款。

项　目	内　容
第八十一条	符合下列条件的经常项目交易，境内机构可以收取外币现钞，但应在银行办理结汇： （1）银行汇路不畅的经常项目交易。 （2）与战乱、金融条件差的国家（地区）间开展的经常项目交易。 （3）境外机构或境外个人因临时使用境内港口等交通设施所支付的服务和补给物品的费用。 （4）境内免税商品经营单位和免税商店销售免税商品的外汇交易。
第八十二条	符合下列条件的经常项目交易，境内机构可以按规定在银行购汇或使用自有外汇提取外币现钞： （1）银行汇路不畅的经常项目交易。 （2）向战乱、金融条件差的国家（地区）支付的经常项目支出。 （3）国际海运船长借支项下。 （4）境内机构公务出国项下每个团组平均每人提取外币现钞金额在等值1万美元以下（含）的。 除上述规定情况外，确需提取外币现钞的交易，应向所在外汇局提交交易真实性、合法性和必要性的说明材料，办理登记手续。 按规定已提取但未使用完的经常项下外币现钞，可以结汇或存入原提取外币现钞所使用的外汇账户。
第八十三条	财政资金预算内的机关、事业单位和社会团体等办理非贸易非经营性用汇项下提取外币现钞业务，可按规定直接到银行办理。 本指引所称非贸易非经营性用汇，是指驻外机构用汇、出国用汇、留学生用汇、外国专家用汇、国际组织会费用汇、救助与捐赠用汇、对外宣传用汇、股金与基金用汇、援外用汇、境外朝觐用汇及部门预算中确定的其他用汇项目。 司法和行政执法等机构的罚没款、暂扣款和专项收缴款为外币现钞的，银行可根据上述机构的相关文件直接办理结汇、存入经常项目外汇账户和提取外币现钞等手续。
第八十四条	银行应按展业原则办理境内机构外币现钞收付业务，对交易单证的真实性及其与外币现钞交易的一致性，以及外币现钞交易的合法性和必要性等进行合理审核。相关单证无法证明交易真实合法或与办理的外币现钞交易不一致的，银行应要求境内机构补充其他交易单证。

解读8 外汇局开具的《提取外币现钞备案表》自签发之日起30天内有效，不可重复使用。

续 表

项　目	内　容
第八十六条	个人提取外币现钞当日累计等值1万美元以下（含）的，凭本人有效身份证件在银行办理；个人出境赴战乱、外汇管制严格、金融条件差或金融动乱的国家（地区），确有需要提取超过等值1万美元以上外币现钞的，凭本人有效身份证件、提钞用途等材料向银行所在地外汇局事前报备。银行凭本人有效身份证件和经外汇局签章的《提取外币现钞备案表》[解读8]为个人办理提取外币现钞手续。
第八十七条	个人存入外币现钞当日累计等值1万美元以下（含）的，凭本人有效身份证件在银行办理；超过上述金额的，凭本人有效身份证件、经海关签章的《海关申报单》或原存款银行外币现钞提取单据在银行办理。
第八十八条	个人占用年度便利化额度的外币现钞结汇，当日外币现钞结汇累计金额在等值1万美元以下（含）的，凭本人有效身份证件在银行办理；超过上述金额的，凭本人有效身份证件、经海关签章的《海关申报单》或原存款银行外币现钞提取单据在银行办理。 个人不占用年度便利化额度的外币现钞结汇，当日外币现钞结汇累计金额在等值1万美元以下（含）的，凭本人有效身份证件、有交易额的相关材料在银行办理。超过上述金额的，凭本人有效身份证件、经海关签章的《海关申报单》或原存款银行外币现钞提取单据、有交易额的相关材料在银行办理。
第八十九条	个人携带外币现钞等入境，超过等值5000美元的应向海关书面申报。当天多次往返及短期内多次往返者第二次及以上入境，不论携带外币现钞的金额大小，均应向海关书面申报。 个人携带外币现钞出境，没有或超出最近一次入境申报外币现钞数据记录的，金额在等值5000美元以上至1万美元（含）的，应向银行申领《携带外汇出境许可证》。个人赴战乱、外汇管制严格、金融条件差或金融动乱的国家（地区），确有需要携带超过等值1万美元外币现钞出境的，需向存款或购汇银行所在地外汇局申领《携带外汇出境许可证》。 个人遗失或逾期补办《携带外汇出境许可证》的，按照“谁签发、谁补办”原则，在出境前持补办申请向原签发银行或外汇局提出申请。补办的《携带外汇出境许可证》应加注“补办”字样。
第九十二条	个人以外汇账户内资金购买外币旅行支票的，一次性购买外币旅行支票在等值5万美元以下（含）的，凭本人有效身份证件办理；超过上述金额的，凭本人有效身份证件和有交易额的相关材料办理。以人民币购买外币旅行支票的，按照个人购汇的相关规定办理。

续　表

项　目	内　容
第九十二条	个人凭本人有效身份证件及旅行支票办理兑付的，按照个人结汇的相关规定办理。个人将旅行支票兑换成外币现钞的，视同提取外币现钞业务；旅行支票可以直接存入个人外汇账户，视同存入外币现钞业务。
第九十四条	银行办理的下列个人外币现钞存取数据，应录入个人系统管理： （1）个人外币现钞存入，包括持外币现钞的结汇、存入个人外汇账户或信用卡、汇出境外、境内划转以及兑换外币后存入现钞等。 （2）个人外币现钞提取，包括购汇提钞、从个人外汇账户或信用卡提取外币现钞、境外汇入或境内划转直接提取外币现钞以及兑换外币后提取现钞等。 银行办理外币现钞收付业务，应遵守我国反洗钱与反恐怖融资的有关规定，并按银行外汇业务数据采集规范相关规定及时、准确报送外币现钞有关数据。

一、单选题（以下各小题所给出的四个选项中，只有一项符合题目要求，请选择相应选项，不选、错选均不得分）

1. 设立个人独资企业应当具备的条件不包括(　　)。
   A. 投资人为法人
   B. 有合法的企业名称
   C. 有投资人申报的出资
   D. 有固定的生产经营场所和必要的生产经营条件
2. 《民法典》对自然人的民事行为能力根据自然人的年龄、智力和精神状况做如下分类(　　)。
   A. 完全民事行为能力人、不完全民事行为能力人、无民事行为能力人
   B. 完全民事行为能力人、不完全民事行为能力人、完全无民事行为能力人
   C. 完全民事行为能力人、限制民事行为能力人、无民事行为能力人
   D. 完全民事行为能力人、限制民事行为能力人、完全无民事行为能力人
3. 根据《公开募集证券投资基金销售机构监督管理办法》，下列关于基金销售资质的表述，错误的是(　　)。
   A. 基金销售机构应当对基金销售人员进行持续培训
   B. 基金销售人员需持证上岗
   C. 商业银行负责基金销售业务的部门中持证人员占比需达到1/3

D. 基金销售业务资格申请实行注册制

4. 根据《民法典》规定，当订立合同双方对格式条款有两种以上的解释时，应该(　　)处理。
A. 按照字面理解予以解释
B. 作出不利于提供格式条款一方的解释
C. 作出利于提供格式条款一方的解释
D. 按照通常理解予以解释

5. 境外个人原兑换的未用完的人民币兑回外汇，凭有效身份证件和原兑换水单办理，原外汇兑换水单的兑回有效期为自兑换日起(　　)。
A. 24 个月
B. 12 个月
C. 6 个月
D. 8 个月

二、多选题（以下各小题所给出的五个选项中，有两项或两项以上符合题目的要求，请选择相应选项，多选、少选、错选均不得分）

1. 设立质权，当事人订立的质权合同包括的条款有(　　)。
A. 被担保债权的种类
B. 债务人履行债务的期限
C. 质押财产的名称、数量、质量、状况
D. 担保的范围
E. 被担保债权的数额

2. 银行为个人开立外汇账户，应区分境内个人和境外个人，账户按交易性质分为(　　)。
A. 外汇结算账户
B. 境外个人外汇业务
C. 资本项目账户
D. 境内个人外汇业务
E. 外汇储蓄账户

3. 根据《民法典》，下列属于企业法人的有（　　）。
A. 中国银行股份有限公司
B. 北京××服装有限责任公司
C. 少林寺
D. 社会科学联合会
E. 中国人民银行

三、判断题（请对以下各项描述做出判断，正确的为 A，错误的为 B）

1. 有限合伙企业由普通合伙人和有限合伙人组成，普通合伙人对合伙企业债务承担无限连带责任，有限合伙人以其认缴的出资额为限对合伙企业债务承担责任。(　　)
A. 正确
B. 错误

2. 个人存入外币现钞当日累计等值 2 万美元以下（含）的，凭本人有效身份证件在银行办理。(　　)
A. 正确
B. 错误

答案详解

一、单选题

1. A【解析】设立个人独资企业应当具备的条件不包括选项 A。

2. C【解析】《民法典》对自然人的民事行为能力根据自然人的年龄、智力和精神状况分为：完全民事行为能力人、无民事行为能力人及限制民事行为能力人。

3. C【解析】负责基金销售业务的部门取得基金从业资格的人员不低于该部门员工人数的 1/2，

部门负责人取得基金从业资格，并具备从事基金业务2年以上或者在金融机构5年以上的工作经历；分支机构基金销售业务负责人取得基金从业资格。

4. B【解析】对格式条款有两种以上解释的，应当作出不利于提供格式条款一方的解释。

5. A【解析】境外个人原兑换未用完的人民币兑回外汇，凭本人有效身份证件和原兑换水单办理，原兑换水单的兑回有效期为自兑换日起24个月。

二、多选题

1. ABCDE【解析】《民法典》规定，设立质权，当事人应当采取书面形式订立质权合同。质权合同一般包括下列条款：①被担保债权的种类和数额；②债务人履行债务的期限；③质押财产的名称、数量、质量、状况；④担保的范围；⑤质押财产交付的时间。

2. ACE【解析】账户按交易性质分为外汇结算账户、外汇储蓄账户、资本项目账户。

3. AB【解析】企业法人是指以营利为目的，独立从事商品生产和经营活动的法人。

三、判断题

1. A【解析】有限合伙企业由普通合伙人和有限合伙人组成，普通合伙人对合伙企业债务承担无限连带责任，有限合伙人以其认缴的出资额为限对合伙企业债务承担责任。

2. B【解析】《经常项目外汇业务指引（2020年版）》第八十七条规定，个人存入外币现钞当日累计等值1万美元以下（含）的，凭本人有效身份证件在银行办理。

第三章　理财投资市场介绍

应试分析

本章主要分两节介绍大类金融市场和各细分理财投资市场，本章内容非常重要，是历次考试的重点，涉及的分值约为25分。其中考试重点集中在第二节的细分理财投资市场。本章内容在考试中不仅会直接考查，还会出一些案例题，结合所学内容综合考查。但是总体来说难度不大，考生可以通过比较记忆法对各细分理财投资市场进行区分记忆，从而掌握各市场之间的异同。

思维导图

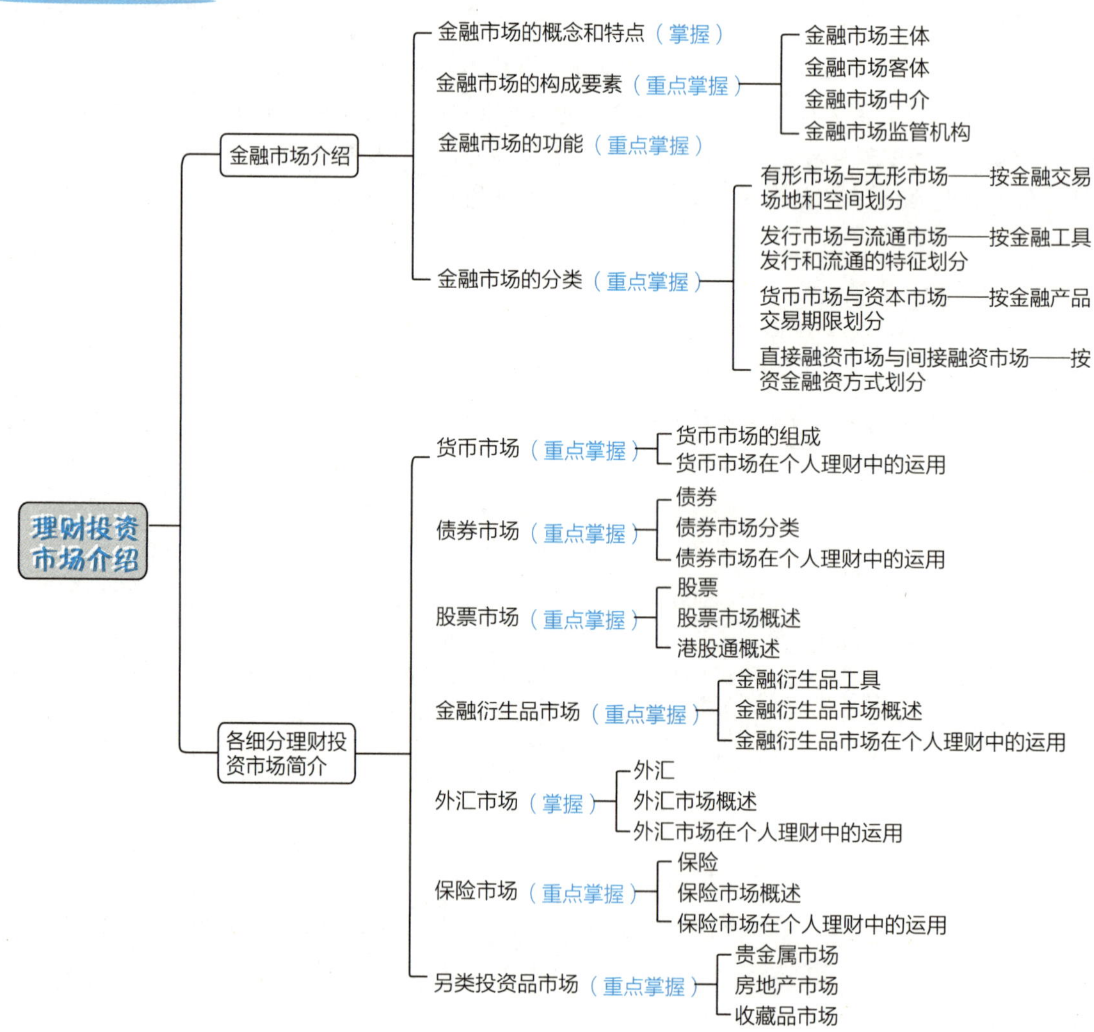

知识精讲

第一节 金融市场介绍

一、金融市场的概念与特点（掌握）

真考解读 属于常考点，一般会考1道题，考生应注意掌握。

项 目	内 容
概 念	金融市场是指以金融资产进行交易、反映金融资产供应者和需求者之间的供求关系、包含金融资产的交易机制［价格机制（最重要）、交易后的清算和结算机制等］的市场。金融市场可以是有形市场，也可以是无形市场。
特 点	（1）金融市场商品是特殊的。解读1 （2）交易价格趋向一致。 （3）交易活动是集中的。 （4）交易主体角色是可变的，并非固定不变。

解读1 常考点：金融市场的特点。

典型真题

【多选题】金融市场的特点有（ ）。

A. 市场商品的特殊性　　B. 市场交易价格的一致性

C. 市场交易对象的针对性　　D. 市场交易活动的集中性

E. 交易主体角色可变性

【答案】ABDE【解析】选项A、选项B、选项D、选项E均属于金融市场的特点。

二、金融市场的构成要素（重点掌握）

真考解读 属于必考点，一般会考2道题。

（一）金融市场主体

项 目	内 容
企 业	企业是金融市场运行的基础，在金融市场充当资金供给者和需求者的双重角色，既通过发行债券、资产证券化产品等方式融资，也通过向银行存入存款、回购以及购买基金等方式向金融市场提供资金。
政府及政府机构	政府及政府机构通过发行政府债券在金融市场筹集资金。
中央银行（中国人民银行）	中央银行通常通过公开市场业务、调节利率等方式影响市场的利率水平，从而实现货币政策目标及调节经济、稳定物价等目标。

续 表

项 目	内 容
各类金融机构	金融市场上最重要的中介机构，充当资金的供给者、需求者和中间人等多重角色。
个人居民（家庭）	金融市场上主要的资金供给者。个人居民（家庭）为了预防未来支出的不确定性或出于节俭等目的，将收入的一部分用于储蓄，即通过间接方式将资金投入市场，或者投资于股票、债券、基金等金融工具，即通过直接方式将资金投入市场。个人居民（家庭）有时也会成为资金的需求者，也会到金融市场筹集资金。

（二）金融市场客体

金融市场的客体是指金融市场的交易工具。金融工具一般具有广泛的社会可接受性，随时可以流通转让，主要包括股票、债券、票据、外汇、同业拆借及金融衍生品等。

解读2 必考点：金融市场中介。

（三）金融市场中介[解读2]

项 目	内 容
交易中介	指银行、有价证券承销人、证券公司、证券交易所和证券结算公司等通过金融市场为买卖双方成交撮合，并从中获得佣金的机构。
服务中介	指会计师事务所、律师事务所和证券评级机构等为金融市场提供服务的第三方机构。

典型真题

【单选题】金融市场中介分为交易中介和服务中介，按这种划分方式，下列机构中有一个机构的性质与其他机构不同，这一机构是(　　)。

A. 深圳证券交易所　　B. 美国标准普尔公司

C. 普华永道会计师事务所　　D. 天元律师事务所

【答案】A【解析】深圳证券交易所是交易中介，选项B、选项C和选项D是服务中介。

解读3 我国现行金融市场监管架构简称为“一委一行两会”。

（四）金融市场监管机构[解读3]

项 目	内 容
国务院金融稳定发展委员会	国务院金融稳定发展委员会“作为国务院统筹协调金融稳定和改革发展重大问题的议事协调机构”，其主要职责包括以下几点。 （1）落实党中央、国务院关于金融工作的决策部署。 （2）审议金融业改革发展重大规划。 （3）统筹金融改革发展与监管，协调货币政策与金融监管相关事项，统筹协调金融监管重大事项，协调金融政策与相关财政政策、产业政策等。

续 表

项 目	内 容
国务院金融稳定发展委员会	（4）分析研判国际国内金融形势，做好国际金融风险应对，研究系统性金融风险防范处置和维护金融稳定重大政策。 （5）指导地方金融改革发展与监管，对金融管理部门和地方政府进行业务监督和履职问责等。
中国人民银行	中国人民银行的主要职责包括以下方面。 （1）拟订金融业改革、开放和发展规划，承担综合研究并协调解决金融运行中的重大问题、促进金融业协调健康发展的责任。牵头国家金融安全工作协调机制，维护国家金融安全。 （2）牵头建立宏观审慎管理框架，拟订金融业重大法律法规和其他有关法律法规草案，制定审慎监管基本制度，建立健全金融消费者保护基本制度。 （3）制定和执行货币政策、信贷政策，完善货币政策调控体系，负责宏观审慎管理。 （4）牵头负责系统性金融风险防范和应急处置，负责金融控股公司等金融集团和系统重要性金融机构基本规则制定、监测分析和并表监管，视情责成有关监管部门采取相应监管措施，并在必要时经国务院批准对金融机构进行检查监督，牵头组织制定实施系统重要性金融机构恢复和处置计划。 （5）承担最后贷款人责任，负责对因化解金融风险而使用中央银行资金机构的行为进行检查监督。 （6）监督管理银行间债券市场、货币市场、外汇市场、票据市场、黄金市场及上述市场有关场外衍生产品；牵头负责跨市场跨业态跨区域金融风险识别、预警和处置，负责交叉性金融业务的监测评估，会同有关部门制定统一的资产管理产品和公司信用类债券市场及其衍生产品市场基本规则。 （7）负责制定和实施人民币汇率政策，推动人民币跨境使用和国际使用，维护国际收支平衡，实施外汇管理，负责国际国内金融市场跟踪监测和风险预警，监测和管理跨境资本流动，持有、管理和经营国家外汇储备和黄金储备。 （8）牵头负责重要金融基础设施建设规划并统筹实施监管，推进金融基础设施改革与互联互通，统筹互联网金融监管工作。 （9）统筹金融业综合统计，牵头制定统一的金融业综合统计基础标准和工作机制，建设国家金融基础数据库，履行金融统计调查相关工作职责。 （10）组织制定金融业信息化发展规划，负责金融标准化组织管理协调和金融科技相关工作，指导金融业网络安全和信息化工作。 （11）发行人民币，管理人民币流通。 （12）统筹国家支付体系建设并实施监督管理。会同有关部门制定支付结算业务规则，负责全国支付、清算系统的安全稳定高效运行。

续 表

项 目	内 容
中国人民银行	（13）经理国库。 （14）承担全国反洗钱和反恐怖融资工作的组织协调和监督管理责任，负责涉嫌洗钱及恐怖活动的资金监测。 （15）管理征信业，推动建立社会信用体系。 （16）参与和中国人民银行业务有关的全球经济金融治理，开展国际金融合作。 （17）按照有关规定从事金融业务活动。 （18）管理国家外汇管理局。 （19）完成党中央、国务院交办的其他任务。 （20）职能转变。
中国银保监会[解读4]	《中国银行保险监督管理委员会职能配置、内设机构和人员编制规定》中指出，中国银保监会履行下列职责。 （1）依法依规对全国银行业和保险业实行统一监督管理，维护银行业和保险业合法、稳健运行，对派出机构实行垂直领导。 （2）对银行业和保险业改革开放和监管有效性开展系统性研究。参与拟订金融业改革发展战略规划，参与起草银行业和保险业重要法律法规草案以及审慎监管和金融消费者保护基本制度。起草银行业和保险业其他法律法规草案，提出制定和修改建议。 （3）依据审慎监管和金融消费者保护基本制度，制定银行业和保险业审慎监管与行为监管规则。制定小额贷款公司、融资性担保公司、典当行、融资租赁公司、商业保理公司、地方资产管理公司等其他类型机构的经营规则和监管规则。制定网络借贷信息中介机构业务活动的监管制度。 （4）依法依规对银行业和保险业机构及其业务范围实行准入管理，审查高级管理人员任职资格。制定银行业和保险业从业人员行为管理规范。 （5）对银行业和保险业机构的公司治理、风险管理、内部控制、资本充足状况、偿付能力、经营行为和信息披露等实施监管。 （6）对银行业和保险业机构实行现场检查与非现场监管，开展风险与合规评估，保护金融消费者合法权益，依法查处违法违规行为。 （7）负责统一编制全国银行业和保险业监管数据报表，按照国家有关规定予以发布，履行金融业综合统计相关工作职责。 （8）建立银行业和保险业风险监控、评价和预警体系，跟踪分析、监测、预测银行业和保险业运行状况。 （9）会同有关部门提出存款类金融机构和保险业机构紧急风险处置的意见和建议并组织实施。 （10）依法依规打击非法金融活动，负责非法集资的认定、查处和取缔以及相关组织协调工作。

解读4 2018年3月，原银监会与保监会合并，组建中国银行保险监督管理委员会，作为国务院直属事业单位。

续 表

项 目	内 容
中国银保监会	（11）根据职责分工，负责指导和监督地方金融监管部门相关业务工作。 （12）参加银行业和保险业国际组织与国际监管规则制定，开展银行业和保险业的对外交流与国际合作事务。 （13）负责国有重点银行业金融机构监事会的日常管理工作。 （14）完成党中央、国务院交办的其他任务。 （15）职能转变。围绕国家金融工作的指导方针和任务，进一步明确职能定位，强化监管职责，加强微观审慎监管、行为监管与金融消费者保护，守住不发生系统性金融风险的底线。按照简政放权要求，逐步减少并依法规范事前审批，加强事中、事后监管，优化金融服务，向派出机构适当转移监管和服务职能，推动银行业和保险业机构业务和服务下沉，更好地发挥金融服务实体经济功能。
中国证监会	依据有关法律法规，中国证监会履行下列职责： （1）研究和拟订证券期货市场的方针政策、发展规划；起草证券期货市场的有关法律法规，提出制定和修改的建议；制定证券期货市场的有关规章、规则和办法。 （2）垂直领导全国证券期货监督机构，对证券期货市场实行集中统一监管；管理有关证券公司的领导班子和领导成员。 （3）监督股票、可转换债券、证券公司债券和国务院确定由证监会负责的债券及其他债券的发行、上市、交易、托管和结算；监管证券投资基金活动；批准企业债券的上市；监管上市国债和企业债券的交易活动。 （4）监管境内期货合约上市、交易和清算；按规定监督境内机构从事境外期货业务。 （5）监管上市公司及其按法律法规必须履行有关义务的股东的证券市场行为。 （6）管理证券期货交易所；按规定管理证券期货交易所的高级管理人员；归口管理证券业、期货业协会。 （7）监管证券期货经营机构、证券投资基金管理公司、证券登记清算公司、期货清算机构、证券期货投资咨询机构、证券资信评级机构；审批基金托管机构的资格并监管其基金托管业务；制定有关机构高级管理人员任职资格的管理办法并组织实施；指导中国证券业，期货业协会开展证券期货从业人员资格管理工作。 （8）监管境内企业直接或间接到境外发行股票、上市以及在境外上市的公司到境外发行可转换债券；监管境内证券、期货机构到境外设立证券、期货机构；监督境外机构到境内设立证券、期货机构，从事证券、期货业务。 （9）监管证券期货信息传播活动，负责证券期货市场的统计与信息资源管理。

续 表

项 目	内 容
中国证监会	（10）会同有关部门审批会计师事务所、资产评估机构及其成员从事证券期货中介业务的资格，并监管律师事务所、律师及有资格的会计师事务所、资产评估机构及其成员从事证券期货相关业务的活动。 （11）依法对证券期货违法违规行为进行调查、处罚。 （12）归口管理证券期货行业的对外交往和国际合作事务。 （13）承办国务院交办的其他事项。

真考解读 属于必考点，一般会考2道题。

三、金融市场的功能（重点掌握）

项 目	内 容
宏观经济功能	（1）资源配置功能：金融市场能够将资源从利用效率低的部门转移到利用效率高的部门，引导资金的合理配置和有效运用。 （2）经济调节功能：金融市场通过对微观经济部门进行调节，从而起到调节宏观经济的功能。 （3）反映功能：金融市场经常被称为国民经济的“晴雨表”和“气象台”，其反映的宏观经济运行方面的信息成为国民经济景气指标的信号。
微观经济功能	（1）货币资金融通、调剂和集聚功能：将货币资金从资金盈余部门融通、调剂至资金短缺部门，并将分散的投资者手中的小额资金聚集起来成为大额资金，所以金融市场经常被称为资金的“蓄水池”。 （2）财富功能和投资与避险功能：金融市场上多元化的投资工具不仅为投资者提供了多种投资途径，还为风险转移和分散提供了可能。金融市场上可分散风险的金融工具包括保险机构出售保险单及套期保值、组合投资等。解读5 （3）交易功能：金融市场拥有完善的交易组织、交易规则和管理制度，投资者可在金融市场实现便捷的交易。同时，通过交易功能能够实现市场的价格发现功能。

解读5 必考点：金融市场微观经济功能。

典型真题

【判断题】金融市场提供套期保值、组合投资的条件和机会，达到风险对冲、风险转移、风险分散和风险规避的目的。（　　）

A．正确　　B．错误

【答案】B【解析】金融市场上多元化的金融工具为投资者提供了分散风险的可能，如保险机构出售保险单，通过套期保值、组合投资，达到风险转移、风险分散等目的。

四、金融市场的分类（重点掌握）

真考解读 属于必考点，一般会考3道题。

（一）有形市场与无形市场——按金融交易场地和空间划分

项目	内容
有形市场	有形市场是指有组织、固定交易场所、专门的组织机构和人员、专门设备的市场，如我国的上海证券交易所、深圳证券交易所等。
无形市场	无形市场是指没有固定交易场所、通过电信工具和网络实现交易的市场。 无形市场具有的典型特征包括以下几方面。解读6 （1）交易分散，无固定、集中的交易场所。 （2）由于受地域限制的影响较小，所以交易范围广。 （3）交易时间较长。 （4）用于交易的金融工具种类较多。

解读6 必考点：无形市场的特征。

典型真题

【单选题】与有形市场相比，无形市场的典型特征不包括(　　)。

A. 交易场所不固定　　B. 交易范围比较窄

C. 交易时间相对较长　　D. 交易的种类多

【答案】B【解析】无形市场的交易范围比较广，选项B错误。

（二）发行市场与流通市场——按金融工具发行和流通的特征划分解读7

解读7 必考点：发行市场与流通市场。

项目	内容
发行市场（一级市场）	也称初级金融市场、原始金融市场，是筹集资金的公司或机构将其发行的金融产品销售给最初购买者的金融市场。发行市场为资金需求者提供筹措资金的渠道，为资金供给者提供投资机会。在发行市场上，证券发行的方式有以下两种。 （1）公募方式：又称公开发行，指向社会广大投资者公开推销证券。 （2）私募方式：又称非公开发行，指只针对特定的发行对象推销证券。
流通市场（二级市场）	指已经发行的证券进行买卖、转让和流通的市场。流通市场的作用在于为有价证券提供流通性，使证券持有者随时可以卖掉手中的有价证券，得以变现。

典型真题

【单选题】小李购买了某公司新发行的股票后，想将部分该公司的股票卖出，他应在(　　)进行交易，这笔交易是在(　　)之间进行的。

A. 一级市场；小李和该公司　　B. 一级市场；小李和其他投资者

C. 二级市场；小李和该公司　　D. 二级市场；小李和其他投资者

【答案】D【解析】流通市场是指已经发行的证券进行买卖、转让和流通的市场。所以这笔交易应当在二级市场进行；小李想要卖出该公司的股票，应当是卖给其他投资者，所以这笔交易应当在小李和其他投资者之间进行。选项D正确。

（三）货币市场与资本市场——按金融产品交易期限划分

项　目	内　容
货币市场	（1）概念：货币市场又称短期金融市场，指专门融通不超过一年短期资金的场所。 （2）范围：政府短期债券市场、银行短期借贷市场、同业拆借市场、回购市场、商业票据市场、大面额可转让存单市场等。 （3）特征：①风险、收益均较低；②期限短（不超过1年），流动性强；③交易量大，交易频次较高。
资本市场	（1）概念：资本市场又称中长期资金市场，指以期限在1年以上的有价证券作为交易工具进行长期资金交易的市场。 （2）范围：①银行中长期存贷款市场；②有价证券市场，包括债券市场、股票市场和证券投资基金市场。 （3）特征：①期限长（1年以上），流动性较弱；②风险、收益均较高。

解读8 必考点：直接融资与间接融资。

（四）直接融资市场与间接融资市场——按资金融资方式划分[解读8]

项　目	内　容
直接融资市场	（1）概念：指不通过金融中介机构，资金的需求方直接向资金的供给方进行融资的市场。 （2）直接融资的方式：①商业信用；②企业发行股票和债券；③企业之间、个人之间、企业与个人之间的直接借贷。 （3）特征：①具有直接性，由于资金供求双方直接联系，投资对象的经营受到更多关注；②融资分散，具有分散性；③融资信用的差异性较大，融资风险由债权人独自承担；④部分不可逆性；⑤融资双方均具有较强的自主性。
间接融资市场	（1）概念：指通过金融中介机构，如银行的资产负债业务进行资金融通的市场。 （2）间接融资的方式： 资金供给方 →（在银行存款、购买金融机构发行的有价证券）→ 金融机构 →（贷款、贴现，购买资金需求方发行的有价证券）→ 资金需求方

续 表

项目	内容
间接融资市场	(3) 特征：①融资通过金融中介机构来完成，具有间接性；②金融机构将资金聚集起来，融资具有相对集中性，金融机构一方面面对资金供应者群体，另一方面面对资金需求者群体；③由金融机构作为信用担保，融资的信誉度较高，风险较小；④资金到期返还，决定了间接融资具有可逆性；⑤融资的主动权不是直接在资金供给方手中，而是牢牢把握在金融机构手中。
间接融资相较于直接融资的优势	(1) 金融机构汇聚资金的能力强，能将广大资金供给者的小额资金汇集起来形成巨额资金。法定代理人代理实施民事法律行为。 (2) 间接融资中，金融机构作为信用担保方，债权人承担的风险较低，资金的安全性高。在直接融资中，资金供给方只能独自承担融资带来的风险。 (3) 间接融资降低了整个社会的融资成本。 (4) 在直接融资中，资金供给方和资金需求方会因为信息不对称等问题引起逆向选择和道德风险等问题，间接融资有效地解决了这一问题。

典型真题

【多选题】以下有关间接融资区别于直接融资的优点，表述正确的是(　　)。

A. 间接融资能够更广泛地筹集社会各方面的闲散资金，易于积少成多

B. 直接融资安全性比间接融资高

C. 间接融资有助于解决由于信息不对称所引起的逆向选择和道德风险问题

D. 间接融资在资金供给者和需求者之间加入了金融中介，减少了投资者对投资对象经营状况的关注

E. 金融机构的出现降低了整个社会的融资成本

【答案】ACDE **【解析】**间接融资安全性比直接融资高，只有选项B表述错误。

第二节　各细分理财投资市场简介

一、货币市场（重点掌握）

真考解读 属于必考点，一般会考3道题。

(一) 货币市场的组成[解读1]

解读1 必考点：货币市场的分类及其具体内容。

项目	内容
同业拆借市场	(1) 概念：同业拆借是指银行、非银行金融机构之间为了达到调剂资金余缺而相互借贷。

续 表

项 目	内 容
同业拆借市场	（2）参与主体：银行、非银行金融机构，包括企业集团财务公司、证券公司、信托公司、金融资产管理公司、保险公司、金融租赁公司、汽车金融公司、保险资产管理公司及中国人民银行认定的其他非银行金融机构。 （3）同业拆借利率的形成机制有两种：①由拆借双方当事人协定，这种机制下形成的利率主要取决于拆借双方拆借资金愿望的强烈程度，利率弹性较大；②借助中介人经纪商，通过公开竞价确定，这种机制下形成的利率主要取决于市场拆借资金的供求状况，利率弹性较小。 （4）同业拆借利率的典型品种：国际市场上，以伦敦银行同业拆借利率（LIBOR）为代表；国内市场上，以上海银行间同业拆放利率（SHIBOR）为代表。
商业票据市场	（1）概念：商业票据是一种短期的无担保信用凭证，主要是由大公司以贴现的方式出售给投资者的。 （2）参与主体：发行人、投资者、销售商。 （3）特点：①期限短；②成本低；③方式灵活；④利率敏感；⑤信用度高。
银行承兑汇票市场	（1）概念：银行承兑汇票是指由在承兑银行开立存款账户的存款人，即出票人签发，由承兑银行承兑的票据。 （2）特点：①安全性高；②信用度好；③灵活性好。
回购市场	（1）概念：回购市场是指通过回购协议进行短期货币资金借贷所形成的市场。 （2）回购协议的本质：以证券为抵押品的抵押贷款。 （3）回购协议标的物：主要有国债、地方政府债券、央行票据、金融债券、企业债券等金额确定的标准化金融合约。
短期政府债券市场	（1）概念：短期政府债券是指政府承诺一年内债务到期时偿还本息的有价证券。政府作为债务人，信用度高，所有短期政府债券市场通常也称国库券市场。 （2）特点：①违约风险小；②流动性强；③交易成本低；④收入免税。
大额可转让定期存单市场	（1）概念：大额可转让定期存单是指银行发行的，有固定面额、可转让流通的存款凭证。 （2）特点：①不记名；②金额较大；③利率有固定的，也有浮动的；[解读2]④不能提前支取，只能在二级市场上流通转让。

解读2 大额可转让定期存单一般比同期限定期存款的利率高。

续 表

项 目	内 容
货币市场基金	（1）概念：货币市场基金是指投资于货币市场上短期有价证券的一种投资基金。 （2）特点：货币市场基金与其他类型基金相比，具有风险低、流动性好、安全性高的特点，是厌恶风险、对资产流动性和安全性要求较高的投资者进行短期投资和现金管理的理想工具。 （3）投资范围：投资于短期货币工具，包括商业票据、银行定期存单、短期政府债券、短期企业债券等短期有价证券。

典型真题

【单选题】下列基金中流动性和安全性都较高的是（　　）。

A. 货币市场基金　　B. 股票市场基金

C. 混合型基金　　D. 债券市场基金

【答案】A【解析】基金中流动性和安全性都较高的是货币市场基金。

【多选题】下列机构中，属于银行间同业拆借市场的参与者的有（　　）。

A. 工商企业　B. 国有企业　C. 财务公司

D. 证券评级公司 E. 商业银行

【答案】CE【解析】银行间同业拆借市场的参与者包括银行、非银行金融机构。

【多选题】短期政府债券的特点包括（　　）。

A. 违约风险小　B. 流动性强　C. 面额大

D. 收入免税　E. 交易成本高

【答案】ABD【解析】选项 A、选项 B、选项 D 均属于短期政府债券的特点。

（二）货币市场在个人理财中的运用

与货币市场相关的理财产品安全性高、收益稳定、流动性强，适合保守型投资者。

二、债券市场（重点掌握）

真考解读 属于必考点，一般会考 4 道题。

（一）债券

1. 债券概述

项 目	内 容
概 念	债券，又称固定收益证券，反映的是债权债务关系，是一种债权凭证，投资者向政府、公司或金融机构提供资金，表明发行人负有在指定日期向持有人支付利息（利息事先确定），并在到期日偿还本金的责任。

解读3 剩余资产优先受偿性是指在融资企业破产清算时，债券持有者享有优先于股票持有者对企业剩余资产的索取权。

解读4 必考点：债券市场的功能。

解读5 必考点：债券价格与其影响因素的关系。

续 表

<table>
<tr><th>项 目</th><th>内 容</th></tr>
<tr><td>特 征</td><td>偿还性、流动性、剩余资产优先受偿性[解读3]、收益性。</td></tr>
<tr><td>功 能</td><td>（1）融资功能。债券市场可以迅速聚集资金，将资金从闲置部门汇集到资金紧缺部门。
（2）价格发现功能。债券市场不但为债券流通和变现提供场所，实现了价格发现功能，而且进一步反映了企业的经营实力和财务状况。
（3）宏观调控功能。债券市场为中央银行提供宏观金融调控场所。[解读4]</td></tr>
<tr><td>发 行</td><td>债券发行需要先确定发行的要素，包括发行金额、发行期限、发行利率、发行价格、付息频率、发行费用、是否含权及有无担保等。其中，债券的投资价值直接取决于发行利率、发行期限和发行价格。
按照债券的面值与发行价格的不同，可以将债券发行分为以下三种情况。
<table>
<tr><th>发行方式</th><th>发行价格与票面价值的关系</th><th>偿还方式</th></tr>
<tr><td>平价发行</td><td>发行价格＝票面价值</td><td rowspan="3">按票面价值偿还</td></tr>
<tr><td>溢价发行</td><td>发行价格＞票面价值</td></tr>
<tr><td>折价发行</td><td>发行价格＜票面价值</td></tr>
</table>
</td></tr>
<tr><td>交 易</td><td>债券交易价格的高低，除取决于投资人对该债券的评价、市场利率以及人们对通货膨胀率的预期三个因素外，与股票市场、黄金市场、外汇市场的变化也息息相关，从而形成互动关系。[解读5]</td></tr>
</table>

典型真题

【多选题】债券市场的功能主要体现在(　　)。

A. 能够反映企业经营实力和财务状况

B. 为债券流通和变现提供场所

C. 为中央银行提供宏观金融调控场所

D. 社会财富均匀分配

E. 可以聚集资金

【答案】ABCE【解析】选项A、选项B、选项C、选项E均体现了债券市场的功能。

【多选题】一般来说，关于债券价格与其影响因素之间的关系，下列表述正确的有（　　）。

A. 债券价格与到期收益率成正比
B. 债券价格的高低，取决于投资人对该债券的评价、市场利率以及人们对通货膨胀率的预期等
C. 债券价格与市场利率成反比
D. 债券价格与到期收益率成反比
E. 债券价格与市场利率成正比

【答案】BCD【解析】债券价格与到期收益率成反比，选项 A 表述错误；债券价格与市场利率成反比，选项 E 表述错误；选项 B、选项 C、选项 D 表述正确。

2. 债券的分类[解读6]

解读6 必考点：债券不同的分类方法。

<table>
<tr><th>项目</th><th colspan="4">内容</th></tr>
<tr><td>按发行主体划分</td><td colspan="4">（1）政府债券：政府作为发行主体而发行的债券，包括国债、地方政府债券等。其中，国债的风险小，基本上无风险，因此又被称为“金边债券”。
（2）公司债券：在中国的金融市场中，公司债券是由股份有限公司或有限责任公司发行的债券。在发行审核时，我国公司债券采用注册制，报中国证券监督管理委员会进行注册登记。
（3）金融债券：由银行和非银行金融机构发行的债券。[解读7]</td></tr>
<tr><td rowspan="4">按期限划分</td><td>种类</td><td>短期债券</td><td>中期债券</td><td>长期债券</td></tr>
<tr><td>偿还期限</td><td>1 年以下</td><td>1～10 年</td><td>10 年以上</td></tr>
<tr><td>发行者</td><td>企业和政府</td><td>政府、金融机构和企业</td><td>政府和金融机构</td></tr>
<tr><td>我国发行情况</td><td>我国政府发行的短期债券期限分为 3 个月、6 个月和 9 个月</td><td>我国政府发行的债券主要是中期债券。我国企业债券偿还期限在 1～5 年即被定义为中期企业债券</td><td>我国企业债券偿还期限在 5 年以上即被定义为长期企业债券</td></tr>
<tr><td>按利息支付的方式划分</td><td colspan="4">（1）附息债券：在债券券面上附有息票，或是按照债券票面载明的利率及支付方式支付利息。</td></tr>
</table>

解读7 目前发行金融债券的机构主要包括开发性金融机构、政策性银行、商业银行、证券公司等。

续 表

项　目	内　容
按利息支付的方式划分	（2）一次还本付息债券：在债务期间不支付利息，只在债券到期后按规定的利率一次性向持有者支付利息并还本。我国的一次还本付息债券可视为零息债券。 （3）贴现债券：债券券面上不附有息票，在票面上不规定利率，发行时按规定的折扣率，以低于债券面值的价格发行，到期按面值支付本息，是一种折价发行的债券。
按筹集方式划分	（1）公募债券：向不特定的多数投资者公开募集，可以在证券市场上转让。 （2）私募债券：私下或直接向特定投资者募集，发行和转让均有一定的局限性。

典型真题

【单选题】一般情况下，对于我国企业债券而言，中期债券是指偿还期限在(　　)的债券。

A. 3~5年　　B. 1~5年　　C. 1~10年　　D. 1~3年

【答案】B**【解析】**对于我国企业债券而言，中期债券是指偿还期限在1~5年的为中期企业债券。

【多选题】根据《中华人民共和国公司法》规定，(　　)可发行公司债券。

A. 国有控股企业　　B. 有限责任公司
C. 个人独资企业　　D. 股份有限公司
E. 国有独资公司

【答案】ABDE**【解析】**《中华人民共和国公司法》规定，下列公司可以发行公司债券：股份有限公司，有限责任公司，包含国有独资公司和国有控股企业。

【多选题】债券按利息支付方式可分为(　　)。

A. 附息债券　　B. 一次还本付息债券
C. 贴现债券　　D. 单利债券等
E. 复利债券

【答案】ABC**【解析】**按利息支付方式的不同，债券可划分为附息债券、一次还本付息债券和贴现债券。

（二）债券市场分类

项　目	内　容
银行间债券市场	依托于中国外汇交易中心暨全国银行间同业拆借中心和中央国债登记结算股份有限责任公司，商业银行、保险机构、证券公司、基金公司等金融机构进行债券发行、交易和回购的市场。银行间

续 表

项 目	内 容
银行间债券市场	债券市场已经成为我国债券市场的主体部分，绝大多数的记账式国债、政策性金融债以及企业类债券等均在银行间债券市场发行并上市交易。
交易所债券市场	依托于上海证券交易所和深圳证券交易所，投资者可委托交易所会员在交易所市场进行债券交易，中国证券登记结算有限公司上海分公司和深圳分公司分别托管上交所和深交所的债券。

（三）债券市场在个人理财中的运用

个人投资者参与债券市场投资的渠道：

（1）国内银行代理债券：代理的债券包括政府债券、金融债券、公司债券等。

（2）交易所市场：通过证券账户交易所发行的债券投资。

（3）通过基金公司、证券公司、信托公司等金融机构发行的金融产品，间接参与债券市场投资。

三、股票市场（重点掌握）

真考解读属于必考点，一般会考1道题。

（一）股票

项 目	内 容
概 念	股票反映的是一种所有权关系，是一种所有权凭证，[解读8]由股份公司发行，表明了投资者投资份额及其权利和义务。股票本身并无价值，虽然股票也像商品那样在市场上流通，但其价格的多少与其所代表的资本的价值无关。股票的价格是由股票市场中的供求来确定的。
股票价格指数	简称股价指数，是衡量计算期一组股票价格相对于基期一组股票价格变动状况的指标，是股票市场总体或局部动态的综合反映。 编制股票指数通常以某个时点为基础，以基期的算术或加权平均股票价格为100，用以后各时期的算术或加权平均股票价格与基期做比较，计算出该时期的指数。股票指数的编制和发布由股票交易所、权威的金融机构、咨询机构或新闻媒体负责。我国主要股票价格指数和境外主要股票价格指数如下所示。 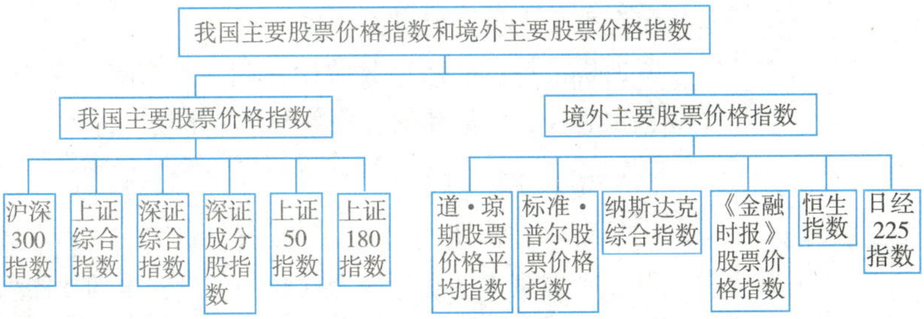 我国主要股票价格指数和境外主要股票价格指数 我国主要股票价格指数：沪深300指数；上证综合指数；深证综合指数；深证成分股指数；上证50指数；上证180指数 境外主要股票价格指数：道·琼斯股票价格平均指数；标准·普尔股票价格指数；纳斯达克综合指数；《金融时报》股票价格指数；恒生指数；日经225指数

解读8必考点：股票的性质。

典型真题

【单选题】股票是由股份公司发行的、标明投资份额及其权利和义务的(　　)。

A. 所有权凭证　B. 收益权凭证　C. 产权凭证　D. 处置权凭证

【答案】A【解析】股票是一种所有权凭证。选项A正确。

（二）股票市场概述

项　目	内　容
概　念	股票市场是指股票进行买卖和转让的场所。
意　义	股票市场充当了市场经济的“晴雨表”。
分　类	（1）根据上市地点、投资者的不同分为以下5类。 ①A股，也称人民币普通股票，是我国境内公司发行，供境内机构、组织或个人以人民币认购和交易的普通股票。 ②B股，也称人民币特种股票，是以人民币标明面值、以外币认购和买卖，在境内证券交易所上市交易的股票。解读9 ③H股，是指在香港上市的股票。 ④N股，是指在纽约上市的股票。 ⑤S股，是指在新加坡上市的股票。 （2）根据发行股票公司性质的不同分为以下6类。 ①主板市场：面向成熟期的企业，是我国企业发行、上市及交易股票的主要场所。上海主板代码以600开头，深圳主板代码以000开头。 ②中小板市场：是深圳证券交易所专门为中小型公司开设的股票上市和交易的板块，板块内的公司具有收入增长快、盈利能力强的特点。中小板市场股票代码以002开头。解读10 ③创业板市场：针对成长期企业，对企业上市的要求更为宽松。创业板采用“T+1”交易机制，创业板股票代码以300开头。 ④科创板：我国首个采用注册制的市场，采用“T+1”交易机制，交易方式包括竞价交易、大宗交易、盘后固定价格交易。 ⑤三板市场：也称为代办股份转让系统，主要面向机构投资者，特殊情况下个人投资者可参与投资。 ⑥四板市场：也称为区域性股权交易市场，是为特定区域内的企业提供股权、债券和融资服务的私募市场。
功　能	（1）资本集聚功能。 （2）资本转让功能。 （3）使非资本的货币资金转化为生产资本的功能。

解读9 持有合法外汇存款的境内居民也可参与B股投资。

解读10 2021年2月5日，证监会批准深圳证券交易所主板与中小板合并，并于同年4月6日正式实施两板合并。

（三）港股通概述

1. 沪港通

项目	内容
概念	沪港通是沪港股票市场交易互联互通机制的简称，即上海证券交易所和香港联合交易所允许两地投资者通过当地证券公司（或经纪）买卖规定范围内的对方交易所上市的股票。
沪港通的构成	（1）沪股通：指投资者委托香港经纪商，由香港联合交易所设立的证券交易服务公司，向上海证券交易所进行申报，买卖规定范围内的上海证券交易所上市的股票。 （2）港股通：指投资者委托内地证券公司，经由上海证券交易所设立的证券交易服务公司，向香港联合交易所进行申报，买卖规定范围内的香港联合交易所上市的股票。
沪港通的股票类型	（1）沪股通股票范围：上证 180 指数成分股、上证 380 指数成分股以及 A + H 股上市公司的上交所上市 A 股，其中以人民币以外货币报价的沪股暂不纳入，被实施风险警示或退市处理，或者被暂停上市的沪股也暂不纳入。 （2）港股通股票范围：恒生综合大型股指数成分股、恒生综合中型股指数成分股，以及 A + H 股上市公司的 H 股。其中，以港币以外货币报价的港股暂不纳入；有股票同时在上交所以外的内地证券交易所和联交所上市的发行人的 H 股暂不纳入；同时在上交所和联交所上市的发行人的沪股被实施风险警示，或被暂停上市的，无论其 H 股是否属于恒生综合大型股指数成分股或恒生综合中型股指数成分股，该 H 股均暂不纳入。
沪港通的投资额度及投资者限制	（1）沪港通的投资额度。 2016 年 8 月，沪港通取消总额度限制。 （2）沪港通的投资者限制。 参与沪港通的境内投资者仅限于机构投资者以及证券账户和资金账户资产合计不低于人民币 50 万元的个人投资者。

2. 深港通

项目	内容
概念	深港通是深港股票市场交易互联互通机制的简称，指深圳证券交易所和香港联合交易所建立技术连接，使两地投资者通过当地证券公司或经纪商买卖规定范围内的对方交易所上市的股票。
深港通的构成	（1）深股通：指投资者委托香港经纪商，经由香港联合交易所在深圳设立的证券交易服务公司，向深圳证券交易所进行申报，买卖深港通规定范围内的香港联合交易所上市的股票。

续 表

项 目	内 容
深港通的构成	（2）港股通：指投资者委托内地证券公司，经由深圳证券交易所在香港设立的证券交易服务公司，向香港联合交易所进行申报，买卖深港通规定范围内的香港联合交易所上市的股票。
深港通的股票类型	（1）深股通股票范围：定期调整考察截止日前6个月A股日均市值不低于人民币60亿元的深证成分指数和深证中小创新指数的成分股；A＋H股上市公司在深交所上市的A股，但不包括被深交所实施风险警示、被暂停上市、进入退市整理期以及以外币报价交易的股票。 （2）港股通股票范围：恒生综合大型股指数的成分股；恒生综合中型股指数的成分股；定期调整考察截止日前12个月港股平均月末市值不低于港币50亿元的恒生综合小型股指数的成分股；A＋H股上市公司在联交所上市的H股，但不包括A股被深交所实施风险警示、被暂停上市或者进入退市整理期的相应H股；A股在上交所风险警示板交易或被上交所暂停上市的A＋H股上市公司的相应H股；在联交所以港币以外货币报价交易的股票。
深港通的投资额度及投资者限制	（1）深港通的投资额度。 深港通不设总额度限制，但为防范资金每日大进大出的跨境流动风险，深港通设置了每日额度的限制，深股通每日额度为520亿元人民币，港股通每日额度为420亿元人民币。 （2）深港通的投资者限制。 参与港股通的境内投资者限于机构投资者和满足港股通适当性要求的个人投资者。

3. 港股通规则

项 目	内 容
交易流程	（1）个人投资者应该委托内地证券公司开展港股通股票的交易。 （2）在结算交收方面，中国结算[解读11]作为港股通股票的名义持有人向香港结算履行港股通交易的清算交收责任，中国结算进而与证券公司（结算参与人）就港股通交易进行清算交收，证券公司负责办理自身与投资者之间的清算交收。
交易时间	沪港通下港股通仅在沪港两地均为交易日并且能够满足结算安排时开通，深港通下港股通仅在深港两地均为交易日并且能够满足结算安排时开通。

解读11 中国结算是指中国证券登记结算有限责任公司。

续 表

项 目	内 容
报价规则	(1)每个交易日首个输入交易系统的买盘和卖盘，是受一套开市报价规则所监管的。按照此规则，开市前时段内作出的开始报价不得偏离上个交易日的收市价（如有）的 9 倍或以上，也不得低于上个交易日的收市价（如有）1/9 或以下。 (2)在持续交易时段，如果首个挂牌是买盘，那么其价格必须高于或者等于上个交易日收市价 24 个价位的价格。如果首个挂盘为卖盘，那么其价格必须低于或者等于上个交易日收市价格之上 24 个价位的价格。

4. 港股通的重要意义及吸引力

项 目	内 容
意 义	(1)有利于增强我国资本市场竞争力。 (2)有利于深化三地交易所合作。 (3)有利于推动人民币国际化。
吸引力	(1)投资者参与港股通投资，可以进行更分散化的资产配置和财富管理。 (2)港股通业务的开通方便快捷。 (3)港股通投资者直接以人民币与证券公司进行交收，避免了人民币出入境的不便，且投资不受每人每年等值 5 万美元的结汇、换汇额度限制。

四、金融衍生品市场（重点掌握）

真考解读 属于必考点，一般会考 3 道题。

（一）金融衍生品工具

项 目	内 容
概 念	金融衍生品工具是与基础金融产品相对应的一个概念，指建立在基础产品或基础变量之上，其价格随基础金融产品的价格（或数值）变动的派生金融工具。
典型品种	远期、掉期、期货、期权和互换等。
分 类	(1)按种类划分，可分为股权衍生工具、货币衍生工具和利率衍生工具。 (2)按交易场所划分，可分为场内交易工具和场外交易工具。场内交易的典型代表有股指期货，场外交易的典型代表有利率互换。 (3)按交易方式划分，可分为远期、期货、期权和互换。
特 点	可复制性；杠杆效应。

解读12 必考点：金融衍生品市场的功能与分类。

（二）金融衍生品市场概述[解读12]

1. 金融衍生品市场的功能与分类

项目	内容
功能	（1）风险对冲、转移功能。 （2）价格发现功能。 （3）提高交易效率功能。 （4）扩大了金融服务的范围，优化了基础金融市场资源配置功能。
分类	按金融衍生工具的交易方式划分，金融衍生品市场可分为金融远期市场、金融期货市场、金融期权市场和金融互换市场，这四个市场对应的交易工具分别是金融远期合约、金融期货合约、金融期权合约和金融互换合约。

解读13 必考点：金融各类衍生品市场对应的交易工具，考生要重点掌握。

2. 金融衍生品市场对应的交易工具[解读13]

项目	内容
金融远期合约	（1）概念：指交易双方达成的、在未来某一特定日期，按确定的价格买卖一定数量某种金融工具的合约。 （2）作用：规避未来价格波动产生的风险。 （3）缺点：非标准化合约；采用柜台交易，不利于信息交流、传递，所以不能形成统一的价格；没有履约保证，违约风险高。 （4）分类（按基础资产划分）。 ①股权类资产的远期合约：主要包括单个股票的远期合约、一揽子股票的远期合约和股票价格指数的远期合约。 ②债权类资产的远期合约：主要包括定期存款单、短期债券、长期债券、商业票据等固定收益证券的远期合约。 ③远期利率协议。 ④远期汇率协议。
金融期货合约	（1）概念：指买卖双方在有组织的交易所内以公开竞价的形式达成的、在将来某一特定日期，按约定的条件买入或卖出一定标准数量的金融工具的标准化协议。 （2）特征：①期货合约在商品品种、品质、数量、交货时间和地点等方面事先确定好标准条款，是标准化合约；②履约大部分通过对冲方式；期货合约只有很少一部分进行实物交割，绝大多数合约都会在交割期之前通过对冲方式履约；③合约的履行由期货交易所或结算公司提供担保；④合约的价格有最小变动单位和浮动限额。 （3）主要交易制度：①保证金制度。缴纳的保证金通常为期货合约价值的5%～10%；②每日结算制度（逐日盯市制度）；③持仓限额制度；④大户报告制度；⑤强行平仓制度。

续 表

<table>
<tr><th>项 目</th><th colspan="3">内 容</th></tr>
<tr><td rowspan="8">金融期权合约</td><td colspan="3">（1）概念：金融期权合约是一种契约，赋予了其购买者在规定期限内按买卖双方约定的价格，购买或出售一定数量某种金融资产的权利。
（2）要素：基础资产或标的资产、期权的买方、期权的卖方、执行价格、到期日和期权费等。
（3）分类。</td></tr>
<tr><td>分类标准</td><td>类 型</td><td>特 点</td></tr>
<tr><td rowspan="2">按对价格的预期划分</td><td>看涨期权</td><td>在某种标的资产预期未来价格会上涨时购买</td></tr>
<tr><td>看跌期权</td><td>在某种标的资产预期未来价格会下跌时购买</td></tr>
<tr><td rowspan="2">按行权日期划分</td><td>欧式期权</td><td>在期权到期日才能执行期权</td></tr>
<tr><td>美式期权</td><td>在期权到期日前的任何时间执行期权，期权费通常较高</td></tr>
<tr><td rowspan="2">按基础资产性质划分</td><td>现货期权</td><td>以各种金融工具等标的资产本身作为期权合约的标的物，如各种股票期权、股指期权、外汇期权和债券期权等</td></tr>
<tr><td>期货期权</td><td>以各种金融期货合约作为期权合约的标的物，如各种外汇期货期权、利率期货期权及股指期货期权等</td></tr>
<tr><td>金融互换合约</td><td colspan="3">（1）概念：指约定两个或两个以上的当事人按照商定条件，在约定的时间内通过银行交换一系列等值现金流的合约。
（2）分类：利率互换和货币互换。
（3）特征：①交易成本较高，往往很难找到愿意且条件符合的交易对手；②互换合约不能单方面更改或终止；③无履约保证，信用风险较高。</td></tr>
</table>

典型真题

【单选题】下列选项中，不属于金融衍生品市场功能的是(　　)。

A. 降低风险　　B. 价格发现

C. 优化资源配置　　D. 提高交易效率

【答案】A **【解析】**金融衍生品市场的功能：①转移风险；②价格发现；③提高交易效率；④优化资源配置。选项A不属于金融衍生品市场的功能。

【单选题】下列关于金融期货合约特征的表述中，错误的是(　　)。

A. 合约的履行由期货交易所或结算公司提供担保

B. 金融期货合约在商品品种、品质、数量、交货时间和地点等方面事先确定好标准条款

C. 金融期货合约只有很少一部分进行实物交割，绝大多数合约都会在交割期之前平仓

D. 金融期货合约赋予了持有人按约定买入或卖出标的资产的权利

【答案】D【解析】赋予了持有人按约定买入或卖出标的资产的权利的是金融期权合约，金融期货合约的双方互负权利和义务。选项D表述错误。

【单选题】金融衍生品是指价值依赖于原生性金融工具的一类金融产品，其中，金融期货合约与金融远期合约最本质区别是(　　)。

A. 金融期货合约的条款是标准化的　B. 收益不同

C. 期货价格的超前性　D. 所起的作用不同

【答案】A【解析】金融远期合约是非标准化合约，金融期货合约是标准化合约。选项A正确。

【多选题】某投资者预期某金融资产市场价格在未来一段时间内会上涨。市场上存在以该金融资产为标的资产的看涨期权、看跌期权以及金融期货合约。根据自己的预期，该投资者可能会采取的投资策略有(　　)。

A. 卖出金融期货合约　B. 卖出看跌期权

C. 买入看涨期权　D. 买入看跌期权

E. 卖出看涨期权

【答案】BC【解析】该投资者预期该金融资产未来价格将上升，因此应该持有该标的资产的多头，可买入看涨期权或者卖出看跌期权来赚取权利金收入。选项B、选项C正确。

（三）金融衍生品市场在个人理财中的运用

在个人理财业务中，客户利用衍生品进行风险管理，可大大提高理财的效率。但是，金融衍生品市场存在高风险，投资者需要具有较强的市场分析能力和风险承受能力。目前，我国投资者可以主动参与期货、期权交易等衍生品的交易。

真考解读 属于常考点，一般会考1道题。

五、外汇市场（掌握）

（一）外汇

项　目	内　容
概　念	外汇是一种以外国货币表示或计值的国际间结算的支付兑换手段。狭义的外汇包括可自由兑换的外国货币与外币支票、汇票、本票存单等。广义的外汇还包括外币有价证券，如股票、债券等。
特　点	（1）可支付性（必须是以外国货币表示的资产）。 （2）可获得性（必须是在国外能够得到补偿的债权）。 （3）可换性（必须是可以自由兑换为其他支付手段的外币资产）。

（二）外汇市场概述解读14

解读14 常考点：外汇市场的特征及功能。

<table>
<tr><th>项 目</th><th colspan="4">内 容</th></tr>
<tr><td>概 念</td><td colspan="4">外汇市场是指由银行等金融机构、自营交易商、大型跨国企业参与的，通过中介机构或电信系统联结的，以各种货币为买卖对象的交易市场。</td></tr>
<tr><td>典型特征</td><td colspan="4">空间的统一性和时间的连续性。</td></tr>
<tr><td>功 能</td><td colspan="4">（1）充当国际金融活动的枢纽。
（2）确定一国货币的汇率水平和各国货币的外汇价格体系。
（3）调剂外汇余缺，调节外汇供求。
（4）实现不同地区间的支付结算。
（5）运用操作技术规避外汇风险。</td></tr>
<tr><td rowspan="5">分 类</td><td colspan="4">（1）按外汇市场的外部形态划分。</td></tr>
<tr><td>类型</td><td>交易场所</td><td>交易方式</td><td>代表国家和地区</td></tr>
<tr><td>有形市场</td><td>由一些指定的银行、外汇经纪人和客户共同参与组成的固定外汇交易场所</td><td>封闭式，买卖双方在规定的时间在交易所进行集中交易</td><td>中国</td></tr>
<tr><td>无形市场</td><td>没有具体交易场所的外汇市场</td><td>交易主要通过电话、电报等通信系统网络进行</td><td>伦敦、纽约、东京和苏黎世</td></tr>
<tr><td colspan="4">（2）按外汇所受管制程度划分。
①自由外汇市场：任何外汇交易都不受所在国主管当局控制，完全由市场供求关系决定。实行自由外汇市场的有伦敦、纽约、苏黎世、法兰克福、东京。
②官方外汇市场：外汇交易受所在国政府主管当局控制。
（3）按外汇买卖的交割期划分。
①即期外汇市场（现汇交易市场）：主要从事即期外汇买卖，是目前外汇市场上最主要的形式。
②远期外汇市场（期汇交易市场）：主要从事远期外汇交易，期限有30天、60天、90天、180天和1年。</td></tr>
</table>

典型真题

【单选题】与其他金融市场相比，外汇市场一个典型的特征是（　　）。

A. 交易主体单一性　　B. 空间的统一性和时间的连续性

C. 价格稳定性和交易集中性　　D. 品种多样性和清算及时性

【答案】B【解析】空间的统一性和时间的连续性是外汇市场的典型特征。

【多选题】外汇市场的功能包括(　　)。
A. 充当国际金融活动的枢纽　　B. 形成外汇价格体系
C. 调剂外汇余缺，调节外汇供求　　D. 实现不同地区间的支付结算
E. 运用操作技术规避外汇风险
【答案】ABCDE【解析】选项A、选项B、选项C、选项D、选项E均属于外汇市场的功能。

（三）外汇市场在个人理财中的运用

现阶段，我国与个人理财相关的外汇产品包括交易类产品和非交易类产品两大类。

（1）交易类投资：个人通过外汇账户买卖外汇获得外汇价差收入，主要以外汇实盘交易为主。此类理财产品对客户的要求比较高，客户需要掌握外汇市场相关知识和相关的交易技巧。

（2）非交易类外汇理财产品：商业银行发行的外币理财产品，具有一定的投资期限，到期后还本付息或者定期支付一定的投资收益。此类理财产品与本币产品相比，不仅会产生标的投资风险，还会产生汇率换算风险。

真考解读 属于必考点，一般会考3道题。

六、保险市场（重点掌握）

（一）保险

项　目	内　容
概　念	保险是指投保人根据合同约定，向保险人支付保险费，保险人对于合同约定的可能发生的事故因其发生所造成的财产损失承担赔偿保险金责任或者被保险人死亡、伤残、疾病或者达到合同约定的年龄、期限等条件时承担给付保险金责任的商业保险行为。
保险产品	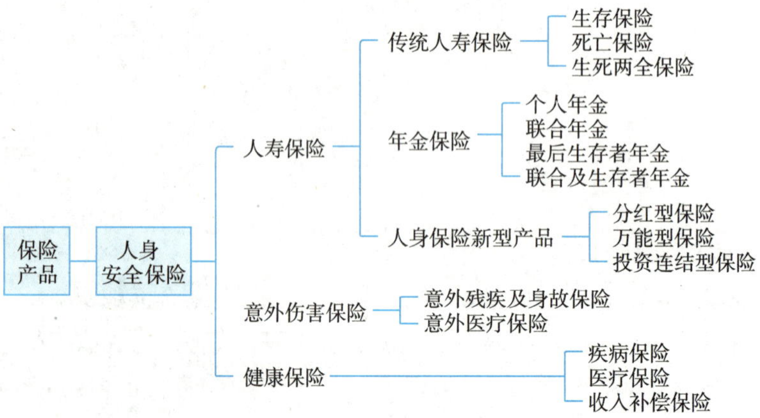 保险产品—人身安全保险： 人寿保险：传统人寿保险（生存保险、死亡保险、生死两全保险）；年金保险（个人年金、联合年金、最后生存者年金、联合及生存者年金）；人身保险新型产品（分红型保险、万能型保险、投资连结型保险） 意外伤害保险：意外残疾及身故保险、意外医疗保险 健康保险：疾病保险、医疗保险、收入补偿保险

续 表

项 目	内 容
保险产品	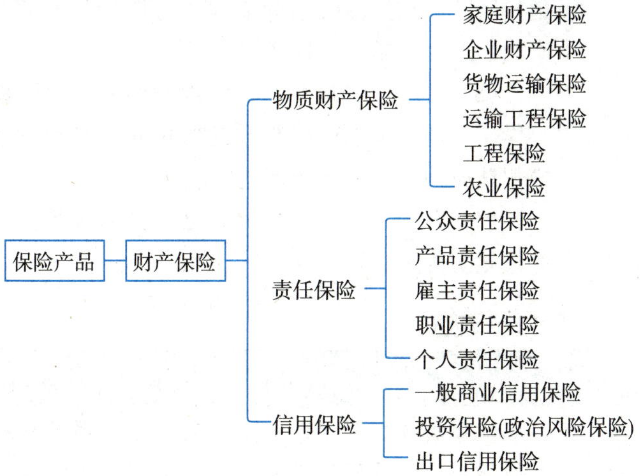 保险产品—财产保险—物质财产保险：家庭财产保险；企业财产保险；货物运输保险；运输工程保险；工程保险；农业保险 保险产品—财产保险—责任保险：公众责任保险；产品责任保险；雇主责任保险；职业责任保险；个人责任保险 保险产品—财产保险—信用保险：一般商业信用保险；投资保险(政治风险保险)；出口信用保险
保险的相关要素	（1）保险合同：《中华人民共和国保险法》（简称《保险法》）规定，保险合同是投保人与保险人约定保险权利义务关系的协议。[解读15] （2）投保人：是与保险人订立保险合同，并按照保险合同缴纳保险费的人。 （3）保险人：是指与投保人订立保险合同，承担赔偿或者给付保险金责任的保险公司。 （4）被保险人：是指受保险合同保障，享有保险金请求权的人。 （5）受益人：是指指定的享有保险金请求权的人。[解读16] （6）保险费：保险费的数额同保险金额的大小、保险费率的高低和保险期限的长短成正比。 （7）保险标的：保险标的是确定保险合同关系和保险责任的依据。 （8）保险金额：是指保险人承担赔偿或者给付保险金责任的最高限额；同时也是保险公司收取保险费的计算基础。
产品的功能	转移风险、分摊损失功能；补偿损失功能；资金融通功能。
保险的基本原则[解读17]	（1）保险利益原则：投保人或被保险人对保险标的具有法律上承认的利益，人身保险在订立合同时应存在保险利益，而财产保险在保险事故发生时应存在保险利益。 （2）近因原则：指导致损失的最直接、最有效、起决定作用的原因，用以确定保险赔偿责任。如果近因属于被保风险，则保险人应赔偿，如果近因属于除外责任或者未保风险，则保险人不负责赔偿。例如，某人投了人身意外伤害保险，在回家的路上被汽车撞伤

解读15 保险合同属于民商合同的一种，不仅适用《保险法》，也适用《民法典》。

解读16 投保人可以是被保险人；受益人是由投保人指定的，但是需要经保险人同意。

解读17 必考点：保险的基本原则。

续　表

项　目	内　容
保险的基本原则	送往医院，在其住院治疗期间因心肌梗死而死亡。那么，这一死亡事故的近因就是心肌梗死。 （3）损失补偿原则：保险人对约定的保险事故导致的损失进行补偿，受益人不能因保险金的给付获得额外利益。通常，财产保险遵循该原则，人身保险不适用该原则。 （4）最大诚信原则：保险合同当事人行使权利、履行义务应当遵循诚实信用原则。

（二）保险市场概述

项　目	内　容
概　念	保险市场既可以指保险商品交换关系的总和，也可以指保险商品供给与需求关系的总和；不仅可以指固定的交易场所，如保险交易所，而且可以指所有实现保险商品让渡的交换关系的总和。
交易对象	各类保险产品。
保险市场的主要产品分类	（1）按保险的经营性质划分。 ①社会保险。 ◆特点：非营利性、社会公平性和强制性。 ◆我国主要社会保险产品：养老保险、医疗保险、失业保险、工伤保险、生育保险等。 ②商业保险。 ◆特点：营利性、遵循自愿原则和签订保险合同。 ◆我国主要商业保险产品：人身保险、财产保险等。 （2）按保险标的划分。 ①人身安全保险。 ◆保险标的：人的身体和寿命。 ◆代表性产品：人身保险新型产品。该类产品中保险费中含有投资保费，这部分保费由保险人的投资专家进行运作。其最大特点就是结合保险的基本保障功能和资金增值的功能，其给付的保险金一部分是风险保障金，另一部分是投资收益，投资收益具有不确定性。 ②财产保险。 ◆保险标的：财产及其有关利益。[解读18]

解读18 财产及其有关利益是可以用货币衡量的，必须是有形财产和经济利益。

（三）保险市场在个人理财中的运用

目前，在个人理财业务中，保险产品、保险产品组合及规划越来越受欢迎。保险产品最显著的特点在于具有其他投资理财工具不可替代的功能，即财富保障、税负减免和财富传承功能。

七、另类投资品市场（重点掌握）

真考解读 属于必考点，一般会考2道题。

（一）贵金属市场

1. 贵金属市场的构成

<table>
<tr><th>项　目</th><th colspan="3">内　容</th></tr>
<tr><td rowspan="6">黄金市场</td><td colspan="3">（1）黄金的特点：储藏、保值增值、极易变现。
（2）黄金的成色规格：上海黄金交易所规定的参加交易的金条成色有4种规格，为>99.99%、>99.95%、>99.9%和>99.5%。
（3）影响黄金价格的因素。[解读19]</td></tr>
<tr><td>因　素</td><td>与黄金价格的关系</td><td>影　响</td></tr>
<tr><td>供求关系和均衡价格</td><td>呈负相关</td><td>供大于求，导致供给过剩，黄金价格下降；反之，则黄金价格上升</td></tr>
<tr><td>通货膨胀</td><td>呈正相关</td><td>通货膨胀率越高，黄金价格上升；反之，则黄金价格下降</td></tr>
<tr><td>利　率</td><td>呈负相关</td><td>利率上升，黄金价格下降；反之，则黄金价格上升</td></tr>
<tr><td>汇　率</td><td>呈负相关</td><td>美元是黄金的主要标价货币，美元贬值，黄金价格上升；反之，黄金价格下降</td></tr>
<tr><td>白银市场</td><td colspan="3">投资门槛低，价格波动性大。</td></tr>
<tr><td>铂金市场</td><td colspan="3">受供给影响较大，具有恒久保值特点。</td></tr>
</table>

解读19 必考点：影响黄金价格的因素。

2. 贵金属市场在投资中的运用（以黄金为例）

（1）黄金不但是稀有的，而且可以随时兑换或者买卖，变成现金。

（2）黄金价值稳定、流动性高，是对付通货膨胀的有效手段。黄金期货也是投资者进行投资的一种方式，但是投资门槛和风险太高。

（3）对普通投资者，黄金投资的理财渠道包括实物黄金和纸黄金，黄金饰品不适合作为理财渠道。金条、金块比较适合长期投资。账户黄金投资更适合具备专业知识的投资者。

解读20 必考点：房地产投资的特点。

（二）房地产市场解读20

项目	内容
房地产	（1）概念：本质是一种财产权利，这种财产权利是指寓含于房地产实体中的各种经济利益以及由此而形成的各种权利，包括房地产的所有权、使用权、抵押权、典当权、租赁权等。 （2）特点：①位置固定；②可长期使用；③影响因素多样；④可以保值增值。 （3）房地产价格的构成：①土地价格或使用费；②房屋建筑成本；③税费；④利润。 （4）房地产价格的影响因素：①行政因素，如土地制度、住房制度、城市规划、税收政策与市政管理等；②社会因素，如社会治安状况、居民法律意识、人口因素、风俗因素、投机状况和社会偏好等方面；③经济因素，如供求状况、物价水平、利率水平、居民收入和消费水平等；④自然因素，如房地产所处的位置、地质、地势、气候条件和环境质量等因素。
房地产投资	（1）投资方式：①房地产购买；②房地产租赁；③房地产信托。 （2）投资特点：①价值升值效应；②财务杠杆效应，具有杠杆投资的价值优势；③变现性相对较差，房地产的流动性较弱，特别是在市场不景气时期；④政策风险较大，深受政策环境、市场环境和法律环境影响。
房地产投资在个人理财中的运用	房地产投资受宏观和微观风险的影响，尤其受政策影响较大，投资者应时刻关注房地产价格的影响因素。

典型真题

【多选题】一般情况下，房地产投资具有的特点包括(　　)。

A. 变现性相对较差　　B. 变现性较好

C. 财务杠杆效应　　D. 价值升值效应

E. 受政策环境、市场环境和法律环境的影响较大

【答案】ACDE【解析】选项A、选项C、选项D、选项E均属于房地产投资的特点。

【单选题】下列各项资产中，流动性最差的资产是(　　)。

A. 银行定期存款　　B. 实物黄金

C. 货币市场基金　　D. 房地产

【答案】D【解析】房地产投资品单位价值高，且无法转移，其流动性较弱，特别是在市场不景气时期变现难度更大。选项D正确。

（三）收藏品市场

项　目	内　容
收藏品	（1）收藏品的种类：艺术品、古玩、纪念币和邮票等。 ①艺术品适合中长期投资，其价值与时间呈正相关，但是其流通性差、难以保管、价格波动大，所以具有较大的投资风险。 ②古玩投资有交易成本高、流动性低，对投资者的要求较高等特点，不适合普通投资者投资。 ③纪念币和邮票盈利性较大，风险较小，适合平民化投资。 （2）收藏品价格影响因素：生产或开采能力；储藏量或再生速度；投资者喜好及追捧程度。
收藏品在个人理财中的运用	在国外，艺术品、股票、房地产并列为三大投资理财对象。与其他投资理财行业相比，艺术品具有不可再生性，因而具有一定的保值功能，回报收益率高。

章节练习

一、单选题（以下各小题所给出的四个选项中，只有一项符合题目要求，请选择相应选项，不选、错选均不得分）

1. 下列关于有形市场和无形市场的描述，错误的是(　　)。
   A. 有形市场是指有固定的交易场所、有专门的组织机构和人员、有专门设备的有组织的市场
   B. 无形市场是在证券交易所进行金融资产交易的统称
   C. 典型的有形市场是交易所
   D. 无形市场没有集中、固定的交易场所，通过现代化的电信工具和网络实现交易
2. (　　)是依托于中国外汇交易中心暨全国银行间同业拆借中心和中央国债登记结算股份有限责任公司的，包括商业银行、保险机构、证券公司、基金公司等金融机构进行债券发行、交易和回购的场所。
   A. 银行间债券市场　　B. 交易所债券市场
   C. 短期政府债券市场　　D. 商业票据市场
3. 金融期权合约按行权日期不同可分为(　　)。
   A. 看涨期权和看跌期权　　B. 欧式期权和美式期权
   C. 现货期权和期货期权　　D. 一般期权和特殊期权
4. 下列属于货币市场的是(　　)。
   A. 中长期债券市场　　B. 全国银行间同业拆借市场
   C. 中国大陆 A 股市场　　D. 银行中长期信贷市场
5. 黄金含金量的多少被称为成色，通常用百分或者千分含量表示，下面(　　)不是上海黄金交

易所规定参加交易的金条成色规格。

A. 99%　　B. 99.99%　　C. 99.5%　　D. 99.9%

二、多选题（以下各小题所给出的五个选项中，有两项或两项以上符合题目的要求，请选择相应选项，多选、少选、错选均不得分）

1. 金融衍生品市场的功能有(　　)。

A. 转移风险功能　　B. 价格发现功能

C. 调节经济功能　　D. 提高交易效率功能

E. 优化资源配置功能

2. 下列属于金融市场的直接融资的是(　　)。

A. 商业信用　　B. 企业发行股票和债券

C. 企业之间的借贷　　D. 个人之间的借贷

E. 公司之间的借贷

3. 常见的金融远期合约有(　　)。

A. 股权类资产的远期合约　　B. 债权类资产的远期合约

C. 远期利率协议　　D. 远期汇率协议

E. 市场回购协议

三、判断题（请对以下各项描述做出判断，正确的为A，错误的为B）

1. 大额可转让定期存单的特点是不记名；金额较大；利率有固定的，也有浮动的，一般比同期限的定期存款的利率高；不能提前提取，也不能在二级市场上流通转让。(　　)

A. 正确　　B. 错误

2. 回购市场是通过回购协议进行短期货币资金借贷所形成的市场。从本质上说，回购协议是一种以债券为抵押品的抵押贷款。(　　)

A. 正确　　B. 错误

答案详解

一、单选题

1. B【解析】无形市场是指在进行市场客体经营的市场上，市场交易双方只存在交易关系，没有固定交易场所和市场交易设施，也没有相应的市场经营管理组织。

2. A【解析】银行间债券市场是依托于中国外汇交易中心暨全国银行间同业拆借中心和中央国债登记结算股份有限公司的，包括商业银行、保险机构、证券公司、基金公司等金融机构进行债券发行、交易和回购的场所。

3. B【解析】按照对价格的预期，金融期权合约可分为看涨期权和看跌期权。按行权日期不同，金融期权合约可分为欧式期权和美式期权。按基础资产的性质划分，金融期权合约可以分为现货期权和期货期权。

4. B【解析】货币市场可分为同业拆借市场、票据贴现市场、可转让大额定期存单市场和回购市场等子市场。

5. A【解析】上海黄金交易所规定参加交易的金条成色有4种规格：>99.99%、>99.95%、>99.9%、>99.5%。

二、多选题

1. ABDE【解析】金融衍生品市场的功能：①转移风险功能；②价格发现功能；③提高交易效率功能；④优化资源配置功能。

2. ABCD【解析】直接融资包括商业信用、企业发行股票和债券，以及企业之间、个人之间的直接借贷。

3. ABCD【解析】常见的金融远期合约包括股权类资产和债权类资产的远期合约以及远期利率和远期汇率协议。

三、判断题

1. B【解析】大额可转让定期存单的特点是不记名；金额较大；利率有固定的，也有浮动的，一般比同期限的定期存款的利率高；不能提前提取，但是可以在二级市场上流通转让。

2. B【解析】回购市场是通过回购协议进行短期货币资金借贷所形成的市场。从本质上说，回购协议是一种以证券为抵押品的抵押贷款。

第四章　理财产品概述

应试分析

本章主要介绍理财产品，包括银行理财产品、银行代理理财产品和其他理财产品三方面的内容。本章在考试中涉及分值约为22分，为重点章节。本章内容在历年考试中考查较多，但难度不大，考生应结合资料对具体的理财产品标的进行分类梳理，形成框架结构以便记忆理解。同时，考生也应该结合真题练习来巩固所学知识点。

思维导图

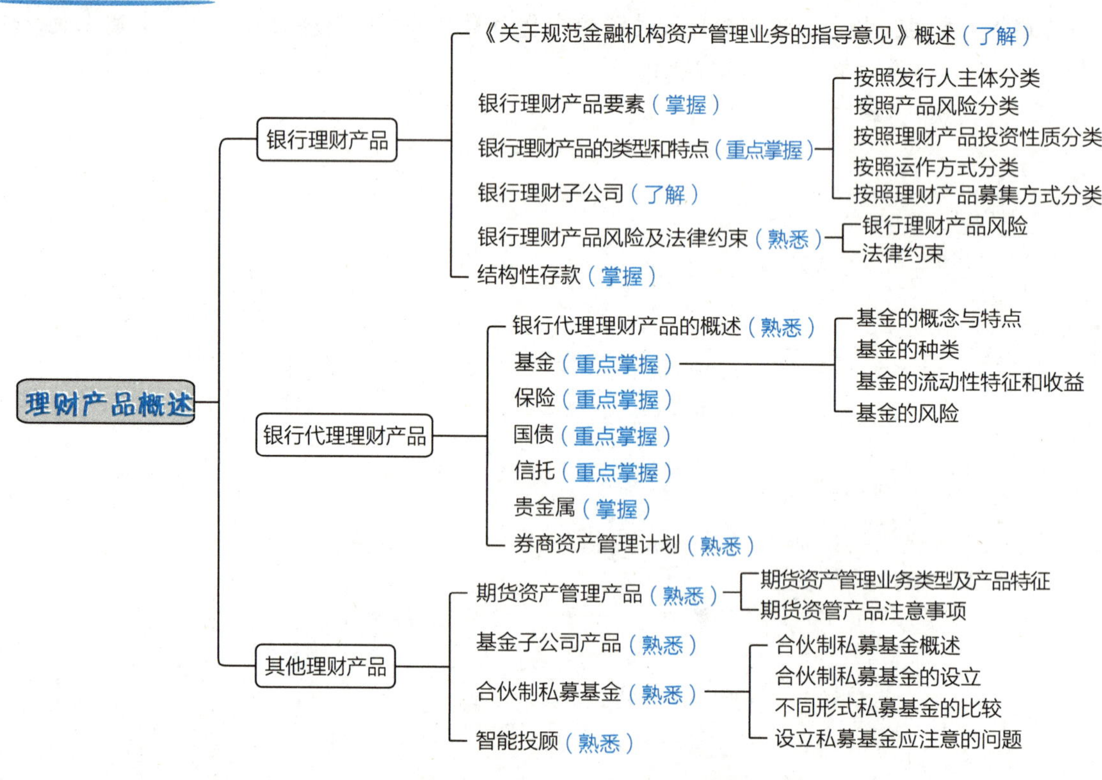

微信扫码关注
畅享在线做题

微信扫码关注
获取免费直播课

知识精讲

第一节 银行理财产品

一、《关于规范金融机构资产管理业务的指导意见》概述（了解）

真考解读 较少考查，考生了解即可。

《关于规范金融机构资产管理业务的指导意见》旨在统一同类资产管理产品监管标准，规范资产管理业务。

（1）明确资产管理业务范畴，对委托的投资者财产进行投资和管理的金融服务。

（2）确立资管产品的分类标准，“合适的产品卖给合适的投资者”。

（3）降低影子银行[解读1]风险，引导资管业务回归本源。

（4）减少流动性风险，金融机构应加强资管产品和投资资产的期限匹配。

（5）打破刚性兑付，明确资管产品的杠杆水平，统一杠杆要求。

（6）规范嵌套层级和通道业务，加强监管协调，减少监管真空。

解读1 影子银行是指游离于银行监管体系之外、可能引发系统性风险和监管套利等问题的信用中介体系。

二、银行理财产品要素（掌握）

真考解读 属于常考点，一般会考1道题。

项　目	内　容
产品开发主体信息	发行人、托管机构及投资顾问等与产品开发相关的主体以及相关主体收费情况。
产品目标客户信息	客户风险承受能力、客户资产规模、客户在银行的分类、产品发行地区、资金门槛及最小递增金额。
产品特征信息	产品名称、产品代码、产品类型、发行方式、募集规模、投资范围、风险等级、委托币种、估值方法、收益分配方式、银行终止权、客户赎回权、产品期限、募集日期、开放日期、信息披露方式等。

典型真题

【多选题】银行理财产品要素所包含的信息大致可分为三大类，产品开发主体信息、产品目标客户信息和产品特征信息，下列属于产品开发主体信息范畴的有（　　）。

A. 投资顾问　　B. 相关主体收费情况

C. 银行终止权　　D. 发行人

E. 托管机构

【答案】ABDE **【解析】**产品开发主体信息包括发行人、托管机构和投资顾问等与产品开发相关的主体及相关主体收费情况。选项A、选项B、选项D、选项E均符合题意。

真考解读 属于必考点，一般会考3道题。

三、银行理财产品的类型和特点（重点掌握）

（一）按照发行人主体分类[解读2]

解读2 银行理财产品种类较多，考生要充分理解不同银行理财产品之间的区别。

项目	内容
商业银行发行的理财产品	以自身名义发行的。
理财子公司发行的理财产品	银行之外的另一个主体发行的理财产品，本质上对银行来说是代销关系。

（二）按照产品风险分类

项目	内容
极低风险产品	主要投资于货币市场工具、国债、银行存款等低风险资产，产品形式上以现金管理类产品为主，具有较强的流动性和安全性，收益相对较低。
低风险产品	主要投资于高等级信用债等固定收益类资产。收益存在一定的波动性，但整体风险系数较小。
中等风险产品	影响产品本金安全和投资收益的风险因素较多，市场风险、信用风险等相对突出。
较高风险产品	本金安全受影响，基础资产收益波动性较大。
高风险产品	本金和收益高度不确定且波动大。

（三）按照理财产品投资性质分类[解读3]

解读3 必考点：理财产品的分类及其内容。

项目	内容
现金管理类理财产品	（1）投资对象：国债、金融债券、中央银行票据、债券回购，高信用级别的企业债券、公司债券、短期融资券、银行存款以及符合法律规定的其他金融工具。 （2）特点：投资周期短，资金赎回灵活、方便，信用风险低，流动性强，风险小，本金及收益安全性高。
固定收益类理财产品	（1）资金流向：银行间、交易所等国家指定的交易场所中发行的国债、金融债及企业债券。 （2）风险：主要包括基础资产的信用风险、市场风险、管理风险和流动性风险等。

续 表

项 目	内 容
权益类理财产品	(1)投资对象。 ①FOF(基金中的基金):不直接投资常见的金融市场(如股市、债市),仅投资基金市场,是一种创新品种。 ②私募理财产品。 (2)特点:风险较大。
混合类理财产品	(1)投资对象:债权类资产、权益类资产、商品及金融衍生品类资产,且任意一类资产投资比例不超过80%。 (2)特点。 优点:①进一步分散投资风险,享受跨市场的投资收益;②赋予产品发行主体较大的主动投资管理权限;③可进可退,灵活度更大。 注意事项:①产品的业绩表现依赖于发行主体的水平;②投资风险大。
商品及衍生品理财产品	投资商品、衍生品等资产比例不低于80%,具有高波动性、高杠杆特点。
QDII(合格境内机构投资者)境外投资类理财产品	(1)概念:QDII是指在一国境内设立,经有关部门批准从事境外有价证券业务的一项制度安排。 (2)投资标的。 商业银行的QDII产品仅可投资于银保监会合作监管市场上市的股票、银保监会合作监管市场的监管机构所批准或登记注册的公募基金、具有固定收益性质的票据和债券、符合评级要求的结构性产品及掉期、远期等衍生品。
另类理财产品	(1)投资对象:房地产、证券化资产、对冲基金、私募股权基金、大宗商品、巨灾债券、低碳产品、酒和艺术品等。解读4 (2)特点。 优点:①潜在收益高;②与经济周期相关度低,行情相对独立;③可以获取到稀有的实物资产。 缺点:①承担传统的信用风险、市场风险和周期风险;②承担投机风险、面临各种不确定性风险、高亏的极端风险和另类资产的损毁风险。

解读4 另类理财产品的投资群体多为私人银行客户,受限于私人银行业务的私密性。

典型真题

【单选题】下列各类别的银行理财产品中,投资者面临风险最小的是(　　)。

A. 现金管理类理财产品　　B. 股票类理财产品

C. 另类理财产品　　D. 组合投资类理财产品

【答案】A【解析】现金管理类理财产品是投资于货币市场的银行理财产品，投资方向是具有高信用级别的中短期金融工具，所以其信用风险低、流动性风险小，属于保守、稳健型产品。选项A符合题意。

【多选题】对投资者而言，购买固定收益类理财产品面临的主要风险来自基础资产的(　　)。

A．利率风险　　B．信用风险　　C．集中投资风险

D．汇率风险　　E．流动性风险

【答案】BE【解析】对于投资者而言，购买固定收益类理财产品面临的主要风险来自基础资产的信用风险、市场风险、管理风险和流动性风险。选项B、选项E均符合题意。

（四）按照运作方式分类

项　目	内　容
开放式产品	总体份额与总体金额都是变动的，随时根据市场情况发行新的份额或被投资者赎回。
封闭式产品	在存续期内总体份额不变，而总体金额可以变动。存续期内一般不能申购和赎回或可以赎回但不能申购。

（五）按照理财产品募集方式分类

项　目	内　容
公募产品	面向不特定对象公开发行。
私募产品	面向合格投资者非公开发行。

真考解读 较少考查，考生了解即可。

四、银行理财子公司（了解）

(1)《关于规范金融机构资产管理业务的指导意见》要求主营业务不包括资产管理业务的金融机构应当设立具有独立法人地位的资产管理子公司开展资产管理业务，强化法人风险隔离。

(2)商业银行设立理财子公司开展资管业务，有利于强化银行理财业务风险隔离，更好地保护投资者合法权益；有利于优化组织管理体系，建立符合资管业务特点的风控制度和激励机制；有利于培育和壮大机构投资者队伍。

真考解读 考查相对较少，考生熟悉即可。

五、银行理财产品风险及法律约束（熟悉）

（一）银行理财产品风险

常见的银行理财产品风险包括政策风险、违约或信用风险、市场风险、利率风险、流动性风险、操作风险、交易对手管理风险、不可抗力及意外事件风险。按照适合性的原则，对不同客户进行风险评估，不同的客户适合不同的理财产品。

客户类型	风险承受能力	适合的理财产品
保守型	风险承受能力极低	极低风险
谨慎型	风险承受能力较低	极低风险、低风险
稳健型	风险承受能力一般	极低风险、低风险、中等风险
进取型	风险承受能力较高	极低风险、低风险、中等风险、较高风险
激进型	风险承受能力很高	极低风险、低风险、中等风险、较高风险、高风险

（二）法律约束

主要通过部委规章和通知性文件进行监管。

六、结构性存款（掌握）

真考解读 属于常考点，一般会考1道题。

项　目	内　容
概　念	结构性存款是指商业银行吸收的嵌入金融衍生产品的存款。
要　素	结构性存款的产品结构一般包括“存款＋期权”。
风险与收益	（1）结构性存款大部分为保本型产品，但在实际业务中，也有部分非保本型产品。 （2）收益主要来源于存款产生的固定收益和挂钩标的资产价格波动带来的收益。
法律特征	《商业银行理财业务监督管理办法》规定，结构性存款应当纳入商业银行表内核算，按照存款管理，纳入存款准备金和存款保险保费的缴纳范围，商业银行发行结构性存款应当具备相应的衍生产品交易资格。

第二节　银行代理理财产品

一、银行代理理财产品的概述（熟悉）

真考解读 考查相对较少，考生熟悉即可。

项　目	内　容
类　型	银行代理理财产品的类型包括基金、保险、国债、信托计划、贵金属以及券商资产管理计划等。
销售基本原则	银行代理理财产品的销售基本原则是适当性、客观性及避免利益冲突。

真考解读 属于必考点，一般会考4道题。

解读1 必考点：基金的特点。

解读2 基金投资所产生的风险和利益均由投资者按照持有份额的比例承担和分配，基金管理人和托管人既不承担也不分配。

解读3 必考点：开放式基金。

二、基金（重点掌握）

（一）基金的概念与特点[解读1]

项目	内容
概念	基金是指通过发售基金份额或收益凭证，将众多不特定投资者的资金汇集起来，由专业管理人员进行投资管理，并将投资收益按持有者投资份额分配给持有者的一种利益共享、风险共担的集合投资方式。
特点	（1）集合理财，专业管理。 集合理财指将众多投资者的资金汇集起来，委托基金管理人集中进行投资，这样可以发挥资金的规模优势，降低投资成本。专业管理指基金管理人拥有更为专业的资源，能够更好地利用各种金融工具，抓住投资机会。 （2）组合投资，分散风险。 基金通常会购买多种股票组合投资，投资者购买基金就相当于用很少的资金购买了一揽子股票，在市场不利时，能够有效分散风险；在市场有利时，能够享受到投资组合带来的收益。 （3）利益共享，风险共担。[解读2] 基金投资所产生的风险和收益均由所有投资者按比例进行分配，基金管理人和基金托管人作为提供服务的机构，一般按基金合同的规定从基金资产中收取一定比例的管理费和托管费，并不参与基金收益分配，也不承担投资产生的风险。 （4）严格监管，信息透明。 基金监管机构对基金业实行严格的监管制度，并强制基金进行及时、准确、充分的信息披露。 （5）独立托管，保障安全。 基金管理人负责基金的投资操作，基金托管人负责基金财产的保管，形成相互制约、相互监督的制衡机制，保障投资者资金的安全。

（二）基金的种类

1. 按照受益凭证是否可以赎回分类[解读3]

项目	内容
封闭式基金	（1）在国内上海证券交易所、深圳证券交易所交易。 （2）有固定的存续期。 （3）发行额度固定，一般不可增发，在期限内不能直接赎回，但可以通过上市套现实现基金赎回。

续 表

项 目	内 容
封闭式基金	(4)遵循价值规律，供求决定价格。 (5)采取现金分红方式。 (6)资金能得到充分运用，利于获取长期投资的基金增值。 (7)每周至少公告一次单位资产净值。 (8)主要包括产品管理费用。
开放式基金	(1)在基金管理公司和银行等金融机构代销网点交易，符合上市交易条件的部分基金可在证券交易所交易。 (2)存续期、发行额度不固定，但不得低于最低发行规模。 (3)购买、赎回不受限，资产净值决定价格。 (4)分红方式包括现金分红和再投资分红。 (5)随时面临赎回压力，不利于做出长期投资的规划。 (6)对基金管理人管理水平要求较高。 (7)每个开放日进行单位资产净值公告。 (8)主要包括申购(认购)费、赎回费等费用，赎回费一般不超过1.5%。

典型真题

【单选题】开放式基金单位的交易价格主要取决于(　　)。

A. 基金份额　　B. 基金总规模

C. 基金单位净值　　D. 基金存续期限

【答案】C**【解析】**开放式基金单位的交易价格依据基金的资产净值而定。选项C符合题意。

2. 按照投资对象分类

项 目	内 容
股票型基金	80%以上的基金资产投资于股票，风险高、收益高。
债券型基金	80%以上的基金资产投资于债券，风险较低、收益较低。
货币市场基金	投资工具仅限于货币市场，风险低、收益低，但流动性高。
混合型基金	投资工具集中在股票、债券和货币市场，对股票和债券的投资比例均不满足上述情形，努力实现风险和收益平衡。股票比例或债券投资比例在60%以上的，分别属于偏股型和偏债型混合基金。

解读4 必考点：成长型、收入型及平衡型基金的区别。

3. 按照投资目标分类[解读4]

项　目	内　容
成长型基金	关注长期成长，为客户带来经常性收益是其目的要求。以风险较大的投资标的为主，闲置现金量少，孳息一般用于再投资。
收入（收益）型基金	关注基金的单位价格上涨，让投资者取得稳健的最大化收益是其目的要求。以低风险、增值有限的投资标的为主，闲置现金量大，投资多元化、分散化，派息固定。
平衡型基金	分散投资于股票和债券，既要获得当期收入，又追求基金资产长期增值，以保证资金的安全性和盈利性。

典型真题

【判断题】收入型基金的投资对象常常是风险较大的金融产品，追求长期资本增值。(　　)

A. 正确　　　　B. 错误

【答案】B **【解析】**依据投资目标的不同，基金可分为成长型基金、收入（收益）型基金和平衡型基金。成长型基金的投资对象常常是风险较大的金融产品；收入型基金的投资对象一般为风险较小、资本增值有限的金融产品。故选B。

4. 按照投资理念分类

项　目	内　容
主动型基金	主动管理，争取业绩超越基金组合。
被动型基金	被动型基金[解读5]采取跟踪特定指数、复制跟踪对象的表现策略，与主动型基金策略相反。

解读5 被动型基金通常也被称为指数型基金。

5. 按照法律地位分类

项　目	内　容
公司型基金	根据公司法和公司章程经营；是具有法人资格的股份有限公司，因此股东大会是最高权力机构；可向社会进行融资以扩大规模；具有永久性特征（破产、清算除外）。
契约型基金	根据事先的约定即契约经营；不具有法人资格，因此基金受益人对基金运作无决定权；一般不向银行借款；存续期以契约的约定为准（非永久性）。

6. 其他类型基金

项　目	内　容
基金中的基金（FOF）	专门投资其他基金的基金，是基金的新品种。
交易型开放式指数基金（ETF）	开放式基金的特殊类型，既可以向管理公司申购或赎回基金的份额，还可以在证券市场上自由买卖。
上市开放式基金（LOF）	（1）既可以在交易所交易，也可以在金融机构的代销网点申购、赎回（净值为交易价格）。 （2）集合了开放式基金与封闭式基金的优点，具有交易方便、成本低廉的特点。
合格境内机构投资者（QDII）基金	在一国境内设立，经批准可以在境外证券市场进行股票、债券等有价证券投资的基金。主要以人民币、美元或其他主要外汇货币计价。QDII 是一种新的投资机会，为投资者降低组合投资风险提供了新的途径。

（三）基金的流动性特征和收益

项　目	内　容
流动性特征	货币市场型基金流动性 > 债券型基金流动性 > 股票型基金流动性。
收益的特征、来源、分配及影响因素	（1）特征：股票型基金收益 > 混合型基金收益 > 债券型基金收益 > 货币市场型基金收益。 （2）来源：价差收入[解读6]、红利收入、债券利息及存款利息收入。 （3）分配：分配现金（现金分红）和分配基金单位（红利再投资）。 （4）影响因素：基础市场的影响（如债券、股票、货币市场等不确定因素的风险），本身因素（如投资策略、管理人员的道德素质和业务水平）。

（四）基金的风险

项　目	内　容
运作风险	系统性风险和非系统性风险。
产品风险	价格波动风险和流动性风险。

解读6 证券买卖差价也称为资本利得。

真考解读 属于必考点，一般会考3道题。

解读7 必考点：人身保险新型产品的类别及其内容。

解读8 投连险兼顾基本保障功能和资金增值功能。

三、保险（重点掌握）

（一）人身保险新型产品[解读7]

项目	内容
分红险	（1）概念：分红险指保险公司将其实际经营成果优于定价假设的盈余，按照一定比例向保单持有人进行分配的人寿保险。 （2）来源：保单固定利率在未来很长时间内和市场收益率变动风险在投保人和保险公司之间共同承担。 （3）收益的产生：由死差益、利差益及费差益产生的可分配盈余。 （4）收益的分配形式：现金红利分配、增额红利分配（在保险期限内每年以增加保险金额的形式分配红利）。
万能保险	（1）特点：缴费自由、费用透明，既具有保险功能，还可以让客户直接参与由保险公司为投保人建立的投资账户内资金的投资活动。 （2）费用类型：初始费、风险保险费、保单管理费、部分领取手续费及退保费。 （3）保证收益：扣除费用及保障成本后的保费进入单独账户，高于保底利率以上的收益保险公司和投资人按一定比例分享，低于保底利率的按保底利率计算。
投连险	（1）概念：投资连结保险（以下简称投连险）[解读8]，是一种寿险与投资相结合的新型寿险产品。 （2）账户类型：单独管理的资金账户。 （3）费用类型：初始费、风险保险费、账户转换费用、投资单位买卖差价、资产管理费、部分支取和退保费。 （4）特点：保费中含有投资保费；保单持有人可以根据资金运用情况享受分红；给付的保险金包括风险保障金和投资收益两部分。

典型真题

【单选题】与普通的保障型保险产品相比，下列不是投连险特点的是(　　)。

A. 保费中含有投资保费

B. 不兼顾基本保障功能和资金增值功能

C. 保单持有人可以根据资金运用情况享受分红

D. 给付的保险金包括风险保障金和投资收益两部分

【答案】B【解析】投连险是一种寿险与投资相结合的新型寿险产品，兼顾基本保障功能和资金增值功能。故选B。

【多选题】人身保险新型产品主要包括(　　)。

A. 分红险　　B. 万能保险　　C. 投连险

D. 健康险　　E. 死亡险

【答案】ABC【解析】人身保险新型产品主要包括分红险、万能保险和投连险。故选项A、选项B、选项C均符合题意。

(二) 财产险

项　目	内　容
家庭财产险	保险标的是投保人的家庭生活资料，分为普通消费型家庭财产保险和长效还本家庭财产保险等。
个人抵押商品住房保险	个人抵押商品住房保险也称为房贷险，包含对抵押商品住房本身的家庭财产保险和对借款人本人的借款人意外险。
企业财产保险	保险标的是投保人存放在固定地点的财产和物资，其适用范围广，对一切独立核算的法人单位均适用。

典型真题

【单选题】个人抵押商品住房保险是一种(　　)。

A. 信用保险　　B. 财产保险

C. 保证保险　　D. 人身保险

【答案】B【解析】财产险主要包括家庭财产险、个人抵押商品住房保险和企业财产保险。个人抵押商品住房保险(简称房贷险)包含对抵押商品住房本身的家庭财产保险，也包括对借款人本人的借款人意外险。选项B正确。

四、国债（重点掌握）

真考解读属于必考点，一般会考2道题。

项　目	内　容
国债的含义	国债[解读9]是指国家为筹措资金而发行的债券，并且承诺在一定的时期内按约定的条件，按期支付利息和到期归还本金。相对于银行存款而言，各上市国债品种均具有高收益性。
国债的种类	(1) 凭证式国债：可以记名、挂失，不可在市场上流通，即买即计息。 (2) 电子式国债：在中华人民共和国境内由财政部发行的不可流通债券。 (3) 记账式国债：可以记名、挂失，可在银行间市场和证券交易所的交易系统发行、交易。

解读9 国债又称“金边国债”，其收益率是基准利率的一部分，是由财政部发行的国家公债。

续 表

项 目	内 容
国债的特征及风险	（1）特征。 ①国债的流动性 > 公司债券流动性。 ②短期国债流动性 > 长期国债流动性。 ③现金存款或货币市场金融工具收益 < 国债的收益 < 股票、基金产品收益。 （2）风险。 ①价格风险（利率风险）：债券价格与利率变化呈反比。 ②再投资风险：该风险与价格风险呈反比。 ③违约风险（信用风险）：即无法准时获取发行人偿还本金和利息的风险。国债的违约风险是所有债券中最低的。 ④赎回风险：未来现金流量不可预知。若发行人在利率下降时赎回，投资者将承受再投资风险。附有赎回权债券的潜在增值空间受限，且交易成本高，从而降低了投资者的投资收益。 ⑤提前偿付风险：与赎回风险类似，一般而言，国债的赎回风险及提前偿付风险都非常低。 ⑥通货膨胀风险：物价的上涨会降低债券的实际收益率。此外，通货膨胀将影响市场利率，导致债券的投资价值发生波动。

典型真题

【单选题】下列关于债券的说法错误的是(　　)。

A. 投资国债可以享受税收优惠

B. 债券的名义收益率是固定的，但也有投资风险

C. 国债的收益率通常要比同期限的公司债券的低

D. 债券的可赎回条款对发行者不利

【答案】D【解析】发行者可能在利率下降时赎回债券，投资者将不得不以较低的市场利率进行再投资，由此蒙受再投资风险，因而可赎回条款对投资者不利，对发行者有利。选项 D 符合题意。

【多选题】目前，我国银行代理可记名、可挂失的国债种类有(　　)。

A. 凭证式国债　B. 折实式国债　C. 实物式国债

D. 永久式国债　E. 记账式国债

【答案】AE【解析】目前银行代理国债的种类有 3 种：凭证式国债、电子式国债、记账式国债。凭证式国债是一种国家储蓄债，可记名、可挂失，以“凭证式国债收款凭证”记录债权，不能上市流通，从购买之日起计息。电子式国债是以电子方式记录债权的不可流通人民币债券。它只面向境内个人投资者发售，企事业单位和行政机关不能购买。记账式国债以记账形式记录债权，通过银行间市场及证券交易所的交易系统发行和交易，可以记名、挂失。选项 A、选项 E 均符合题意。

五、信托（重点掌握）

项　目	内　容
信托的概念	信托是指委托人基于对受托人的信任，将其财产权委托给受托人，由受托人按委托人的意愿以自己的名义，为受益人的利益或者特定目的，进行管理或者处分的行为。
信托当事人	（1）委托人：应当是具有完全民事行为能力的自然人、法人或者依法成立的其他组织。 （2）受托人：应当是具有完全民事行为能力的自然人、法人。法律、行政法规对受托人的条件另有规定的，从其规定。 （3）受益人：是在信托中享有信托受益权[解读10]的人。
信托的分类和特点	（1）分类：①任意信托和法定信托（根据信托关系建立方式）；②法人信托和个人信托（根据委托人或受托人的性质）；③资金信托、动产信托、不动产信托和其他财产信托（根据信托财产）。 （2）特点：①以信任为基础；②对财产权利主体和利益主体进行分离；③运作连续、灵活，干扰少；④财产独立且受法律保护；⑤对于没有过错的损失，受托人不担责；⑥按照实际的运营绩效结果分配信托利益并进行相应的损益计算；⑦兼具融资的功能；⑧流动性差。
信托的收益及风险	（1）收益。 所获收益在扣除相关费用后，归受益人所有。委托人委托信托机构经营财产，若信托机构无过错，则产生的亏损由委托者承担；若有过错，信托公司以固有财产承担有限责任，超出部分由委托者自负。 （2）风险。[解读11] ①投资项目风险：市场风险、财务风险、经营管理风险；②项目主体风险：经营主体风险、担保公司信誉度风险；③信托公司风险（决定信托产品风险）：项目评估风险和信托产品设计风险；④流动性风险。

真考解读 属于必考点，一般会考2道题。

解读10 受益人可以是自然人、法人或者依法成立的其他组织。

解读11 除表格所列风险，信托产品还包括债券、股票投资的市场风险、债券违约风险、股票退市风险等。

典型真题

【单选题】下列关于信托产品的表述，错误的是（　　）。

A. 银行可以开发信托产品

B. 受托人不承担无过失的损失风险

C. 信托具有融通资金的职能

D. 信托财产权利主体与利益主体相分离

【答案】A【解析】银行是信托类产品的代销机构，而非信托产品的开发机构。选项 A 符合题意。

真考解读 属于常考点，一般会考1道题。

六、贵金属（掌握）

项　目	内　容
类　型	（1）条块现货：金条、金饰等。 （2）金币：分为纯金币和纪念金币。 （3）黄金基金：指投资于黄金类的基金，投资风险大。 （4）纸黄金：也被称为黄金存折，由银行提供服务报价，不涉及现货交收。具有交易成本低、无须承担储藏风险等特点。 （5）黄金 T+D 产品：俗称“黄金准期货”，具有交易时间灵活、交易多样化、实行保证金模式、无交割时间限制，以及减少操作风险的特点。
特　征	（1）流动性差：对于投资者而言，黄金退出流通领域后，其流动性低于其他证券类投资品。[解读12] （2）可以分散投资总风险：黄金与股市不相关甚至负相关，可以分散投资总风险，并且价格会随着通货膨胀增加而增加，具有一定保值功能。
风　险	政策风险、价格波动风险、交易风险、技术风险。

解读12 黄金流动性差也与国内黄金市场发展不充分、变现相对困难有关，有流动性风险。

典型真题

【单选题】下列关于黄金投资特点的表述中，错误的是(　　)。

A. 具有内在价值和实用性

B. 国内黄金市场不充分，变现相对困难，有流动性风险

C. 对于投资者来说，黄金退出流通领域后，其流动性较其他证券类投资品差

D. 其收益和股票市场的收益正相关

【答案】D【解析】黄金和股票市场收益不相关甚至负相关，所以可以分散投资总风险，且价格会随着通货膨胀而提高，所以可以保值。选项 D 符合题意。

真考解读 考查相对较少，考生熟悉即可。

七、券商资产管理计划（熟悉）

项　目	内　容
种　类	（1）根据《关于规范金融机构资产管理业务的指导意见》：分为公募产品和私募产品。 ①公募产品：投资者超过 200 人的集合资产管理计划。 ②私募产品：集合计划、定向计划和专项计划。 （2）根据投资方向：分为固定收益类、权益类、商品及金融衍生品类、混合类资产管理计划。 （3）根据产品存续期能否办理投资者参与、退出资产管理计划：分为开放式资产管理计划和封闭式资产管理计划。[解读13]

解读13 开放式资产管理计划不得进行份额分级，封闭式资产管理计划可以根据风险收益特征对份额进行分级。

续 表

项 目	内 容
特 点	运作空间范围大。
流动性及收益	（1）大类产品向风险收益标准化的方向发展。 （2）投融资客户的实际需求差异逐步扩大，产品正在向个性化、差异化的方向发展。

第三节 其他理财产品

一、期货资产管理产品（熟悉）

真考解读 考查相对较少，考生熟悉即可。

（一）期货资产管理业务类型及产品特征

项 目	内 容
业务类型	（1）债券增强类产品：一般资金容量较大，风险收益可控，适合风险偏好适中的银行客户。 （2）挂钩期权类产品：一般会锁定最大损失风险，潜在收益会明显上升，可与货币基金投资结合，实现相对稳定的投资收益。 （3）量化打新类产品：一般风格稳健，风险较小，在高收益资产稀缺背景下，可获得稳健的套利机会。 （4）管理期货策略（CTA）类产品：一般会利用商品期货品种众多且波动较大、期货保证金双向交易的优点，通过抓住风险资产价格趋势波动来获利，适合风险偏好型投资者。 （5）量化对冲类产品：一般依赖数理模型和数据挖掘，更具有客观性，较少受到人为情绪影响，产品收益比较稳定。 （6）对冲基金的基金（FOHF）类产品：一般将资金投资于不同的优秀私募之间进行配置，既能分散风险，又可以获得较高回报，降低单只私募基金的准入门槛。
产品特征	（1）交易策略多种多样：可投资于股票、债券、证券投资基金、集合资产管理以及期权期货等衍生品。 （2）对投资者要求较高：单只产品投资者人数不得超过200人，且必须为合格投资者。

（二）期货资产管理产品注意事项

（1）了解期货资产管理业务的法律法规、基础知识、业务特点、风险收益特征等内容，了解期货公司是否具有开展资产管理业务的资格，并认真听取期货公司对相关业务规则和资产管理合同内容的讲解。

（2）综合考虑自身的资产与收入状况、投资经验、风险偏好，确信自身有承担参与期货资产管理业务所面临的投资风险和损失的能力，审慎选择与自身风险承受能力相匹配的资产管理投资策略。

（3）了解参与期货资产管理业务通常具有的市场风险、管理风险、流动性风险、信用风险及其他风险，包括但不限于政策风险、经济周期风险、利率风险、技术风险、操作风险、不可抗力因素导致的风险等。

（4）关注投资期货类品种具有的特定风险，包括但不限于因保证金交易方式可能导致投资损失大于委托资产价值的风险，因市场流动性不足、交易所暂停某合约的交易、修改交易规则或采取紧急措施等原因，未平仓合约可能无法平仓或现有持仓无法继续持有的风险。

（5）知晓合同虽然约定了一定的止损比例，但由于持仓品种价格可能持续向不利方向变动、持仓品种因市场剧烈波动不能平仓等原因，委托资产亏损存在超出该止损比例的风险。

（6）知晓参与期货资产管理业务的资产损失由客户自行承担，期货公司不以任何方式对客户作出取得最低收益或分担损失的承诺或担保。

（7）知晓客户无论参与期货资产管理业务是否获利，都需要按约支付管理费用和其他费用，会对客户的账户权益产生影响。

（8）知晓期货公司在一定条件下存在变更投资经理人选的可能，会对资产管理投资策略的执行产生影响。

真考解读 考查相对较少，考生熟悉即可。

二、基金子公司产品（熟悉）

项　目	内　容
业务类型	（1）组合投资业务。具备流动性良好、适配性良好及可进行策略回顾和业绩考核的优势。 （2）资产证券化业务。资产证券化业务的基础资产包括企业应收款、信贷资产（房贷资产、汽车贷款资产、信用卡类贷款资产、对公贷款资产等）、基础设施收益权等财产权利和商业物业等不动产财产等。 （3）资本市场类业务。指基金子公司通过专项资产管理计划募集资金，参与资本市场（主板、创业板、新三板等）上市公司的股票定向增发、股票质押融资等投资机会。 （4）债权类投资产品。指基金子公司通过专项资产管理计划募集资金，在融资企业提供足值担保（企业集团保证担保、土地使用权抵押、在建工程抵押、优质股权质押等）的情况下，以债权方式投向符合国家产业政策，具有较好收益、资信优良且服务于实体经济的相关企业或优质项目。

续 表

项 目	内 容
产品特征	（1）产品参与人数适中。 （2）开展组合投资业务的优势大。 ①市场覆盖全面，可提供一站式解决方案。 ②新规政策倾斜，风险资本占用较低。

三、合伙制私募基金（熟悉）

真考解读 考查相对较少，考生熟悉即可。

（一）合伙制私募基金概述

所谓合伙制私募基金，是由普通合伙人和有限合伙人组成，普通合伙人即私募基金管理人，其与另外 1 ~49 人的有限合伙人共同组建的一只私募基金。

合伙制模式的优点是设立门槛低、浪费少、投资广、税收少。

（二）合伙制私募基金的设立

项 目	内 容
GP（普通合伙人）的出资比例	通常，GP（普通合伙人）的出资比例范围是 1% ~5%。
收益分成	分成比例通常是 20%，国际上越来越多采用 25% 或 30% 的分成比例。
管理费	管理费通常是作为 GP 基金运营和管理的费用（包括工资、办公费用、项目开发、交通、接待等），并不是 GP 主要的报酬方式。
有限合伙人的职责	不同的地方可能会有不同的法律法规，部分地方实际允许有限合伙人参与基金业务，但态度相对谨慎，大部分的有限合伙人对基金业务参与非常有限。
投资限制	投资限制主要是指根据基金的性质及规模，规定基金不能或不应从事的投资项目或行为。

（三）不同形式私募基金的比较[解读1]

解读1 公司制、信托制及有限合伙制的比较，考生应熟悉。

项 目	公司制	信托制	有限合伙制
出资形式	货币	货币	货币
管理人员	股东决定	信托公司进行管理	普通合伙人
利润分配	按出资比例	按信托合同	按有限合伙协议约定
投资人数	有限责任公司不超过 50 人，股份有限公司不超过 200 人	自然人投资者不超过 50 人，单笔 300 万元以上自然人及合格机构投资者数量不受限制	2 ~50 人

续 表

项 目	公司制	信托制	有限合伙制
管理模式	同股同权可以委托管理	受托人决定可以委托投资顾问提供咨询意见	普通合伙人负责决策与执行，有限合伙人不参与经营
税务承担	双重征税	信托受益人不纳税，受益人取得信托收益时，缴纳企业所得税或个人所得税	合伙企业不征税，合伙人分别缴纳企业所得税或个人所得税
注册资本额或认缴出资额及缴纳期限	最低实收资本不低于1000万元	资金一次到位	承诺出资制，无最低要求，按照约定的期限逐步到位
投资门槛	无特别要求	单个投资者最低投资不少于100万元	无强制要求。如要申报备案，单个投资者不低于100万元
债务承担方式	出资者在出资范围内承担有限责任	投资者以信托资产承担责任	普通合伙人承担无限责任，有限合伙人以认缴出资额为限承担有限责任

（四）设立私募基金应注意的问题

（1）基金依法设立。

（2）面向特定对象。

①以有限责任公司和有限合伙制企业募资的，投资人数不得超过50人，以股份有限公司形式募资的，投资人数不得超过200人；

②审查投资者的资金合法性；

③自然人投资者最低投资额为100万元。

（3）不得公开宣传：不得通过广告宣传，但可以在规定范围内（参加的人数不得超过投资人数上限）开展推介会。

（4）不得承诺保底或最低收益。

（5）依法合规使用募集资金。

典型真题

【单选题】私募基金设立过程中，以有限责任公司形式募资的，投资人数不得超过(　　)人。

A. 50　　B. 100　　C. 150　　D. 200

【答案】A**【解析】**私募基金的投资人数要符合法律规定，以有限责任公司和有限合伙制企业募资的，投资人数不得超过50人。以股份有限公司形式募资的，投资人数不得超过200人。选项A正确。

四、智能投顾（熟悉）

真考解读 考查相对较少，考生熟悉即可。

项 目	内 容
含 义	智能投顾是人工智能与投资顾问的结合，是依托传统金融学理论，结合客户特征，运用统计学原理和计算机技术，为客户提供投资顾问、搭配金融资产组合的金融服务。
工作流程	（1）为客户画像。 获取客户信息，了解客户需求的过程。可以利用大数据快速完成客户的风险偏好分析，掌握客户的投资习惯和目的。 （2）构建投资组合。 根据客户的不同风险偏好及自身掌握的金融产品数据，在金融数据模型的基础上为客户推荐个性化的资产配置方案。 （3）执行投资组合。 投资操作完成后，智能投顾服务提供商需要跟踪分析投资组合的运作情况，并结合客户授权情况进行动态调整。
关注事项	（1）《关于规范金融机构资产管理业务的指导意见》规定，智能投顾属于特许经营服务，运用人工智能技术开展投资顾问业务应当取得投资顾问资质。 （2）智能投顾本身须高度关注其程序的内部逻辑和算法，这也是该项业务当前面临的主要挑战。

一、单选题（以下各小题所给出的四个选项中，只有一项符合题目要求，请选择相应选项，不选、错选均不得分）

1. 一般来说，各类基金的风险收益特征由高到低的排序依次是（　　）。
   A. 股票型基金、混合型基金、债券型基金、货币市场基金
   B. 货币市场基金、债券型基金、混合型基金、股票型基金
   C. 货币市场基金、混合型基金、债券型基金、股票型基金
   D. 股票型基金、债券型基金、混合型基金、货币市场基金
2. 证券交易遵循的原则是（　　）。
   A. 时间优先和价格优先的原则　　B. 时间优先和风险最低的原则
   C. 收益最高和价格优先的原则　　D. 收益最高和风险最低的原则
3. 目前在银行代理的保险中占据市场主流的险种主要是分红险和（　　）。
   A. 责任险　　B. 车险　　C. 万能险　　D. 意外险
4. 投资者在银行购买纸黄金，依据的价格是（　　）。
   A. 国际黄金现货价格　　B. 中国黄金期货交易所公布的价格

C. 银行公布的价格　　D. 银行和客户的协议价格

5. 证券投资基金通过发行基金收益凭证聚集资金，形成集合资产，降低交易成本，从而获得收益的好处，体现了证券投资基金(　　)的特点。

A. 分散投资　　B. 专业管理

C. 规模经营　　D. 费用低

二、多选题（以下各小题所给出的五个选项中，有两项或两项以上符合题目的要求，请选择相应选项，多选、少选、错选均不得分）

1. 商业银行设计发行的结构性理财产品，通常可挂钩的不包括(　　)。

A. 利率　　B. 股票　　C. 商品期货指数

D. 汇率　　E. 股指

2. 投资基金子公司产品要注意(　　)。

A. 了解信息披露方式和项目进展情况　　B. 充分了解产品发行人的情况

C. 确定资金最终流向和投资标的物　　D. 了解产品类型和风险收益特征

E. 了解产品的风险管理措施

3. 按委托人或受托人的性质不同，信托可以划分为(　　)。

A. 任意信托　　B. 法人信托　　C. 法定信托

D. 个人信托　　E. 动产信托

三、判断题（请对以下各项描述做出判断，正确的为A，错误的为B）

1. 凭证式国债是一种实物债券，以实物券的形式记录债权，面值不等，不记名、不挂失、可上市流通。(　　)

A. 正确　　B. 错误

2. 私募基金投资人数要符合法律规定，以有限责任公司和有限合伙制企业募资的，投资人不得超过200人。(　　)

A. 正确　　B. 错误

答案详解

一、单选题

1. A【解析】货币市场基金低风险、低收益、高流动性，债券类基金较低风险、较低收益，混合型基金，实现风险收益平衡，股票类基金高风险、高收益。

2. A【解析】证券交易遵循时间优先和价格优先的原则。时间优先的原则是指在买和卖的报价相同时，在时间序列上，按报价先后顺序依次成交。价格优先原则是指价格最高的买方报价与价格最低的卖方报价优先于其他一切报价而成交。

3. C【解析】目前占据市场主流的险种主要是人身保险新型产品中的分红险和万能险。

4. C【解析】客户只需持现金或在银行开立的储蓄卡及身份证等有效证件，即可按银行公布的价格进行纸黄金的购买。所以，投资者在银行购买纸黄金，依据的价格是银行公布的价格。

5. B【解析】基金通过发行基金收益凭证聚集资金，形成集合资产。通过进行规模经营，降低交易成本，从而获得规模收益的好处，这反映了集合理财、专业管理的特点。

二、多选题

1. CE【解析】根据挂钩资产的属性，结构性理财产品大致可以细分为外汇挂钩类、利率/债券挂钩类、股票挂钩类、商品挂钩类及混合类等。商品期货指数和股指不属于结构性理财产品的挂钩类别。

2. ABCDE【解析】基金子公司的产品类型多样，风险收益特征也比较灵活，投资基金子公司产品需要注意以下几点：①充分了解产品发行人的情况；②了解产品类型和风险收益特征；③了解产品的风险管理措施；④确定资金最终流向和投资标的物；⑤了解信息披露方式和项目进展情况。

3. BD【解析】按委托人或受托人的性质不同，信托可以划分为法人信托和个人信托。

三、判断题

1. B【解析】凭证式国债是一种国家储蓄债，可记名、可挂失、不能上市流通。故本题选 B。

2. B【解析】私募基金投资人数要符合法律规定，以有限责任公司和有限合伙制企业募资的，投资人不得超过 50 人。

第五章　客户分类与需求分析

应试分析

本章介绍客户分类与需求分析的相关知识，包括了解客户需求的重要性、了解客户与需求分析、客户分类与理财需求分析以及了解客户的方法。本章在考试中涉及的分值约为 6 分。这一章学习重点和难点是生命周期与客户理财需求的关系，考生要结合每个周期的特点来理解对应的客户理财需求，切勿死记硬背。

思维导图

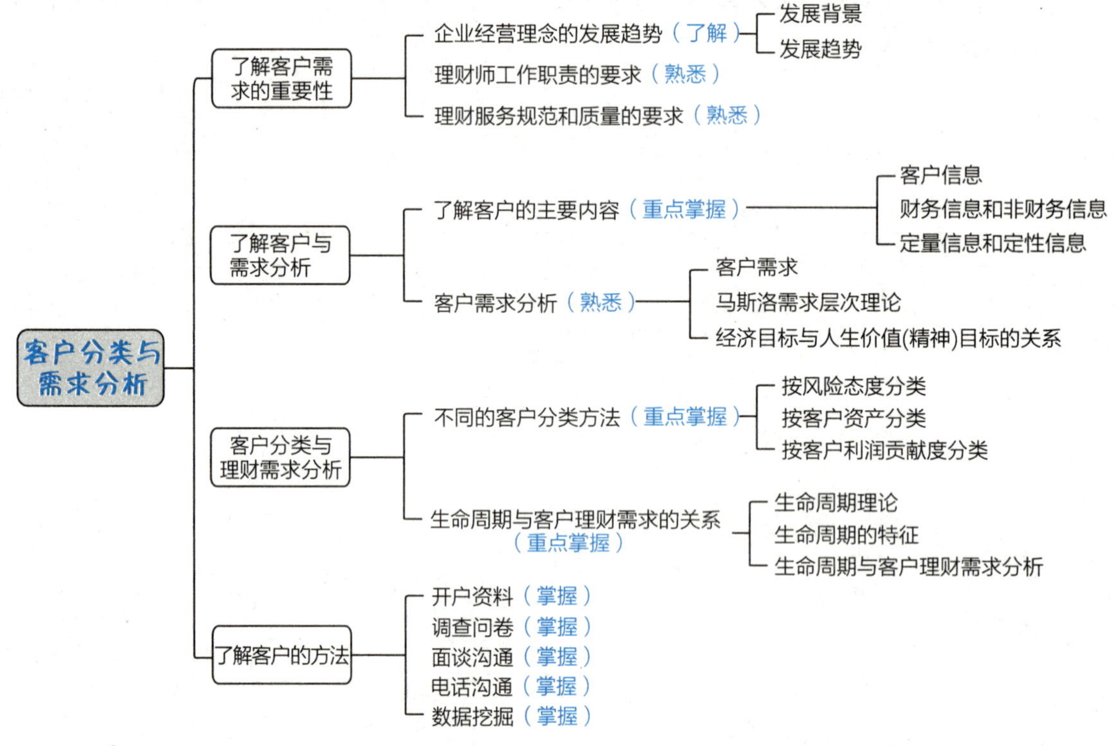

微信扫码关注
畅享在线做题

微信扫码关注
获取免费直播课

知识精讲

第一节 了解客户需求的重要性

一、企业经营理念的发展趋势（了解）

真考解读 较少考查，考生了解即可。

（一）发展背景

（1）零售业务是现代商业银行的核心和支柱业务，具有利润贡献度大、资本回报率高、抵御经济周期影响力强的特点。

（2）投资者的理财和服务需求日益增长，传统的外延式扩张和粗放经营、推销方式无法满足需求，难以适应市场竞争。

以上两点变化导致商业银行必须转变经营理念，即从以产品（销售）为中心的经营理念转变到以客户为中心的经营理念上来。这也导致理财师在工作中，要以目标客户为基础，对客户进行细分，根据不同客户的需求开发新产品，有差别、有选择地进行金融产品的营销和客户服务。

（二）发展趋势[解读1]

解读1 企业经营理念的发展趋势，考生要详细了解。

项目	内容
转变企业经营理念	企业经营理念应当从以产品为中心转为以客户为中心，了解客户是基础和关键。了解客户需求，是以客户为中心的经营、服务的第一步，也是最关键的一步。理财师的工作方法应当由简单的产品推销发展到综合的顾问式营销，主动为优质客户提供个性化服务，从而成为商业银行吸引客户的重要服务手段。
借助互联网技术的发展	互联网技术的发展，即信息技术与金融业务的有机整合。理财师借助它可以更好、更全面地了解客户，为客户提供个性化定制的理财服务。

典型真题

【多选题】企业经营理念的发展趋势主要包括（　　）。

A. 转变企业经营理念

B. 借助互联网技术的发展

C. 信息技术与金融业务的有机整合

D. 理财师工作方法由简单的产品推销发展到综合的顾问式营销

E. 理财师向销售方向发展

【答案】ABCD【解析】企业经营理念的发展趋势：①市场竞争的加剧，要求金融企业经营理念从以产品为中心转为以客户为中心，了解客户是基础和关键。理财师工作方法应由简单的产品推销发展到综合的顾问式营销，主动为优质客户提供个性化服务，从而成为商业银行吸引客户的重要服务手段。②借助互联网技术的发展，即信息技术与金融业务的有机整合。理财师借助它可以更好、更全面地了解客户，为客户提供个性化定制的理财服务。

真考解读 考查相对较少，考生熟悉即可。

二、理财师工作职责的要求（熟悉）

（1）必须了解自己的客户。了解客户和明确客户的需求是理财师工作的第一步，也是最关键的一步。

（2）为客户提供专业化服务和加强客户关系。主要指通过客户资料的收集、整理、分析、判断，确定客户的需求，为客户制订能够满足其理财需求和承受能力的、合理的综合理财方案。

真考解读 考查相对较少，考生熟悉即可。

解读2 理财师资格“4E”认证标准：教育、考试、从业经验和职业道德。

三、理财服务规范和质量的要求（熟悉）

（1）理财师资格“4E”认证标准[解读2]之一为职业道德（Ethics），诸多的职业道德要求中有一条为理财师要专业胜任、勤勉尽职。

①专业胜任：理财师应经过严格的专业学习和训练，达到相关行业的从业资格，具备一定的专业知识和技能。

②勤勉尽职：理财师在工作中应尽其所能地去分析、了解客户，确认客户的需求和理财目标。

理财师只有在此基础之上才能为客户提供专业投资理财建议、推荐合适的产品。

（2）理财师违背职业道德的表现。

①从事银行或其他金融机构理财岗位，但没有合格的资质和能力。

②持有合格的资格证书并具备上岗的专业能力，但在工作中玩忽职守，造成不良后果和客户经济损失。

第二节　了解客户与需求分析

真考解读 属于必考点，一般会考1道题。

解读1 必考点：客户财务信息的内容。

一、了解客户的主要内容（重点掌握）

项　目	内　容
客户信息	（1）基本信息：包括客户的姓名、年龄、联系方式、工作单位与职务、国籍、婚姻状况、健康状况，以及重要的家庭、社会关系信息（包括需要供养父母、子女信息）等。 基本信息是深入了解客户的基础。 （2）财务信息：主要指客户家庭的收支与资产负债状况，以及相关的财务安排（包括储蓄、投资、保险账户情况等）。[解读1]财务信

续 表

项 目	内 容
客户信息	息是理财师制订客户个人财务规划的基础和根据，决定了客户的目标、期望是否合理，以及实现客户各项理财目标、人生规划的可能性和需要采取的相关措施，具体来说影响其理财方案、工具的选择。理财目标可分为短期、中期、长期理财目标。 （3）个人兴趣及人生规划和目标：主要包括职业和职业生涯发展，客户性格特征、风险属性、个人兴趣爱好和志向，客户的生活品质及要求，受教育程度和投资经验、人生观、财富观等。
财务信息和非财务信息	（1）财务信息：客户家庭收支和资产负债状况等信息。 （2）非财务信息：客户的基本信息、个人兴趣、职业生涯发展及预期目标等。
定量信息和定性信息	（1）定量信息：客户财务方面的信息。解读2 （2）定性信息：客户基本信息和个人兴趣爱好、职业生涯发展和预期目标等。

解读2 财务信息为定量信息，非财务信息为定性信息。

典型真题

【单选题】下列客户信息中不属于财务信息的是（　　）。

A. 社会保险信息　　B. 客户收支情况

C. 投资偏好　　D. 资产与负债情况

【答案】C【解析】财务信息是指客户家庭当前的收支状况、财务安排以及这些情况的未来发展趋势等。财务信息是银行从业人员制订个人财务规划的基础和根据，决定了客户的目标和期望是否合理，以及完成个人财务规划的可能性。

【单选题】下列选项中，属于客户信息中的定性信息的是（　　）。

A. 家庭的收支情况　　B. 资产和负债

C. 现有投资情况　　D. 金钱观

【答案】D【解析】选项A、选项B、选项C均属于定量信息。选项D属于定性信息。

二、客户需求分析（熟悉）

真考解读 考查相对较少，考生熟悉即可。

项 目	内 容
客户需求	（1）生活需求：包括职业选择、教育、购房、保险、医疗、养老、遗产、事业继承以及各种税收方面的需求。 （2）投资需求：常用的投资工具包括股票、债券、金融衍生工具、黄金、外汇、不动产以及艺术品等。

解读3 马斯洛需求层次理论是由美国心理学家亚伯拉罕·马洛斯于1943年提出的。

续 表

项 目	内 容
马斯洛需求层次理论	马斯洛需求层次理论[解读3]将人的需求从低到高可以分为以下五个层次。 （1）生理需求。 包括对呼吸、水、食物、睡眠、生理平衡等的需求。生理需求是推动人们行动的最首要的动力。 （2）安全需求。 包括人身安全、健康保障、财产所有性、道德保障、工作职位保障、家庭安全等的需求。 （3）爱和归属感的需求。 包括对友谊、爱情以及隶属关系等的需求。 （4）尊重的需求。 既包括对成就或自我价值的个人感觉，也包括他人对自己的认可与尊重，具体包括对信心、成就、尊重他人、被他人尊重等的需求。 （5）自我实现的需求。 包括对道德、创造力、自觉性、问题解决能力、公正度等方面的需求。
经济目标与人生价值（精神）目标的关系	（1）客户的经济目标，如买房、买车、上学、退休养老等很具体的目标，可以用金钱来衡量、实现，是理财师要帮助客户明确和通过科学规划实现的。 （2）经济目标是客户实现人生价值（精神）目标的基础，但是后者无法完全用金钱来衡量。[解读4] （3）在理财规划中，我们一般把客户的经济目标概括为以下几个方面：现金与债务管理；家庭财务保障；子女教育与养老投资规划；投资规划；税务规划；遗嘱遗产规划。 （4）不同年龄、不同性别的客户在理财目标上［即在经济目标与人生价值（精神）目标之间的追求或在不同经济目标之间的选择上］侧重点不一样。 （5）客户的理财需求往往是潜在的或不明确的，这需要专业理财师在与客户接触沟通中，通过询问、启发和引导才能逐步了解、清晰和明确。

解读4 理财师应该透过现象看本质，尝试了解客户经济目标与人生价值（精神）目标之间的关系。

第三节 客户分类与理财需求分析

一、不同的客户分类方法（重点掌握）

真考解读 属于必考点，一般会考2道题。

项目	内容
按风险态度分类	（1）风险厌恶型。 ①对待风险态度消极，不愿为增加收益而承担风险，非常注重资金安全，极力回避风险。 ②投资工具以安全性高的储蓄、国债、保险等为主。 （2）风险偏好型。 ①对待风险投资较为积极，愿意为获取高收益而承担高风险，重视风险分析和规避，不因风险的存在而放弃投资机会。 ②投资应遵循组合设计、设置风险止损点，防止投资失败影响家庭整体财务状况。 （3）风险中立型。 ①介于前两类投资者之间，期望获得较高收益，但对于高风险也望而生畏。 ②投资应以储蓄、理财产品和债券为主，结合高收益的股票、基金和信托投资，优化组合模型，使收益与风险均衡化。
按客户资产分类	（1）大众客户。 ①标准：AUM 值[解读1]在 50 万元人民币以下的客户。 ②特征：客群服务需求单一，集中于银行转账、缴费支付、消费信贷等业务需求，数量最庞大且结构最为复杂。 （2）贵宾客户。 ①标准：AUM 值在 50 万 ~ 600 万元人民币的客户。 ②特征：客群拥有较高占比的个人定期储蓄存款和个人理财，数量一般占客户总数量的 20%，但资金存量却达到银行资金存量的 60%。 （3）私人银行客户。 ①标准：AUM 值在 600 万元人民币以上的客户。 ②特征：客群数量极少，但金融资产贡献却很大，一般涉及资产管理服务、保险服务、信托服务、税务咨询和规划、房地产咨询等。
按客户利润贡献度分类	（1）富裕客户。 ①概念：指能为银行带来较高的、长期稳定利润贡献的个人客户。

解读1 AUM 值是指客户的活期和定期存款，也包括国债、理财、基金、保险、信托等资产的总额。

续 表

项 目	内 容
按客户利润贡献度分类	②战略重点：迅速识别和保留现有富裕客户，与之建立以个人客户经理为基础的深入关系，拓展专门的投资类产品，提供差异化服务。 （2）大众富裕客户。 ①概念：指有较大利润贡献潜力的客户。 ②战略重点：通过将网点职能从服务转向产品销售等手段大力加强营销。同时针对各子客户群的需求大力开发多样化产品和优化定价，在按揭、信用卡等重点产品领域建立领先地位。 （3）大众客户。 ①特点：业务发生额很小，发生频率很低，对银行利润贡献较少或为负值。 ②战略重点：推行低成本、高效益的标准化服务。

典型真题

【单选题】从客户风险态度分类来说，在下列选项中，属于风险厌恶型的是(　　)。

A. 确定的4000元收入

B. 确定的10000元损失

C. 80%的可能获得5000元，20%的可能获得0

D. 80%的可能损失5000元，20%的可能无损失

【答案】A**【解析】**风险厌恶型投资者对待风险态度消极，不愿为增加收益而承担风险，非常注重资金安全，极力回避风险。

真考解读 属于必考点，一般会考3道题。

二、生命周期与客户理财需求的关系（重点掌握）

（一）生命周期理论

项 目	内 容
创建人	F. 莫迪利安尼与R. 布伦博格、A. 安多。
理财领域的基本思想	自然人在相当长的时间内计划个人的储蓄消费行为，以实现生命周期内收支的最佳配置。一个人将综合考虑其即期收入（又称现在收入）、未来收入、可预期的开支以及工作时间、退休时间等因素来决定目前的消费和储蓄，以使其消费在各阶段保持适当的水平。
理财领域的主要观点	个人的生命周期与家庭的生命周期紧密相连，都有其诞生、成长、发展、成熟、衰退直至消亡的过程，在生命周期的不同阶段有着不同的特征、需求与目标。

（二）生命周期的特征

1. 家庭生命周期的特征[解读2]

家庭的生命周期是指家庭的形成期、成长期、成熟期和衰老期的整个过程。

项目	形成期	成长期	成熟期	衰老期
对应阶段	从结婚到子女婴儿期	从子女幼儿期到子女经济独立	从子女经济独立到夫妻双方退休	从夫妻双方退休到一方过世
收支	以薪水为主，支出在子女诞生后增加	以薪水为主，支出趋于稳定，子女教育费用负担重	以薪水为主，支出随子女经济独立而减少	以理财收入及转移性收入为主，医疗支出增加
储蓄	收入稳定而支出增加，储蓄低水平增长	收入增加而支出稳定，储蓄稳步增加	收入处于巅峰，支出相对较低，是储蓄增长的最佳阶段	支出大于收入，储蓄逐步减少
资产	积累资产有限，追求高风险、高收益	积累资产逐年增加，注重投资风险管理	资产达到巅峰，降低投资风险	投资以固定收益类为主
负债	房贷负担	房贷负担	房贷余额逐年减少，大额负债结清	无大额长期负债

解读2 必考点：家庭生命周期的四个阶段及特征。

2. 个人生命周期的特征[解读3]

个人生命周期可以根据年龄层分为探索期、建立期、稳定期、维持期、高峰期以及退休期六个阶段。

项目	探索期	建立期	稳定期	维持期	高峰期	退休期
对应年龄	15～24岁	25～34岁	35～44岁	45～54岁	55～60岁	60岁以上
家庭形态	父母家庭为生活重心	择偶结婚，学前子女	子女上小学、中学	子女进入高等教育	子女独立	夫妻两人为主
理财活动	求学深造、提高收入	银行贷款、购房	偿还房贷、筹教育金	收入增加、筹退休金	负担减轻、准备退休	享受生活、规划遗产
投资工具	活期存款、定期存款	活期存款、股票	房产投资、股票基金	多元投资组合	降低投资组合风险	以固定收益投资为主
保险计划	意外险、寿险	寿险、储蓄险	养老险、定期寿险	养老险、投资型保险	长期看护险	领退休年金至终老

解读3 必考点：个人生命周期的六个阶段及其特征。

解读4 必考点：考生应区分家庭生命周期、个人生命周期与客户理财需求的关系。

（三）生命周期与客户理财需求分析解读4

1. 家庭生命周期与客户理财需求的关系

项目	客户需求	理财目标
形成期	家庭成员增加，收入呈上升趋势，家庭有一定风险承受能力，同时购房贷款需求较高，消费支出增多。	在保持流动性前提下配置高收益类金融资产，如股票基金、货币基金、流动性高的银行理财产品等。
成长期	子女教育金需求增加，购房、购车贷款仍保持较高需求，成员收入稳定，家庭风险承受能力进一步提升。	依旧保持资产流动性，并适当增加固定收益类资产，如债券基金、浮动收益类理财产品。
成熟期	养老金的筹措是该阶段的主要目标，家庭收入处于巅峰，支出降低，财富积累加快。	以资产安全为重点，保持资产稳定收益回报，进一步增加固定收益类资产的比重，减少持有高风险资产。
衰老期	养老护理和资产传承是该阶段的核心目标，家庭收入大幅降低，储蓄逐步减少。	进一步提升资产安全性，将80%以上资产投资于储蓄及固定收益类理财产品，同时购买长期护理类保险。

2. 个人生命周期与客户理财需求的关系

项目	内容
探索期	大学时代培养理财习惯，为将来的财务自由做好专业上与知识上的准备。
建立期	理财目标众多，属于单身创业时代。这一时期主要是积累投资经验、加强现金流管理、合理安排支出、利用投资高风险产品博取高回报。
稳定期	面对子女教育、父母赡养及养老退休的重任，开始考虑基金定投类的理财产品。
维持期	属于个人财务规划的关键期，既要偿清各种中长期债务，又要为未来储备财富，主要投资于可获得适当收益组合。
高峰期	无债务负担，财富积累到最高峰，投资风格以保守稳健为主。
退休期	个人社会交际明显减少，投资以固定收益投资工具为主，以安全为主要目标，保本是基本目标。

典型真题

【多选题】根据生命周期理论，个人的消费支出与(　　)有关。

A. 实际财富　　B. 劳动收入

C. 财富的边际消费倾向　　D. 劳动收入的边际消费倾向

E. 持久收入

【答案】ABCDE【解析】选项A、选项B、选项C、选项D、选项E均会影响个人的消费支出。根据生命周期理论，一个人将综合考虑其即期收入（又称现在收入）、未来收入、可预期的开支以及工作时间、退休时间等因素来决定目前的消费和储蓄，以使其消费在各阶段保持适当的水平。选项中，选项A、选项B两项属于即期收入，选项C、选项D两项会影响个人的可预期的开支，选项E中持久收入即长期能保持的收入，是未来收入的预期。

第四节　了解客户的方法

一、开户资料（掌握）

真考解读 属于常考点，一般会考1道题。

项　目	内　容
开　户	开户通常是理财师与客户的首次接触，这是理财师了解客户、收集信息的最好时机。
获取的信息	（1）获取基础信息：包括客户姓名、性别、证件信息、出生日期、联系地址、电话号码等。 （2）协助客户填写客户信息采集表，在内容设计上，可以涵盖学历、就业情况、个人兴趣爱好，以及婚姻状况、子女情况等，辅助收集客户信息。
工作重点	在此阶段，理财师不应该急于完成开户和理财产品的推荐，而应该把重点放在对客户的了解和与其建立关系上，否则，之后许多重要信息的采集会加倍困难，也会引起客户多虑。

二、调查问卷（掌握）

真考解读 属于常考点，一般会考1道题。

项　目	内　容
问卷形式	商业银行客户风险类型评估问卷（见附录一）；测试类问卷。
目　的	获得客户对投资风险的态度、过往投资情况、资产现状和对未来的预期等信息，是一种比较常见且有效的收集客户信息和观点的方法。

> 解读1 常考点：调查问卷的优势。

续 表

项 目	内 容
特 点	（1）优势：简便易行，有的放矢、有针对性地采集信息，容易量化，客户接受度高。解读1 （2）难点（劣势）：问卷问题的设计需要精确科学，否则容易误导客户；客户有时不愿意填写或不认真填写。

典型真题

【多选题】调查问卷的优势包括（　　）。

A. 简便易行　　B. 容易量化

C. 客户接受度高　　D. 容易误导客户

E. 有的放矢、有针对性地采集信息

【答案】ABCE【解析】选项D属于调查问卷的难点（劣势）。

> 真考解读属于常考点，一般会考1道题。

> 解读2 常考点：理财师与客户面谈沟通需要注意的问题。

三、面谈沟通（掌握）

面对面沟通有利于理财师更好地深入了解客户，是与客户建立长期良好客户关系的契机。在面对面接触中，理财师的仪表、肢体行为和沟通言辞对沟通效果和了解、收集客户信息至关重要。解读2

（1）见面前，理财师所需要做的准备工作包括面谈的主要内容或目的、客户的基本情况和以往接触历史等。

（2）面谈中，理财师言谈举止应符合相关商务和服务礼仪标准要求，突出专业形象，要真诚、亲切、自然。借此可以帮助理财师取得客户信赖，而取得客户信赖是了解客户、发展长期良好客户关系的第一步。

（3）理财师应该掌握一些关键的沟通技巧，并能在接触中熟练自然地加以运用。例如，提问、聆听和肢体语言方面的技巧。

（4）要做好会面后的后续跟进工作。

①电话或邮件致谢客户抽空来赴约。

②关怀、询问面谈中客户提及的事情或问题。

③面谈中客户提出的有待解答或解决的问题，要及时给予客户回复。

典型真题

【多选题】在理财师与客户面谈沟通时，需要注意的问题有（　　）。

A. 理财师在面见客户前需要对面谈的主要内容或目的、客户的基本情况和以往接触历史等方面有所准备

B. 在面谈中理财师言谈举止应符合相关商务和服务礼仪标准要求，突出专业形象，要真诚、亲切、自然

C. 理财师应该掌握一些关键的沟通技巧，并能在接触中熟练自然地加以运用
D. 在会面后理财师可以向客户电话或邮件致谢
E. 在会面后理财师要针对面谈中客户提出的有待解答或解决的问题及时向客户回复

【答案】ABCDE【解析】题中五个选项均正确。除电话沟通外，电邮、微信、微博、腾讯 QQ（即时聊天工具）等也是理财师加强与客户的沟通、全面了解客户的有效工具。

四、电话沟通（掌握）

真考解读属于常考点，一般会考 1 道题。

项目	内容
电话沟通的优缺点	电话沟通[解读3]是理财师服务客户的一个重要方式。 （1）电话沟通的优点：工作效率高、营销成本低、计划性强、方便易行。 （2）电话沟通的缺点：不能面对面，对客户周围环境和肢体语言都毫无所知。
电话沟通时的工作原则	（1）树立以客户为中心的思想，真正认识到了解客户、与其建立长期互信友好关系的重要性，一切从了解客户和客户的理财需求出发，以此为自己工作和专业化服务的基础和前提。 （2）熟练掌握和应用与客户沟通、服务的技巧。要求理财师既具有扎实的专业能力，也具有良好的沟通能力。在与客户沟通时，善于沟通表达，既能够帮助理财师更快速地收集客户信息和需求，也能让客户更加接受和理解理财规划师的产品推荐。只有二者结合，才能真正体现理财师的专业能力和服务价值。 （3）理财师在工作中不可急功近利，要做好长期工作的准备。

解读3 电话沟通的优点非常明显，掌握电话沟通的流程、技巧非常重要。

五、数据挖掘（掌握）

真考解读属于常考点，一般会考 1 道题。

项目	内容
客户识别	（1）挖掘数据：包括地址、年龄、性别、收入、职业、教育程度、购买习惯及风险承受能力等方面。 （2）分析筛选出“高端客户”。
客户保留	（1）数据分析：运用关联分析和序列模型分析等方法分析流失客户行为模式。 （2）预测有流失倾向的客户。
其他方法	网络和呼叫中心收集客户信息。

章节练习

一、单选题（以下各小题所给出的四个选项中，只有一项符合题目要求，请选择相应选项，不选、错选均不得分）

1. 一般而言，整个家庭的收入在(　　)达到巅峰。

   A. 家庭衰老期　B. 家庭成长期　C. 家庭形成期　D. 家庭成熟期

2. 从理财规划的角度分类，下列(　　)属于定量信息。

   A. 客户基本信息　B. 个人兴趣爱好

   C. 客户财务信息　D. 客户的个人生涯规划

3. 在理财规划中，客户的经济目标不包括（　　）。

   A. 现金与债务管理　B. 家庭财务保障

   C. 子女教育与养老投资计划　D. 职业规划

4. (　　)通常是理财师与客户的首次接触，也是了解客户、收集信息的最好时机。

   A. 登记　B. 开户　C. 注册　D. 销户

5. 客户信息可以分为定量信息和定性信息，按照“定量信息—定性信息”的对应关系，以下对应正确的是(　　)。

   A. 理财知识水平—兴趣爱好　B. 现有投资情况—投资偏好

   C. 理财决策模式—保单信息　D. 雇员福利—养老金规划

二、多选题（以下各小题所给出的五个选项中，有两项或两项以上符合题目的要求，请选择相应选项，多选、少选、错选均不得分）

1. 处于不同阶段的家庭理财重点不同，下列说法不正确的是(　　)。

   A. 家庭形成期资产不多但流动性需求大，应以存款为主

   B. 家庭成长期的信贷运用多以房屋、汽车贷款为主

   C. 家庭成熟期的信贷安排以购置房产为主

   D. 家庭衰老期的核心资产配置应以股票为主

   E. 家庭维持期财务投资以中高风险的组合投资为主要手段

2. 马斯洛需求层次理论包括(　　)。

   A. 生理需求　B. 安全需求　C. 爱和归属感的需求

   D. 尊重的需求　E. 自我实现的需求

3. 了解客户、收集信息的渠道和方法包括(　　)。

   A. 开户资料　B. 调查问卷　C. 面谈沟通

   D. 电话沟通　E. 数据挖掘

三、判断题（请对以下各项描述做出判断，正确的为 A，错误的为 B）

1. 商业银行对理财客户进行的产品适合度评估应在营业网点当面进行，不得通过网络或电话等手段进行客户产品适合度评估。(　　)

   A. 正确　B. 错误

2. 人生价值的实现离不开经济保障，因此人生价值可以用金钱来衡量。(　　)

A. 正确　　　　　　　　　　　　　　　　　　B. 错误

答案详解

一、单选题

1. D【解析】在家庭成熟期，事业的发展和收入达到巅峰，支出随着家庭成员的减少而降低。

2. C【解析】理财规划把客户信息分为定量信息和定性信息，客户财务方面的信息基本属于定量信息；非财务信息，即客户基本信息和个人兴趣爱好、职业生涯发展和预期目标等，属于定性信息。

3. D【解析】在理财规划中，客户的经济目标包括现金与债务管理；家庭财务保障；子女教育与养老投资规划；投资规划；税务规划；遗嘱遗产规划。

4. B【解析】开户通常是理财师与客户的首次接触，也是了解客户、收集信息的最好时机。

5. B【解析】选项 A，理财知识水平属于定性信息；选项 C，理财决策模式属于定性信息，保单信息属于定量信息；选项 D，养老金规划属于定量信息。

二、多选题

1. ACDE【解析】选项 A，家庭形成期可承受风险较高的投资。选项 C，家庭成熟期，接近退休，信贷安排以还清贷款为主。选项 D，家庭衰老期为耗用老本的阶段，核心资产应以债券为主。选项 E 维持期属于个人生命周期的阶段划分，说法错误。

2. ABCDE【解析】根据马斯洛需求层次理论，人的需求从低到高可以分五个层次，分别为生理需求、安全需求、爱和归属感的需求、尊重的需求和自我实现的需求。

3. ABCDE【解析】了解客户、收集信息的渠道和方法包括但不限于开户资料、调查问卷、面谈沟通、电话沟通及数据挖掘等。

三、判断题

1. A【解析】商业银行对理财客户进行的产品适合度评估应在营业网点当面进行，不得通过网络或电话等手段进行客户产品适合度评估。

2. B【解析】经济目标是客户实现人生价值（精神）目标的基础，但是后者无法完全用金钱来衡量。

第六章　理财规划计算工具与方法

应试分析

本章是学习个人理财的重点，也是学习的难点，主要由四个部分组成——货币的时间价值、规则现金流的计算、不规则现金流的计算和理财规划计算工具。本章学习的重点是规则和不规则现金流的计算，难点是现金流的计算和各种理财规划计算工具的熟练使用。在近三年的考试中，本章在考试中涉及的分值约为 15 分。建议考生在复习时，加强理解与计算，注意总结规律，多做计算练习以巩固所学知识。

思维导图

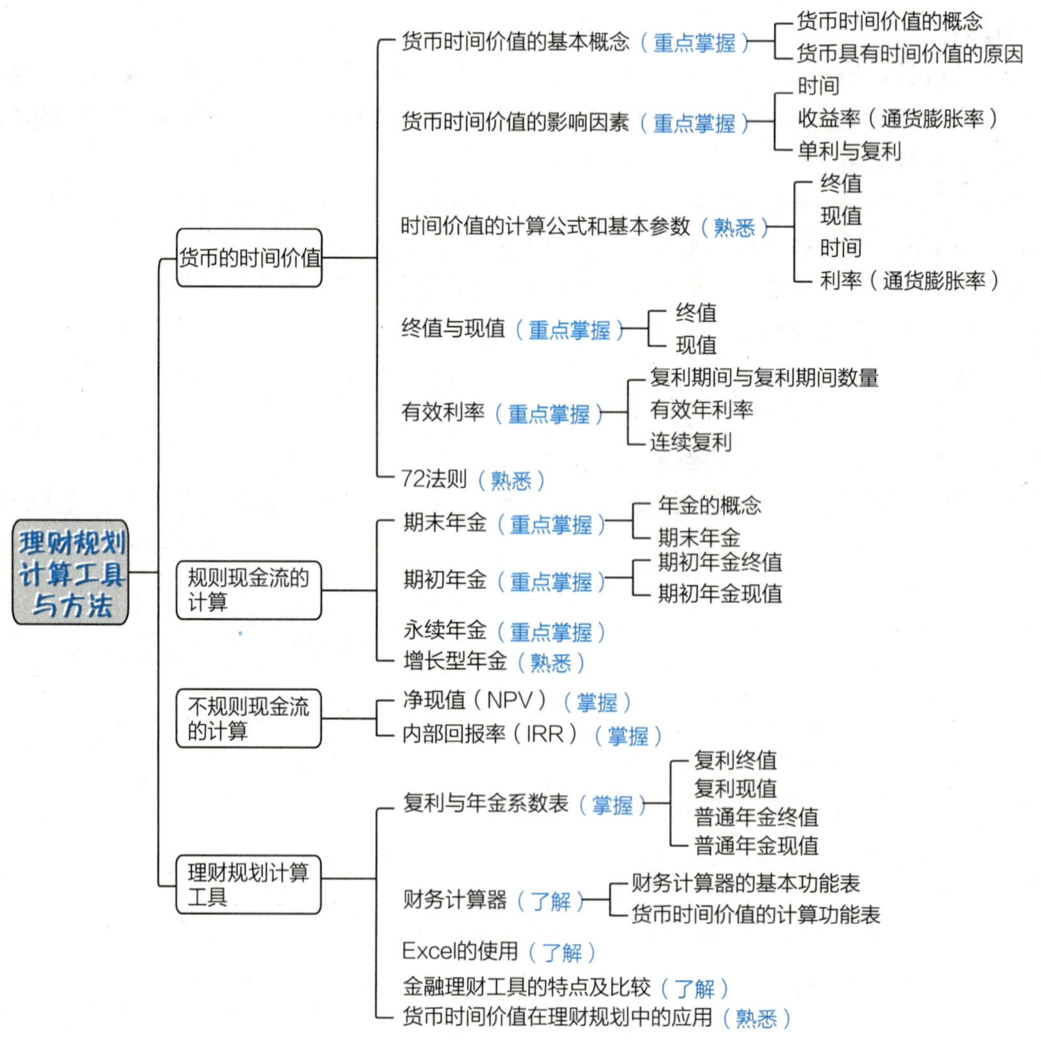

知识精讲

第一节 货币的时间价值

一、货币时间价值的基本概念（重点掌握）

真考解读 属于必考点，一般会考2道题。

项目	内容
货币时间价值的概念	货币时间价值，指货币经历一段时间的投资或再投资所增加的价值，也称资金时间价值。一般情况下，同等数量的货币或现金流在不同时点的价值是不同的。一定数量的货币在两个时点之间的价值差异被称为货币的时间价值。比如银行存款的利息就是货币的时间价值。
货币具有时间价值的原因	货币具有时间价值的原因主要有以下三点。解读1 （1）现在持有的货币如果用来投资，可获得投资回报。 （2）货币的未来购买力受通货膨胀的影响而降低，即现在的1元钱比未来的1元钱更有价值。 （3）未来投资收益预期具有不确定性。

解读1 必考点：货币具有时间价值的原因。

典型真题

【单选题】由于（　　）的存在，今年的1元钱比未来收到的1元钱更有价值。

A. 心理认知　　B. 货币时间价值

C. 经济增长　　D. 通货紧缩

【答案】B【解析】货币的时间价值认为，当前拥有的货币比未来收到的同等金额的货币具有更大的价值。选项B正确。

【多选题】下列各项中，关于货币具有时间价值的原因有（　　）。

A. 铸币厂生产货币也需要时间

B. 生产与制造产生了货币的时间价值

C. 货币的购买力会受到通货膨胀的影响而降低

D. 未来的投资收入预期具有不确定性

E. 现在持有的货币可以用作投资，从而获得投资回报

【答案】CDE【解析】货币之所以具有时间价值，主要是因为以下三点：①现在持有的货币可以用作投资，从而获得投资回报；②货币的购买力会受到通货膨胀的影响而降低；③未来的投资收入预期具有不确定性。选项C、选项D、选项E正确。

真考解读 属于必考点，一般会考1道题。

二、货币时间价值的影响因素（重点掌握）

项　目	内　容
时　间	时间是影响货币时间价值的首要因素，在单位时间货币增值率一定的条件下，货币使用时间越长，则货币的时间价值越大；使用时间越短，则货币的时间价值越小。
收益率（通货膨胀率）	收益率是决定货币在未来增值程度的关键因素，收益率是指投资的回报率。通货膨胀率是使货币购买力缩水的反向因素。
单利与复利	单利就是以最初的本金为基数计算收益的方法，单利的特点即利不生利；复利是以上期的本金和利息之和为基数计息的方法，复利的特点即利生利。

典型真题

【多选题】影响货币时间价值的主要因素包括（　　）。

A. 收益率　　B. 计息方式（单利和复利）

C. 通货膨胀率　　D. 时间

E. 时间间隔期

【答案】ABCD【解析】影响货币时间价值的主要因素有：①时间；②收益率或通货膨胀率；③单利与复利。选项A、选项B、选项C、选项D均正确。

真考解读 考查相对较少，考生熟悉即可。

三、时间价值的计算公式和基本参数（熟悉）

项　目	内　容
终　值	（1）终值是货币在未来某个时间点上的价值，俗称本加利，通常用 *FV* 表示。 （2）终值按照计算方式可分为以下两种。 ①单利终值，即本金按照单利计算的本利和。 ②复利终值，即本金按照复利计算的本利和。
现　值	（1）现值又称本金，指未来某一时点的货币折合到现在的价值，通常用 *PV* 表示。 （2）现值按照计算方式可分为以下两种。 ①单利现值，即未来货币按照单利折算到现在的价值。 ②复利现值，即未来货币按照复利折算到现在的价值。
时　间	货币价值的参照系数，即计息期数，通常用 n 表示。
利率（通货膨胀率）	货币时间价值程度的波动因素，通常指利息与本金之比。通常用 r 表示。

典型真题

【多选题】货币时间价值，主要参数有(　　)。

A. 地点　　B. 现值

C. 时间　　D. 利率

E. 终值

【答案】BCDE【解析】时间价值的基本参数：①现值；②终值；③时间；④利率（通货膨胀率）。选项 B、选项 C、选项 D、选项 E 均正确。

四、终值与现值（重点掌握）

（一）终值[解读2]

项　目	内　容
单利终值	（1）概念。单利终值是指在计算未来货币价值时，按照单利方式计算出未来的本利之和。 （2）计算公式。$FV = PV \times (1 + n \times r)$ 其中，FV 是指终值，即本金 + 利息，PV 代表现值，即本金，r 代表利率、投资报酬率或通货膨胀率，n 代表期数。
复利终值	（1）概念。复利终值是指在计算未来货币价值时，按照复利方式计算出本利和。 （2）计算公式。$FV = PV \times (1 + r)^n$ 其中，FV 代表终值，即本金 + 利息，PV 代表现值，即本金，r 代表利率、投资报酬率或通货膨胀率，n 代表期数，$(1 + r)^n$ 代表复利终值系数。

典型真题

【单选题】李先生将 1 000 元存入银行，银行的年利率是 5%，按照单利计算，5 年后能取到的总额为(　　)元。

A. 1 050　　B. 1 250

C. 1 200　　D. 1 276

【答案】B【解析】单利终值公式：$FV = PV \times (1 + n \times r) = 1\,000 + 1\,000 \times 5\% \times 5 = 1\,250$（元）。选项 B 正确。

【单选题】王先生存入银行 1 000 元，假设年利率为 5%，5 年后复利终值是(　　)元（答案取近似数值）。

A. 1 250　　B. 1 276

C. 1 278　　D. 1 296

【答案】B【解析】复利终值的公式：$FV = PV \times (1 + r)^n = 1\,000 \times (1 + 5\%)^5 \approx 1\,276$（元）。选项 B 正确。

真考解读 属于必考点，一般会考 3 道题。

解读2 必考点：单利终值与复利终值的计算。

解读3 必考点：单利现值与复利现值的计算。

（二）现值[解读3]

项目	内容
单利现值	（1）概念。 单利现值是将未来货币价值按照单利的方式折算到现在的价值，与单利终值的计算方式是互逆的，由终值折算成现值又称作折现。 （2）计算公式。 $PV=FV/(1+n\times r)$ 其中，PV 代表现值，FV 代表终值，r 代表利率、投资报酬率或通货膨胀率，n 代表期数。终值和利率成正比，终值和时间成正比，时间越长，利率越高，终值则越大。终值和通货膨胀率成反比，通货膨胀率越高，终值则越小。
复利现值	（1）概念。 复利现值是将未来货币价值按照复利的方式折算到现在的价值，与复利终值的计算方式也是互逆的。 （2）计算公式。 $PV=FV/(1+r)^n$ 其中，$1/(1+r)^n$ 是现值利率因子（$PVIF$），也称复利现值系数，现值利率因子与时间、利率呈反比关系，利率越高，时间越长，现值利率因子越小，现值越小。

典型真题

【单选题】李先生拟在5年后用200 000元购买一辆车，银行年复利率为8%，李先生现在应投资(　　)元（答案取近似数值）。

A. 136 120　　B. 142 857　　C. 127 104　　D. 134 320

【答案】A【解析】$PV=FV/(1+r)^n=200\ 000\div(1+8\%)^5\approx136\ 120$（元）。选项A正确。

真考解读 属于必考点，一般会考3道题。

五、有效利率（重点掌握）

项目	内容
复利期间与复利期间数量	复利期间数量是指一年内计算复利的次数。例如，以半年为复利期间，则复利期间数为2，依此类推，以季度为复利期间，复利期间数量为4，以月份为复利期间，复利期间数量为12。
有效年利率	（1）概念：有效年利率（EAR）是指在复利的情况下，实际的年利率，即不同复利期间投资的年化收益率。有效利率[解读4]是指在复利支付利息条件下的一种复合利率。

解读4 当复利支付次数在每年1次以上时，有效利率是实际计息期间的利率，要高于一般的市场利率。

续 表

项 目	内 容
有效年利率	（2）公式换算。名义年利率 r 与有效年利率 EAR 之间的换算：解读5 $P\times(1+r/m)^m=P\times(1+EAR)$ $EAR=(1+r/m)^m-1$ 其中，P 代表初始投资额，r 代表名义年利率，EAR 代表有效年利率，m 代表一年内复利次数。
连续复利	（1）概念：连续复利是指在期数趋于无限大的极限情况下得到的利率，此时不同期之间的间隔很短，可以看作复利期间变得无限小的时候，相当于连续计算复利，被称为连续复利计算。 （2）公式。在连续复利的情况下，计算终值的一般公式： $FV=PV\times e^{rn}$ 其中，PV 为现值，r 为年利率，n 为按年计算的投资期间，e 为自然对数的底数，约等于2.7183。

解读5 必考点：有效年利率的计算。

典型真题

【单选题】高先生用10 000元进行投资，年利率为8%，期限为3年。如果每季度复利1次，则3年后终值为(　　)元（答案取近似数值）。

A. 12 635　　B. 12 564　　C. 12 682　　D. 12 640

【答案】C【解析】由题意知，现值 $PV=10\ 000$，年利率为8%，有效利率 $r=8\%\div4=2\%$，期数 $n=3\times4=12$，$FV=PV\times(1+r)^n=10\ 000\times(1+2\%)^{12}\approx12\ 682$（元）。选项C正确。

【单选题】张小姐打算把20万元闲置资金投入某名义利率为15%的理财产品中，采取连续复利计息方式，则3年后可收回(　　)万元（答案取近似数值）。

A. 30.3662　　B. 31.3662　　C. 31.5662　　D. 30.5662

【答案】B【解析】采用连续复利计息方式为 $FV=PV\times e^{rn}=20\times e^{0.15}\times3\approx31.3662$（万元），即张小姐3年后可收回31.3662万元。选项B正确。

六、72法则（熟悉）

真考解读 考查相对较少，一般考生熟悉即可。

项 目	内 容
概 念	72法则，通常用作估计一定投资额增倍或减半所需要时间的方法，即用收益率或通货膨胀率乘以一笔投资翻番或减半所需时间数得出的乘积为72。
成立条件	（1）投资期间不拿回利息。 （2）只用于利率（通货膨胀率）在一个合适的区间内，利率（通货膨胀率）太高则不适用。

典型真题

【单选题】王先生打算投资100万元，希望在12年后可以变为200万元，那么他需要选定投资回报率为(　　)的投资产品才能达到预期目标。

A. 5%　　B. 6%　　C. 7%　　D. 8%

【答案】B【解析】根据72法则，这项投资在12年后增长了一倍，那么估算此投资产品年利率大概要在 $72 \div 12 = 6$，即6%。按公式计算的话，$200 = 100 \times (1+r)^{12}$，可得，$r \approx 5.9463\%$，由此可见，按72法则估算出的利率与公式计算出的答案基本一致。选项B正确。

第二节　规则现金流的计算

真考解读 属于必考点，一般会考2道题。

一、期末年金（重点掌握）

（一）年金的概念

年金是指在一定期限内，时间间隔相同、不间断、金额相等、方向相同的一系列现金流，通常用 *PMT* 表示。[解读1]

解读1 必考点：年金的概念。

年金可以根据等值现金流发生的时间点的不同，分为期末年金和期初年金。期末年金是指现金流发生在当期期末。期初年金是指现金流发生在当期期初；期末年金与期初年金并无本质性的差别，二者仅在于收付款时间的不同。

典型真题

【多选题】年金是指一定时期内每期等额收付的系列款项，下列各项中属于年金形式的有(　　)。

A. 退休金　　B. 等额分期付款

C. 万能险　　D. 按照直线法计提的折旧

E. 融资租赁的租金

【答案】ABDE【解析】年金是指在一定期限内，时间间隔相同、不间断、金额相等、方向相同的一系列现金流。选项A、选项B、选项D、选项E均正确。

（二）期末年金[解读2]

解读2 期末年金的计算是历次考查的重点，考生应熟练掌握。

项　目	内　容
期末年金终值	（1）概念。 期末年金是年金的基本形式，指从第一期开始，于每期期末持续等额收付的款项，又称作普通年金或后付年金。期末年金终值是指最后一次收付时的本利和。

续 表

项 目	内 容
期末年金终值	（2）公式。 $FV=\frac{C}{r}\left[(1+r)^{n}-1\right]$ 其中，FV 代表期末普通年金终值，$[(1+r)^{n}-1]/r$ 代表普通年金终值系数，r 代表投资报酬率，n 代表期数。
期末年金现值	（1）概念。 期末年金现值是指在一定时期内，于每期期末持续等额地收付款项的本利和折算到第一期期初的现值金额。 （2）公式。 $PV=\frac{C}{r}\left[1-\frac{1}{(1+r)^{n}}\right]$ 其中，PV 代表期末普通年金现值，$[1-(1+r)^{-n}]/r$ 代表普通年金现值系数，r 代表投资报酬率，n 代表折现期数。

典型真题

【单选题】张先生在未来 10 年内每年年底获得 1 000 元，年利率为 8%，则 10 年后可获得资金(　　)元。

A. 10 000　　B. 12 487

C. 14 487　　D. 10 487

【答案】C【解析】期末年金终值公式：$FV=C/r[(1+r)^{n}-1]=1\ 000\times14.487=14\ 487$（元）。选项 C 正确。

【单选题】如果从第 1 年开始到第 10 年结束，每年年末获得 10 000 元，年收益率为 8%，则这一系列的现金流的现值是(　　)元（答案取近似数值）。

A. 44 866　　B. 144 866

C. 67 101　　D. 61 101

【答案】C【解析】期末年金现值公式：$PV=C/r[1-(1+r)^{-n}]=10\ 000\div8\%\times[1-1/(1+8\%)^{10}]\approx67\ 101$（元）。选项 C 正确。

二、期初年金（重点掌握）

真考解读 属于必考点，一般会考 2 道题。

项 目	内 容
期初年金终值	（1）概念。 期初年金终值是指从第一期开始，于每期期初持续等额收付的款项，又称作先付年金。期初年金终值是指最后一次收付时的本利和。

续 表

项 目	内 容
期初年金终值	（2）公式。 期初年金终值等于期末年金终值的（1＋r）倍，即 $FV_{BEG}=FV_{END}(1+r)$： $$FV_{BEG}=\frac{C}{r}\left[(1+r)^{n}-1\right](1+r)$$ 其中，FV_{BEG}代表期初年金终值，FV_{END}代表期末年金终值，$[(1+r)^{n}-1](1+r)/r$代表期初年金终值系数，r代表投资报酬率，n代表期数。
期初年金现值	（1）概念。 期初年金现值是指在一定时期内，于每期期初持续等额地收付款项的本利和折算到第一期期初的现值金额。 （2）公式。 期初年金现值等于期末年金现值的（1＋r）倍，即 $PV_{BEG}=PV_{END}(1+r)$： $$PV_{BEG}=\frac{C}{r}\left[1-\frac{1}{(1+r)^{n}}\right](1+r)$$ 其中，PV_{BEG}代表期初年金现值，PV_{END}代表期末年金现值，$[1-(1+r)^{-n}](1+r)/r$代表期初年金现值系数，r代表投资报酬率，n代表折现期数。

典型真题

【单选题】A房地产有限公司准备开发某房地产项目，该项目在未来3年建设期内每年年初向银行借款2 000万元，借款年利率为9%，该项目竣工时应付本息的总额是(　　)万元（答案取近似数值）。

A. 7 026.25　　B. 7 146.26　　C. 6 983.25　　D. 7 099.26

【答案】B**【解析】**期初年金终值公式：$FV_{BEG}=C/r[(1+r)^{n}-1](1+r)=2\,000\div9\%\times[(1+9\%)^{3}-1]\times(1+9\%)\approx7\,146.26$（万元）。选项B正确。

【单选题】A房地产有限公司准备开发某房地产项目，该项目在未来3年建设期内每年年初向银行借款2 000万元，借款年利率为9%，这笔借款的现值是(　　)万元（答案取近似数值）。

A. 5 675.34　　B. 5 518.22　　C. 5 781.65　　D. 5 231.25

【答案】B**【解析】**期初年金现值公式：$PV_{BEG}=C/r[1-(1+r)^{-n}](1+r)=2\,000\div9\%\times[1-(1+9\%)^{-3}]\times(1+9\%)\approx5\,518.22$（万元）。选项B正确。

三、永续年金（重点掌握）

真考解读 属于必考点，一般会考1道题。

项目	内容
概念	永续年金是指在无限期内，[解读3]时间间隔相同、不间断、金额相等、方向相同的一系列现金流。永续年金是无期限等额收付的特种年金。可视为普通年金的特种形式。优先股因为有固定的股利而又无到期日，其股利也可视为永续年金。有些债券未规定偿还期限，其利息也可视为永续年金。
公式	$PV=C/(1+r)^1+C/(1+r)^2+C/(1+r)^3+\cdots$ （期末）永续年金现值的公式：$PV=C/r$。

解读3 永续年金是在无限期内，考生应注意与其他年金区分记忆。

典型真题

【单选题】顾先生欲在某高校设立一项永久性的助学基金，计划从今年开始每年年末颁发30万元奖金。假设银行的利率为4%，则顾先生现在应一次性存入银行(　　)万元。

A. 750　　B. 740

C. 690　　D. 720

【答案】A **【解析】**根据永续年金计算公式：$PV=C/r=30\div4\%=750$（万元）。选项A正确。

四、增长型年金（熟悉）

真考解读 考查相对较少，考生熟悉即可。

项目	内容
普通增长型年金	（1）概念。 普通增长型年金是指在一定期限内，时间间隔相同、不间断、金额不相等但每期增长率相等、方向相同的一系列现金流。这种年金又被称作等比增长型年金。 （2）公式。 现值（期末）： $PV=C/(1+r)+C\times(1+g)/(1+r)^2+\cdots+C\times(1+g)^{n-1}/(1+r)^n$ 终值（期末）： $FV=C\times(1+r)^{n-1}+C\times(1+g)(1+r)^{n-2}+C\times(1+g)^2(1+r)^{n-3}+\cdots+C\times(1+g)^{n-1}$ 其中，C表示第一年现金流，g表示每年固定增长比率，r代表现金流的收益率或贴现率。

续 表

项 目	内 容
普通增长型年金	（期末）增长型年金现值的计算公式为： ①当 $r>g$ 时，$PV=\frac{C}{r-g}\left[1-\left(\frac{1+g}{1+r}\right)^{t}\right]$ ②当 $r<g$ 时，$PV=\frac{C}{r-g}\left[1-\left(\frac{1+g}{1+r}\right)^{t}\right]$ ③当 $r=g$ 时，$PV=\frac{tC}{1+r}$ （期末）增长型年金终值的计算公式为： ①当 $r>g$ 时，$FV=\frac{C(1+r)^{t}}{r-g}\left[1-\left(\frac{1+g}{1+r}\right)^{t}\right]$ ②当 $r<g$ 时，$FV=\frac{C(1+r)^{t}}{r-g}\left[1-\left(\frac{1+g}{1+r}\right)^{t}\right]$ ③当 $r=g$ 时，$FV=tC(1+r)^{t-1}$
增长型永续年金	（1）概念。 增长型永续年金是指在无限期内，时间间隔相同、不间断、金额不相等但每期增长率相等、方向相同的一系列现金流。 （2）公式。 （期末）增长型永续年金的现值计算公式（$r>g$）：$PV=C/(r-g)$。

典型真题

【单选题】在无限期内，时间间隔相同、不间断、金额不相等但每期增长率相等、方向相同的一系列现金流是（　　）。

A. 永续年金　　B. 增长型永续年金

C. 期初年金　　D. 期末年金

【答案】B **【解析】**增长型永续年金是指在无限期内，时间间隔相同、不间断、金额不相等但每期增长率相等、方向相同的一系列现金流。选项 B 正确。

第三节　不规则现金流的计算

真考解读 属于常考点，一般会考 1 道题。

一、净现值（NPV）（掌握）

项 目	内 容
概 念	净现值（NPV），指一个项目预期实现的现金流入的现值与实施该项计划的现金流出的现值的差额。净现值为正值的项目可以为股东创造价值，净现值为负值的项目会损害股东价值。

续 表

项目	内容
公式	净现值（NPV）的公式：解读1 净现值＝未来报酬的总现值－初始投资现值 $NPV=\sum_{t=0}^{T}\frac{C_t}{(1+r)^t}$ 如果 $NPV>0$，表明该项目在 r 的回报率要求下是可行的，且 NPV 越大，投资收益越高。相反，如果 $NPV<0$，表明该项目在 r 的回报率要求下是不可行的。

解读1 常考点：净现值的公式及其含义。

典型真题

【多选题】净现值（NPV）是指所有现金流（包括正现金流和负现金流在内）的现值之和，下列说法正确的有(　　)。

A. 不能够以净现值判断投资是否能够获利

B. 净现值为负值，说明投资是亏损的

C. 净现值为正值，说明投资能够获利

D. 净现值为负值，说明投资能够获利

E. 净现值为正值，说明投资是亏损的

【答案】BC【解析】净现值为正值，说明投资能够获利，净现值为负值，说明投资是亏损的。选项 B 和选项 C 正确。

真考解读 属于常考点，一般会考1道题。

二、内部回报率（IRR）（掌握）

项目	内容
概念	内部回报率（IRR），又称内部报酬率或者内部收益率，就是资金流入现值总额与资金流出现值总额相等、净现值等于0时的折现率。即当某项目的 r 为 IRR 时，该项目不亏也不赚，此时的 r 表示贴现率，也就是项目成本，通常是贷款利率。
公式	内部回报率（IRR）的计算如下：解读2 $NPV=\sum_{t=0}^{T}\frac{C_t}{(1+IRR)^t}$ 对于一个投资项目，如果 $r<IRR$，表明该项目有利可图；相反，如果 $r>IRR$，表明该项目无利可图，其中，r 表示融资成本。

解读2 常考点：内部回报率的计算及其含义。

典型真题

【多选题】对于一个投资项目，下列表述正确的有（　　）。其中 r 表示融资成本，IRR 表示内部报酬率。

A. 如果 $r<IRR$，表明该项目无利可图

B. 如果 $r>IRR$，表明该项目无利可图

C. 如果 $r>IRR$，表明该项目有利可图

D. 不能够以 r 和 IRR 的关系判断投资是否能够获利

E. 如果 $r<IRR$，表明该项目有利可图

【答案】BE【解析】对于一个投资项目，如果 $r<IRR$，表明该项目有利可图；如果 $r>IRR$，表明该项目无利可图，选项 B、选项 E 正确。

第四节　理财规划计算工具

一、复利与年金系数表（掌握）

真考解读 属于常考点，一般会考2道题。

项　目	内　容
复利终值	（1）$FV=PV\times(1+r)^n$ （2）$(1+r)^n$ 为复利终值系数，r 代表利率，n 代表时间。 （3）通过利率 r，时间 n 作为复利终值系数表的参照变量，确定复利终值的系数值。
复利现值[解读1]	（1）$PV=FV/(1+r)^n$ （2）$(1+r)^{-n}$ 为复利现值系数，r 代表利率，n 代表时间。 （3）通过利率 r，时间 n 作为复利现值系数表的参照变量，确定复利现值的系数值。
普通年金终值	（1）$FV_{END}=C/r\left[(1+r)^n-1\right]$ （2）FV_{END} 代表期末普通年金终值，$\left[(1+r)^n-1\right]/r$ 为普通年金终值系数，r 代表利率，n 代表时间。 （3）通过利率 r，时间 n 作为普通年金终值系数表的参照变量，确定普通年金终值的系数值。
普通年金现值	（1）$PV_{END}=\frac{C}{r}\left[1-\frac{1}{(1+r)^n}\right]$ （2）PV_{END} 代表期末普通年金现值，$\left[1-\frac{1}{(1+r)^n}\right]/r$ 为普通年金现值系数，r 代表利率，n 代表时间。 （3）通过利率 r，时间 n 作为普通年金现值系数表的参照变量，确定普通年金现值的系数值。

解读1 在计算复利终值、现值时，经常会使用查表法，查表法在求得货币时间价值的几种方法中属于较为简便的一种。

典型真题

【单选题】未来集团从2018年到2022年每年年底存入银行200万元，存款利率为6%，2022年年底可累计(　　)万元。

A. 1 100　　B. 1 200

C. 1 127.4　　D. 1 125.4

【答案】C【解析】在普通年金终值系数表中，纵向 n 表示投资年限，横向 r 表示投资报酬率，本题中，产品的投资报酬率 r 为6%，投资年限 n 为5，通过查表找到 r 与 n 相交的数字为5.637，即期末普通年金终值系数 $[(1+r)^n-1]/r$ 为5.637。那么5年后未来集团可以拿到的款项金额：$FV=C/r[(1+r)^n-1]=200\times5.637=1\ 127.4$（万元），选项C正确。

二、财务计算器（了解）

专业财务计算器是理财规划中最方便、全面、可靠的计算工具。相比查表法，它可以计算到小数点后若干位，精确到每月的现金流量，直接算出投资回报率及期数。本书以德州仪器的财务计算器为例，介绍其在理财规划计算中的应用。德州仪器财务计算器如图6－1所示。

真考解读 较少考查，考生了解即可。

图6－1　德州仪器 TI BAII Plus

（一）财务计算器的基本功能表

项　目	内　容
主要功能按键	主要功能按键的功能均印在按键上，例如，右上方的ON/OFF键表示开关机，可直接操作。
次要功能按键	次要功能按键的功能均印在按键上方，可以按击2ND键（切换键）＋主键调用，比如2ND PMT组合键表示调用BGN功能。
货币时间价值操作键	PV为现值；FV为终值；PMT为年金；N为期数；I/Y为利率。 注意：一定要先输入数字，再按功能键。
显示小数位数的设置	德州仪器财务计算器小数位默认值为两位数字，若想更改，可以按击2ND，组合键调用FORMAT功能，屏幕出现DEC＝2.00的字样，这时想要设置几位小数，则输入相应的数字，如输入数字4，再按击ENTER键，则出现DEC＝4.0000，小数位数更改成功。

续 表

项 目	内 容
日期键	在计算利息时需要计算持有存款或债券的天数。在已知购入日、卖出日和相隔天数中任意两个数字的情况下，通过使用计算器的日期键可以算出第三个变量。 例如，已知购入日为2018年1月1日，卖出日为2018年3月1日，按击2ND DATE组合键即可调出DATE日期功能，此时将出现DT1 = 12 - 31 - 1990，此为原初始设定值。输入1.0118，按击ENTER键后会显示DT1 = 1 - 01 - 2018。接着按击向下键出现DT2 = 12 - 31 - 1990，输入3.0118，按击ENTER键后会显示DT2 = 3 - 01 - 2018，按击向下键，出现DBD = 0.0000，按击CPT键得出59，即为两个日期相隔59天。
重新输入	数字重新输入按击CE/C键；若是一般计算需要重新设置，则按击2ND CPT组合键调用QUIT功能，计算器显示0.0000，退出到主界面。
功能键中数据的清除	PV、FV、PMT、N、I/Y这5个货币时间价值功能键中会存有上次运算的结果，如果只是按击OFF或CE/C键是无法清除其中的数据的。清空方法是按击2ND FV组合键调用CLR TVM功能即可。 CF是输入现金流量计算*NPV*和*IRR*的功能键，它通常会存有上次输入的现金流量。如果需要清空，则必须进入CF后再按击2ND CE/C组合键来调用CLR WORK功能。其他功能键中数据的清除也可运用同样方式，比如BOND键中的数据，也是先进入BOND键再使用CLR WORK键清空数据。
清除数据	清除储存单元中保存的所有数据，应先进入MEM键，再使用CLR WORK键。如果需要清除所有数据，包括恢复计算器内所有的设置，则直接按击RESET键将计算器格式化。
一般四则运算	括号与一般代数运算规则相同，必须对称，否则无法算出正确值，算式列完后按击=键可以求出答案，用ANS可以调出前一个计算结果。
数学函数计算	数学函数计算的操作顺序是先输入数字，再输入该函数所代表的符号，例如，e^2就应先按击2，再按击e^x键。
付款与复利计算设置	P/Y表示每年付款次数，再按击向下键↓和C/Y键表示每年计算复利的次数。计算器中P/Y和C/Y默认值均设定为1，如果每月付款一次，每季计算复利一次，就应修改设置P/Y = 12，C/Y = 4。计算每月付款额*PMT*时，就输入i/12，N × 12的数据进行计算。

续 表

项 目	内 容
名义年利率换算为有效年利率	同样的名义年利率随着复利频率的不同，有效年利率也会不同，功能键 ICONV 可以帮助进行名义年利率向有效年利率的自动转换。例如，名义利率为 8%，按季计算复利，那么相应的有效年利率：按击 ICONV 键显示 NOM = 0.0000，输入数字 8 后，按击 ENTER 键，显示 NOM = 8.0000。按两次向下键↓，显示 C/Y = 1.0000，由于一年是四个季度，所以输入数字 4 后，按击 ENTER 键。再按向上键↑，显示 EFF = 0.0000，接着按 CPT 键得出 EFF = 8.2432，这表明有效年利率为 8.2432%。

（二）货币时间价值的计算功能表

项 目	内 容
货币时间价值的输入顺序	以财务计算器做货币时间价值的计算时，N、I/Y、PV、PMT、FV 的输入顺序不会影响计算结果。 当按题目里变量的顺序输入时，如果没有用到 TVM 功能键要输入 0，才可以覆盖上次输入的数据，或者可以在输入每个变量的数据之前，按击 CLR TVM 键清除以前的数据。 Excel 表格的财务函数设置顺序一般是 I/Y、N、PMT、PV、FV。
现金流量正负号的决定	对于客户来说，现金流出记为负数，现金流入记为正数。例如，某人投资 100 万元，即为现金流出记为 -100，某人收回 100 万元，记为 100。 在一个货币时间价值算式中，现金流应有负有正，否则在求值中利率和期数会出现错误提示，无法计算出正确答案，一般情况下，利率 *I/Y* 和期数 *N* 都为正数。
货币时间价值（*TVM*）的计算	输入顺序一般为数字在先，变量键或功能键在后。例如输入 -100，则先输入 100，再按击 +/- 键。输出答案时按击 CPT + 变量键，即可求出答案。 在 P/Y（每年付款次数）和 C/Y（每年复利次数）都设置为 1 的情况下，若是期数以月计算，则要输入月利率，年金部分也为月现金流量。
期初年金与期末年金的设置	设置期末年金：按击 2ND PMT 组合键，如果显示的是 END，表示设置默认为期末年金。 设置期初年金：按击 2ND ENTER 组合键，如果显示的是 BGN，这表示已修改为期初年金。 如果希望再恢复到期末年金计算模式，只需要继续按击 2ND ENTER 组合键（SET 键），此时显示的 BGN 就消失了。

续 表

项　目	内　容
投资回报率的计算	张小姐现有资金 30 万元，预计每月可结余储蓄额为 1 万元，她希望通过 10 年时间累积到 200 万元的退休金，她向理财师咨询若想实现这个目标，投资的年报酬率应为多少? 10×12＝120N，－1PMT，－30PV，200FV，CPT I/Y＝0.3867 0.3867×12＝4.6404 故张小姐只需寻找到年报酬率为 4.64% 以上的投资即可如期达到理财目标。

真考解读 较少考查，考生了解即可。

三、Excel 的使用（了解）

项　目	内　容
调用 Excel 财务函数方法	（1）打开 Excel 电子表格，选择【公式】→【财务】命令。 （2）在财务函数中选择需要用的终值、现值或年金函数： ①*FV* 终值函数 ②*PV* 现值函数 ③*PMT* 年金函数 ④*NPER* 期数函数 ⑤*RATE* 利率函数 （3）打开相应的对话框，输入对话框中要求的变量，输完所有变量后，单击"确定"按钮即可求出所需函数，如图 6－2 所示。 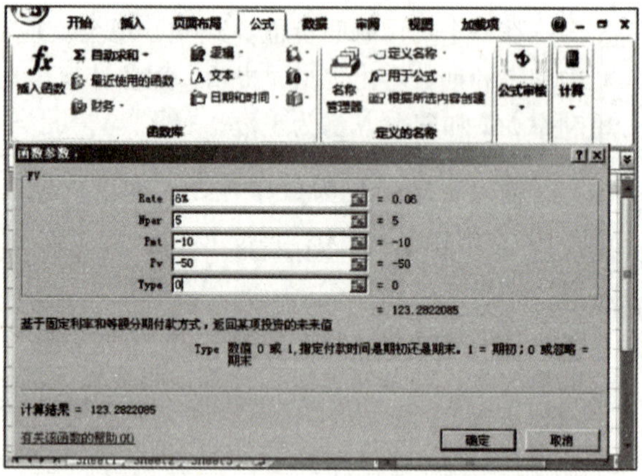 图 6－2　调用 Excel 财务函数方法
IRR 与 *NPV* 的计算	（1）*IRR* 内部报酬率函数：现金流量为正数，就表示现金流入，负数为流出。 （2）*NPV* 净现值函数：*NPV* 通常用于比较两个投资方案哪个更优，*NPV* 越高的方案越划算。

四、金融理财工具的特点及比较（了解）

真考解读 较少考查，考生了解即可。

项 目	内 容
复利与年金表	（1）优点：操作简单，效率高。 （2）缺点：计算答案不够精确，只能得出按年计算的现值、终值。
财务计算器	（1）优点：便于携带、数据精确。 （2）缺点：操作流程比较复杂，容易记错或按错。
Excel 表格	（1）优点：使用成本低，操作简单。 （2）缺点：需要计算机，局限性较大。
专业理财软件	（1）优点：附加功能多，功能较齐全。 （2）缺点：内容缺乏弹性，局限性大。

五、货币时间价值在理财规划中的应用（熟悉）

真考解读 考查相对较少，考生熟悉即可。

货币时间价值在理财规划中的应用案例见附录二。

一、单选题（以下各小题所给出的四个选项中，只有一项符合题目要求，请选择相应选项，不选、错选均不得分）

1. 在无限期内，时间间隔相同、不间断、金额不相等但每期增长率相等、方向相同的一系列现金流是（　　）。

   A. 永续年金　　B. 增长型永续年金

   C. 期初年金　　D. 期末年金

2. 赵小姐刚刚参加工作，有一个梦想是全家三口到加拿大旅游。目前旅行社报价加拿大10日游每人2万元，假设价格未来10年一直保持不变。赵小姐今年获得4万元奖金，准备把这笔奖金购买某高收益理财产品，收益率为10%，请问（　　）年后赵小姐全家可以去旅游（答案取近似数值）。

   A. 6　　B. 4

   C. 7　　D. 5

3. 有四个投资方案：甲方案年贷款利率6.11%；乙方案年贷款利率6%，每季度复利一次；丙方案年贷款利率6%，每月复利一次；丁方案年贷款利率6%，每半年复利一次。四个方案中有效年利率最低的是（　　）。

   A. 甲　　B. 乙

   C. 丙　　D. 丁

4. 终值利率因子（*FVIF*）也称为复利终值系数，与时间、利率关系为(　　)。

A. 与时间呈正比关系，与利率呈反比关系

B. 正比关系，时间越长、利率越高、终值则越大

C. 反比关系，时间越长、利率越高、终值则越小

D. 与时间呈反比关系，与利率呈正比关系

5. 张先生现在将 10 000 元存入一个账户，利率为 9.5%，在未来的五年中，每年需取出（　）元钱才能在第 5 年年末取完这笔钱（答案取近似数值）。

A. 2 000　　　　B. 2 453

C. 2 604　　　　D. 2 750

二、多选题（以下各小题所给出的五个选项中，有两项或两项以上符合题目的要求，请选择相应选项，多选、少选、错选均不得分）

1. 下列选项中，可以视为永续年金的项目有(　　)。

A. 优先股　　　　B. 养老保险金

C. 存本取息　　　　D. 股利稳定的普通股股票

E. 无期限债券

2. 董老板打算投资 100 万元，希望在若干年后可以变成 200 万元，如果按照 72 法则估算，他需要选定(　　)的金融产品可大致达到预期目标。

A. 8% 投资回报率，9 年期限

B. 4.5% 投资回报率，16 年期限

C. 4% 投资回报率，18 年期限

D. 3% 投资回报率，24 年期限

E. 6% 投资回报率，12 年期限

3. 当利率大于零、计息期一定的情况下，下列表述正确的有(　　)。

A. 年金现值系数一定都大于 1　　　　B. 复利现值系数一定都小于 1

C. 年金终值系数一定都小于 1　　　　D. 复利终值系数一定都大于 1

E. 年金终值系数一定都大于 1

三、判断题（请对以下各项描述做出判断，正确的为 A，错误的为 B）

1. 复利是以最初的本金为基数计算收益，而单利是以本金和利息为基数计息。(　　)

A. 正确　　　　B. 错误

2. 贝贝获得 1 万元压岁钱，她打算将这笔钱存入银行定期存款，利率为 7%，1 年后取出来，那么来年贝贝可以获得 1.1 万元。(　　)

A. 正确　　　　B. 错误

答案详解

一、单选题

1. B【解析】增长型永续年金是指在无限期内，时间间隔相同、不间断、金额不相等但每期增长率相等、方向相同的一系列现金流。

2. D【解析】由 $4\times(1+10\%)^n=2\times3$，得 $n=5$，则需要 5 年赵小姐全家可以去旅游。

3. D【解析】有效年利率 $EAR=(1+r/m)^m-1$，甲方案为6.11%，乙方案为 $(1+6\%\div4)^4-1=6.140$，丙方案为 $(1+6\%\div12)^{12}-1=6.17\%$，丁方案为 $(1+6\%\div2)^2-1=6.09\%$，则有效年利率由小到大为丁、甲、乙、丙。
4. B【解析】终值利率因子与利率、时间呈正比关系，时间越长，利率越高，终值越大。
5. C【解析】假设每年取出 a 元，$a\times[(1+9.5\%)^5-1]\div9.5\%=10\,000\times(1+9.5\%)^5$，求得 $a\approx2\,604$（元）。

二、多选题

1. ABCDE【解析】永续年金是指无限期支付的年金，即一系列没有到期日的现金流。由于永续年金持续期无限，没有终止时间，因此没有终值，只有现值。五个选项都可以视为永续年金。
2. ABCDE【解析】假设这项投资在 n 年后增长了1倍，按72法则计算如下：$200=100\times(1+r)^n$，将每个选项中的 r 和 n 代入核算，选项A、选项B、选项C、选项D、选项E均符合题意。
3. BD【解析】当利率大于零、计息期一定的情况下，复利终值系数一定大于1，而复利现值系数一定都小于1。

三、判断题

1. B【解析】单利是以最初的本金为基数计算收益，而复利是以本金和利息为基数计息，从而产生利上加利、息上加息的收益倍增效应。
2. B【解析】根据单期中的终值计算公式 $FV=PV\times(1+r)=1\times(1+7\%)=1.07$（万元），贝贝将1万元存入定期存款，来年可以获得1.07万元，故本题错误。

第七章　理财师的工作流程和方法

应试分析

本章主要介绍理财师的工作流程和方法，包括六大流程：接触客户，建立信任关系；分析客户家庭财务现状；明确客户的理财目标；制订理财规划方案；理财规划方案的执行；后续跟踪服务。本章可以结合本书第五章内容学习，部分内容一脉相承。通过本章学习，理财师需要掌握理财规划的一般工作流程（步骤）和主要内容、方法。本章难度不大，涉及的分值约为5分，考生可联系实际，加强理解并进行记忆。

思维导图

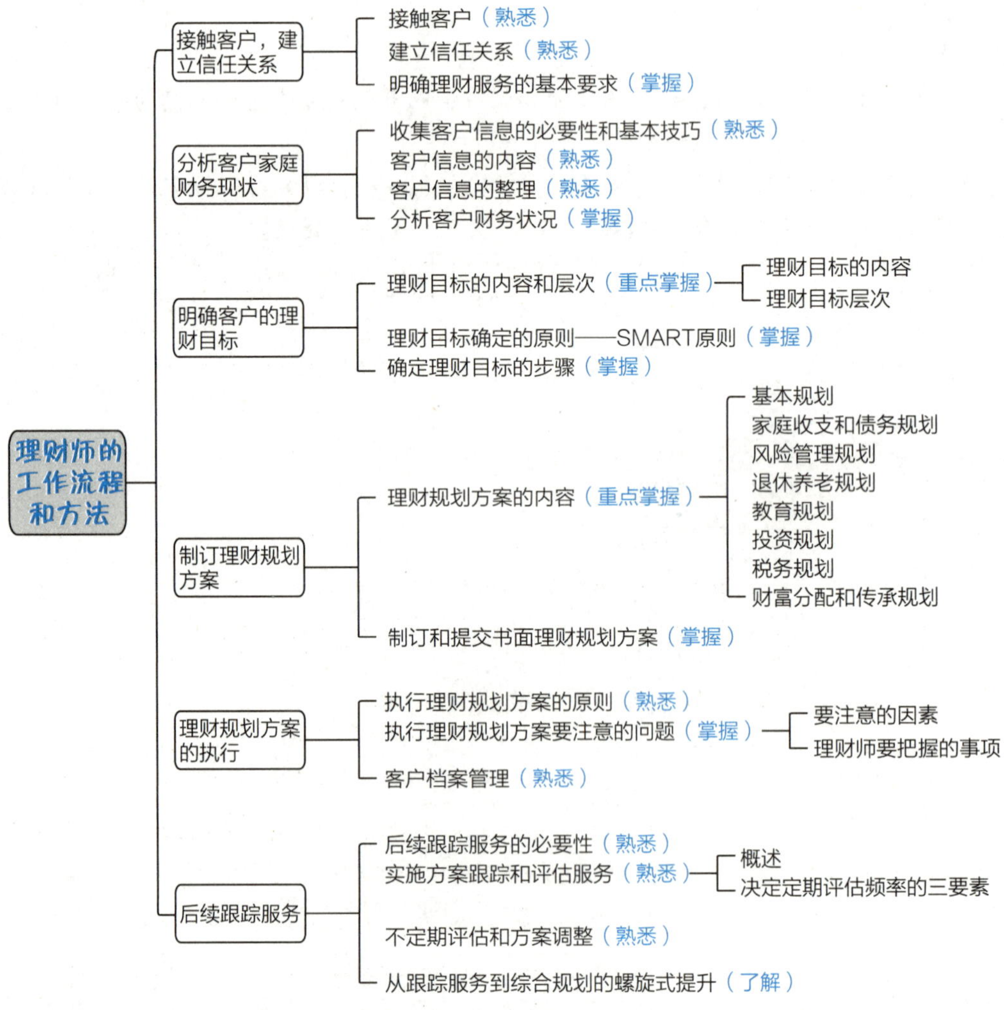

知识精讲

第一节　接触客户，建立信任关系

一、接触客户（熟悉）

真考解读 考查相对较少，考生熟悉即可。

项　目	内　容
礼节性问候	初次见面，理财师应主动问候客户，介绍自己的姓名、职位及简要工作职责，并向客户递送名片。
了解客户需求	约谈时以恰当的方式了解客户需求，从客户的关注点、偏好和个性特点分析客户潜在需求并引导需求。解读1
寻找突破口	根据客户需求及关注点，有针对性地向客户介绍理财产品。
业务操作环节	与客户深入沟通后，若客户同意接受银行服务或产品，理财师应协助客户完成在银行的销售操作或申请相关增值服务。
跟踪服务	业务处理完毕后，理财师应主动邀约客户，确定下次见面的时间和沟通内容，实现长期客户维护工作。

解读1 了解客户的过程也是收集客户信息的过程，然后才能判断客户是否需要理财规划服务 。

二、建立信任关系（熟悉）

真考解读 考查相对较少，考生熟悉即可。

项　目	内　容
信任关系的重要性	（1）通过接触和客户建立信任关系是任何服务性工作的首要步骤。 （2）客户关系的基础是信任。是否能获得客户的信任，与理财师在和客户接触过程中的表现有着直接的关系。理财师要在客户面前表现什么以及如何表现体现着理财师基本的专业素质。 （3）这一阶段与了解客户需求同样重要，要让客户了解理财师、信任理财师，最后接受理财师的服务。
如何建立信任解读2	（1）明确自身定位，树立专业形象。 ①明确定位。理财师利用综合理财规划技巧，科学地规划客户现在和未来的财务资源，全面衡量客户的财务问题和目标所涉及的各种因素，助其做好家庭财务决策，并为其规划方式和方法。 ②树立专业形象。在接触客户、建立关系的阶段，专业理财师需要和客户一起交流并明确综合金融理财规划服务要解决的问题，以及如何达成目标，这样才有助于树立自己的专业形象。

解读2 和客户交流时，只有坦诚才能取得客户的信任，才能更好地为后续的理财服务提供帮助。

续 表

项　目	内　容
如何建立信任	（2）关注自身礼仪和工作的状态。 ①商务礼仪是在商务活动中体现相互尊重的行为准则。要求理财师在自身的穿着、肢体语言上都要表现出专业、简洁、整齐的形象，它体现了理财师个人素质和修养，也代表了所属金融机构的形象。 ②保持良好的工作状态。专业理财师的工作状态在和客户接触的过程中起到非常重要的作用。专业理财师在和客户接触的过程中，应精神饱满，谈吐清晰，让客户感受到理财师对工作的激情。这一点要求理财师在生活中要劳逸结合，保持健康的身体。 ③应更多地关心客户的需求。专业的理财师，在客户面前应传递出自己的工作是“以客户为中心”，在和客户沟通的过程中要不断深化并传递这种意愿。理财师需要更多地了解客户，尽可能地了解客户的家庭财务状况和需求，要学习如何有技巧地通过提问来引导客户。同时，关键内容要做笔录，表现出希望能尽力帮助客户解决其财务问题的诚意。

真考解读 属于常考点，一般会考1道题。

三、明确理财服务的基本要求（掌握）

项　目	内　容
解决财务问题的条件和方法	在第一次与客户接触时，理财师需要了解并明确客户的财务问题或理财目标，并利用自身的专业能力为客户分析该财务问题或目标可能涉及的其他因素。基于普通人可以利用的财务资源是有限的假设，家庭的财务决定都不是独立的，会受各方面因素的影响，专业理财师应帮助客户了解这些财务决定所涉及其他因素的影响。
了解、收集客户相关信息的必要性	（1）一开始在向客户介绍专业理财服务时，理财师应向客户说明，为了帮助其解决当前以及未来的财务问题，理财师需要系统性地收集、整理和分析其家庭财务状况和生活状况。 （2）专业理财师不要纠结于自己是否会侵犯客户的隐私，或者客户会不会告诉自己，而应把重心放在引导客户、了解其财务问题和涉及其他家庭财务信息的事实上。
如实告知客户自己的能力范围	（1）理财师应该坦诚地让客户知道自己的工作职责，清楚表达能为客户提供和不能为客户提供的服务。没有一个专业人士是全能的，专业理财师没有必要去假装自己并不能胜任的角色。

续 表

项 目	内 容
如实告知客户自己的能力范围	(2)专业理财师应利用所有可以利用的社会资源，帮助客户一起做好家庭财务决策。如果遇到自己无法解决的问题时，要对客户如实告知，并且向客户介绍可以帮助他解决问题的专业人士或者渠道，如律师、会计师、公证处等。

典型真题

【单选题】理财师进行财务规划的基本假设是（ ）。

A. 客户对理财师都是信任的　　B. 个人的财务资源是有限的

C. 财务资源的分配方式是多样的　　D. 客户都是理性的

【答案】B【解析】基于普通人可以利用的财务资源是有限的假设，任何家庭财务决定都不是独立的，专业理财师应帮助客户了解这些财务决定所涉及其他因素的影响。

第二节 分析客户家庭财务现状

一、收集客户信息的必要性和基本技巧（熟悉）

真考解读 考查相对较少，考生熟悉即可。

项 目	内 容
信息收集的重要性	(1)收集客户信息是专业理财服务不可或缺的环节。客户信息不仅要收集，还要完整。 (2)中西方理财师面对的挑战不同。西方人的理财意识比较强，行业发展成熟度比较高。国内理财行业发展方兴未艾，理财师实际工作中有困难。一方面，理财师对收集客户家庭财务信息的重要性还没有真正清醒的认识，还没有养成相应的工作习惯；另一方面，即使有心去收集客户信息，也确实因为技能的缺失而遭遇到了一些困难，于是，在客户信息收集方面有畏难情绪。
信息收集的方法和步骤	(1)理财师自己没有心理障碍。理财师是站在为客户解决问题的立场上，需要去深入了解客户的财务信息。[解读1] (2)引导客户。理财师需要告诉客户为什么要了解这些信息；理财师通过这些信息，可以向他反馈那些能够帮助他做好家庭财务决策的资讯。 (3)在具体提问的时候，尽可能先围绕客户关心的问题，不要去问那些与其不相关的信息。

解读1 经验丰富的理财师通常是先了解客户的问题，然后再以问题解决者的身份对客户进行询问和升级。

续 表

项 目	内 容
信息收集的方法和步骤	(4)制定系统性收集客户信息的框架，以便把问题延伸出来，较为全面地了解客户信息。

典型真题

【单选题】在收集客户信息阶段，下列表达方式中，不容易遭到客户心理抵触，从而避免客户有可能敷衍回答，使理财师可获得有用信息的是(　　)。

A. 贵公司的规模这么大，您的收入也一定很多，大概有多少

B. 像您这样的成功人士一定做好了自身的人生风险管理，面对意外死亡，您买了多少保险

C. 听说您太太是家庭收入的顶梁柱，您的收入远远低于您太太的收入吗

D. 您正在做购房计划，那您现在可以动用的房贷首付资金是多少

【答案】D【解析】理财师获取信息过程中要注意表达，以免客户产生抵触心理。选项D表达更委婉。

真考解读考查相对较少，考生熟悉即可。

二、客户信息的内容（熟悉）

项 目	内 容
概 念	客户信息包括定量信息和定性信息。 (1)定量信息。指客户财务方面的信息。 (2)定性信息。指客户基本信息和个人兴趣爱好、职业生涯发展和预期目标等。
分 类	(1)定量信息。定量信息的获取方式主要靠理财师收集。主要包括家庭各类资产额度、家庭各类负债额度、家庭各类收入额度、家庭各类支出额度及家庭储蓄额度。 (2)定性信息。定性信息的收集主要通过理财师在与客户沟通过程中的观察和了解。主要包括以下几类。 ①客户基本信息：联系方式、住址、家庭主要成员构成等。 ②职业生涯发展状况：包括所在行业、职业职位、职业生涯发展前景等。 ③家庭主要成员的情况：包括客户及其配偶的风险属性、性格特征、受教育程度、投资经验、人生观、财富观等，还包括子女的情况，如是否财务独立等。 ④客户的期望和目标：客户的生活品质要求，以及短期、中期、长期的理财目标。

典型真题

【单选题】在收集客户信息的过程中，属于定性信息的是(　　)。

A. 客户的投资规模　　B. 雇员福利

C. 资产与负债　　D. 投资偏好

【答案】D【解析】客户信息可以分为定量信息和定性信息，客户财务方面的信息基本属于定量信息，非财务信息，即客户基本信息和个人兴趣爱好、职业生涯发展和预期目标等属于定性信息。故选D。

三、客户信息的整理（熟悉）

真考解读 考查相对较少，考生熟悉即可。

客户信息的整理通常是针对定量信息，一般汇总为家庭资产负债表和收支储蓄表。

（1）通过资产负债表对客户家庭的资产负债进行分类、统计。

（2）通过家庭收支储蓄表对客户的收入、支出和储蓄结构、状况进行分类、统计。

典型真题

【多选题】银行从业人员向个人客户提供财务分析、财务规划的顾问服务时，需掌握的财务报表有(　　)。

A. 预算表　　B. 资产负债表　　C. 损益表

D. 收入表　　E. 收支储蓄表

【答案】BE【解析】客户信息的整理通常是针对定量信息，一般汇总为家庭资产负债表和收支储蓄表。

四、分析客户财务现状（掌握）

真考解读 属于常考点，一般会考1道题。

项　目	内　容
家庭财务现状的基本分析	家庭财务现状的基本分析主要包括以下四个方面：[解读2] （1）资产负债结构分析。 （2）收入结构分析。 （3）支出结构分析。 （4）储蓄结构分析。
家庭财务现状综合分析	家庭财务现状综合分析主要包括以下五个方面。 （1）家庭流动性现状分析。 （2）信用和债务管理现状分析。 （3）收支储蓄现状分析。 （4）资产结构、资产配置和投资现状分析。 （5）家庭财务保障现状分析。

解读2 理财师通过对客户财务状况的分析，进一步提出有针对性的修改建议。

典 型 真 题

【单选题】理财师对客户家庭信息进行整理后，需要对客户家庭财务现状进行分析，其主要分析的内容不包括(　　)。

A. 储蓄结构分析　　B. 收入结构分析

C. 资产负债结构分析　　D. 投资组合分析

【答案】D【解析】对客户家庭信息进行整理后，接下来理财师的工作就进入客户家庭财务现状的分析环节。主要的分析内容分为以下四个部分：①资产负债结构分析；②收入结构分析；③支出结构分析；④储蓄结构分析。

第三节　明确客户的理财目标

一、理财目标的内容和层次（重点掌握）

真考解读 属于必考点，一般会考1道题。

解读1 必考点：理财目标的内容。

解读2 衡量个人财务安全标准要因人制宜、因地制宜和因时制宜，绝不能千篇一律。具体的安全标准要根据客户的实际情况决定。

项　目	内　容
理财目标的内容	(1) 根据人生阶段分类，理财目标包括以下几方面内容。解读1 ①家庭收支与债务管理；②家庭财富保障；③投资规划；④教育投资规划；⑤退休养老规划；⑥税务规划；⑦遗嘱、遗产分配。 (2) 客户的理财目标可以概括为四方面，即财富积累、财富保障、财富增值和财富分配。 ①财富积累，主要讨论的是家庭收支与债务管理。 ②财富保障，主要针对人身、财产保障等的保险计划。 ③财富增值，主要解决的是教育和养老的资金需求和投资规划。 ④财富分配，包含税务安排和遗产分配。
理财目标的层次	(1) 第一层次：财务安全。 财务安全指个人或家庭对自己的财务现状充满信心，认为现有的财富足以应对未来的财务支出和其他生活目标的实现，不会出现大的财务危机。衡量一个人或者家庭的财务安全，解读2 主要包括以下内容：①是否有稳定、充足的收入；②个人事业是否有发展的潜力；③是否有充足的现金准备；④是否有舒适的住房；⑤是否购买了适当的财产和人身保险；⑥是否有适当、收益稳定的投资；⑦是否享受社会保障；⑧是否有额外的养老保障计划。 (2) 第二层次：财务自由。 财务自由是指个人和家庭的收入主要来源于主动投资而不是被动工作。一般来说，个人或家庭的收入来自以下几部分：以工资薪

续 表

项 目	内 容
理财目标的层次	金为主的综合所得；经营所得；投资所得（利息、股息、红利）；财产转让所得；偶然所得。 当投资的固定收益可以完全覆盖个人或者家庭发生的各项支出时，通常就认为达到了财务自由的层次，个人或者家庭的生活目标比财务安全层次有更强大的经济保障。原因如下： ①个人参加社会工作获得工资薪金和其他相关收入除了实现自身价值之外也要维持正常生活所需，性质上往往会带来一定“被动感受”。 ②带来工资薪金类收入的工作更多体现为“给别人打工”，心理上的“成就感”受到一定制约。 ③工资薪金类收入的增长幅度和频率通常情况下都不会很大，所以通常仅能达到或争取达到财务安全的程度。 ④投资收入具有主动争取更高收益的性质，投资带来的资金积累效应如果得到实现，投资规模越做越大，投资水平越做越高，投资带给个人或家庭的收入也会越来越多，并逐步成为个人或者家庭收入的主要来源。

典型真题

【单选题】下列选项中不属于个人理财规划内容的是(　　)。

A. 投资规划　　B. 教育投资规划

C. 税务规划　　D. 健身规划

【答案】D【解析】客户的理财目标一般包括以下几方面的内容：①家庭收支与债务管理；②家庭财富保障；③投资规划；④教育投资规划；⑤退休养老规划；⑥税务规划；⑦遗嘱、遗产分配。

【单选题】财务自由指个人和家庭的收入主要来源于主动投资而不是被动工作。假设，去年 M 先生一家工资奖金等收入为 24 万元，金融投资和实业投资年收入 10 万元，其中固定收入 8 万元，去年日常各项支出（含还贷）为 12 万元，今年 M 先生一家如果工资奖金等收入和日常支出水平不变，只有投资收入结果改变，下列表述最恰当的是(　　)。

A. 今年 M 先生一家金融和实业投资收入 24 万元，实现了财务自由

B. 今年 M 先生一家金融和实业投资 13 万元，实现了财务自由

C. 今年 M 先生一家金融和实业投资年收入 15 万元，其中固定收入 10 万元，则实现了财务自由

D. 今年 M 先生一家金融和实业投资年收入 18 万元，其中固定收入 13 万元，则实现了财务自由

【答案】D【解析】当投资的固定收益可以完全覆盖个人或者家庭发生的各项支出时，则认为就达到了财务自由的层次，个人或者家庭的生活目标比相对财务安全层次下有了更强大的经济保障。故选项D正确。

真考解读 属于常考点，一般会考1道题。

二、理财目标确定的原则——SMART原则（掌握）

项目	内容
Specific：理财目标要具体明确	只有目标具体明确，理财师才能制订切实可行的理财方案。在客户对家庭财务安排和目标只有笼统的意愿，并没有明确具体的要求时，理财师需要启发引导、分析得出客户的理财目标。
Measurable：理财目标必须是可以量化和检验的	（1）目标只有具体明确才能量化，其后在理财方案实施中才能跟踪、检验执行效果。 （2）理财方案的执行和目标实现是个过程，可以分不同阶段。理财目标不具体、不可量化，将无法中途监督、检验和修正方案，这不仅让理财规划的专业性失去衡量标准，而且使客户和金融行业理财业务的发展存在巨大风险。
Attainable：理财目标必须具备合理性和可行性	专业理财师需要通过对客户家庭已有的财务资源进行全面了解，并和客户一起对其未来的财务资源进行合理的假设，使客户了解自身可以运用的财务资源，在确定理财目标的过程中，了解自身的期望将受制于有限的财务资源。
Realistic：实事求是	理财目标的合理性和可行性同样也告诉我们要尊重金融实务中客观规律的存在。客户能获得多大收益要基于现实的可能性，理财目标不能超过现实可能性。客户要追求高收益低风险甚至无风险的投资结果，也是有悖于客观规律的。
Time-binding：理财目标要有时限和先后顺序	（1）理财目标的量化离不开时限条件，理财师在区分客户短期、中期和长期目标基础上，应结合客户的具体情况对其理财目标按照重要和急迫程度进行排序，从而在理财计划中确定实现的步骤以及财务资源的配置。 （2）理财目标的明确事实上已经是理财规划的重要内容，理财师通过帮助客户评估其自身期望目标的可行性，并在此基础上进行合理的调整，这一过程本身就是理财规划的重要组成部分。理财目标越具体、明确，越具有操作性，理财师越能了解如何根据既定的目标，提供专业的理财建议。

典型真题

【多选题】下列属于具体的理财目标的是(　　)。

A. 过上幸福生活　　B. 60 岁退休

C. 想把小孩送到美国读大学　　D. 做个有钱人

E. 为孩子建立教育基金

【答案】BCE【解析】过上幸福生活、做个有钱人都是目标，但不具体。60 岁退休、想把小孩送到美国读大学、为孩子建立教育基金就是相对具体的理财目标。理财师在与客户沟通时，一定要确定具体明确的理财目标。选项 B、选项 C、选项 E 均正确。

【判断题】理财目标要有时限和先后顺序，理财目标的量化离不开时限条件。因为客户的理财目标实现有具体的时间或区间，同时任何客户的理财目标都不止一个，而且这些目标也可能同时实现（　　）。

A. 正确　　B. 错误

【答案】B【解析】理财目标要有时限和先后顺序，理财目标的量化离不开时限条件，因为客户的理财目标实现有具体的时间或区间，同时任何客户的理财目标都不止一个，而且这些目标也不可能同时实现。

真考解读 考查相对较少，考生熟悉即可。

三、确定理财目标的步骤（熟悉）

（1）理财师应确保了解客户的基本信息、财务状况、可以运用的财务资源，并且通过交流和沟通，了解客户的风险偏好、投资需求和目标等主观判断信息。在确定客户的理财目标前，先征询客户的期望目标。

（2）理财师根据对客户财务状况及期望目标的了解，初步评估客户的理财目标的可行性和合理性。

①客户的目标定得太低，导致生活品质没能体现出客户的财富水平。

②客户的目标定得太高，超过了客户的财务资源能够支持的水平。

③有一些理财目标客户先前没有意识到，理财师需要与客户沟通、确认，譬如遗嘱、遗产规划。

如果出现上述情况，理财师应征询客户的意见并和客户一起对理财目标进行调整，从而确定理财目标，使其具体、明确、合理、可行。

典型真题

【单选题】理财师初步评估客户的理财目标的可行性和合理性时，不可能出现的情况是(　　)。

A. 客户的目标定得太低　　B. 客户的目标定得太高

C. 客户先前没有意识到理财目标　　D. 不需要对客户的遗嘱、遗产进行规划

【答案】D【解析】选项 D 不属于理财师初步评估客户理财目标的工作，并且本身也是错误的，理财师需要对客户的遗嘱、遗产进行规划。

第四节　制订理财规划方案

真考解读 属于必考点，一般会考2道题。考生应熟练掌握每个规划的内容。

一、理财规划方案的内容（重点掌握）

项　目	内　容
基本规划	理财规划方案一般包含以下基本规划：①家庭收支和债务规划；②风险管理规划；③退休养老规划；④教育规划；⑤投资规划；⑥税务规划；⑦财富分配和传承规划。
家庭收支和债务规划	家庭收支和债务规划，也就是家庭收支平衡规划，包含如下六方面内容。 （1）家庭收支平衡规划的内容，包括家庭消费支出、债务规划和现金管理。债务管理其实就是个人、家庭不同时期收支平衡的问题。 （2）家庭收支平衡规划的目的，不是简单保持家庭月或年收支平衡或略有盈余，它包括在不影响客户家庭生活品质和兼顾客户中、长期理财目标财务安排的基础上的收支平衡管理。 （3）家庭收支储蓄表和资产负债表是分析家庭财务状况、进行家庭收支规划最重要的指标和工具。 （4）家庭消费开支规划的内容及意义，主要是基于一定的财务资源下，对家庭消费水平和消费结构进行规划，以达到适度消费，保证家庭的生活品质，满足客户一生的收支平衡。家庭消费开支规划主要包括住房消费计划、汽车消费计划以及信用卡与个人信贷消费计划等。家庭消费开支规划的一项核心内容是债务管理，涉及举债目的、借贷能力和借贷渠道、方式、条件等选择与规划。 （5）与家庭开支管理对应的是家庭收入规划，两者往往是相互关联、一起筹划的，也就是俗话说的“增收节支”。许多时候理财师不仅要给客户建议如何管理和减少不必要的支出，还需要给客户建议如何增加收入，包括财产性收入。 （6）现金管理规划，是进行家庭或者个人日常的现金及现金等价物的管理。现金规划的核心是建立应急基金，保障个人和家庭生活质量和状态的持续性稳定，是针对家庭财务流动性的管理。
风险管理规划	（1）理财规划中的风险管理规划是指客户通过对风险进行识别、衡量和评价，并在此基础上选择与优化组合各种风险管理工具和方法，对风险实施有效管理和妥善处理风险所导致损失的后果，以尽量小的成本去争取较为完善的安全保障和经济利益的行为。 （2）家庭风险管理规划主要是指财产保险、人身和重大疾病保险计划。理财师进行风险管理规划的服务意在通过对客户经济状况和保障需求的深入分析，帮助客户选择最合适的风险管理措施、工具，以保证家庭财富和各项理财目标的顺利实现。

续 表

项 目	内 容
退休养老规划	制订退休养老规划的目的是保证客户在将来有一个自立、尊严、高品质的退休生活。退休规划的关键内容和注意事项包括以下三点。 （1）根据客户的财务资源对客户未来可以获得的退休生活进行合理规划，内容包括理想退休生活设计、退休养老成本计算和退休后的收入来源估计和相应的储蓄、投资计划。 （2）由于通货膨胀、生活水平提高等因素，退休养老成本较高，远超许多人的预期。与此同时，大多数退休人士的收入较退休前有较大的落差，而退休人士往往对其退休后的生活品质极为关注，很多兴趣爱好退休前因为工作繁忙而留至退休后去实现，因此对退休后的财务资源要求非常高。 （3）退休养老收入一般分为三大来源：社会养老保险、企业年金和个人储蓄投资。当前大多退休人士退休后的收入来源主要为社会养老保险，部分人有企业年金收入，但这些财务资源远远不能满足客户退休后的生活品质要求。因此，理财师要建议客户尽早地进行退休养老规划，以投资、商业养老保险以及其他理财方式来补充退休收入的不足。
教育规划	教育规划包括子女教育规划和客户自身教育规划两种情况。 （1）子女教育规划。子女教育规划的主要内容包括对教育费用需求的定量分析，通过储蓄和投资积累教育专项资金，金融产品的选择和资产配置等内容。解读1 （2）客户自身教育规划。教育规划同时还包括年轻客户群体自身的进修和学习费用的规划。这类客户通常还比较年轻，是否要辞职脱产学习、学费的筹措以及因为脱产学习给年轻家庭带来的影响等，都是教育规划中的主要内容。
投资规划	（1）投资方式。普通家庭可以直接投资股票、债券等证券，可以进行房产、黄金、白银等实物投资，也可以通过掌握企业经营权进行实业投资。 “资产管理”行业即由专业的投资团队集合社会资金进行专业管理，在已经形成各种不同的产品中，公募证券投资基金成为大部分普通投资者非常重要的投资品种。 （2）理财师在客户投资规划中的责任。在专业理财服务中，理财师在投资规划中最重要的工作是根据客户的需求、风险属性，以及相关投资方法，按不同的比例把客户的资产科学地配置在不同的资产类别中，其中包括股票、债券、不动产、现金等；然后再根据每一类资产所配置的比例，为客户提供不同投资方式和产品的建议。

解读1 制订子女教育规划应该遵循的重要原则：目标合理，提前规划，定期定额和稳健投资。

续 表

项 目	内 容
投资规划	为客户制订根据其理财目标和自身情况的投资计划，并不是单纯地追求更高的投资收益，合理的投资规划是根据客户自身情况制订的风险与收益的平衡选择，更是为客户不同时期的理财目标而设计的，实现既定的理财目标和预期收益是最好的评价标准。
税务规划	（1）税务规划是帮助纳税人在法律允许的范围内，通过对经营、理财和薪酬等经济活动的事先筹划和安排，充分利用税法提供的优惠与待遇差别，减轻税负，达到整体税后利润、收入最大化的过程。 （2）在理财行业得到蓬勃发展后，理财师的工作重心逐渐由早期的“投资顾问”服务转向包括“财务分析、财务规划”在内的财务资源综合规划服务，以使其在财务资源效用最大化的基础上，能够实现客户的各项财务目标和财务自由。财务规划包括对客户的收入进行合理合规的税务规划。
财富分配和传承规划	（1）财富分配规划是指为了使家庭财产及其产生的收益在家庭成员之间实现合理分配而做的财务规划。 （2）财富传承规划是为了保证家庭财产实现代际相传、安全让渡而设计的财务方案，也就是遗产规划，是当事人在其健在时通过选择遗产管理工具和制订遗产分配方案，将拥有或控制的各种资产或负债进行安排，确保在自己去世或丧失行为能力时能够根据自己的意愿分配、处置。 （3）财富分配和传承规划是客户家庭综合理财规划的重要组成部分。

典型真题

【单选题】下列选项中不属于个人理财规划内容的是(　　)。

A. 退休规划　　B. 教育投资规划

C. 债务规划　　D. 健身规划

【答案】D【解析】健身规划不属于个人的理财规划内容。

【单选题】家庭消费开支规划的核心内容是(　　)。

A. 现金管理　　B. 建立应急基金

C. 债务管理　　D. 增收节支

【答案】C【解析】家庭消费开支规划的一项核心内容是债务管理，涉及举债目的、借贷能力和借贷渠道、方式、条件等选择与规划。

【单选题】下列选项中不属于家庭收支管理核心内容的是(　　)。

A. 建立应急基金　　B. 现金管理

C. 投资管理　　D. 增收节支

【答案】C【解析】家庭收支平衡规划的内容包括家庭消费支出、债务规划和现金管理。选项 C 不属于家庭收支管理的核心内容。

【单选题】（　　）和资产负债表是分析家庭财务状况、进行家庭收支规划最重要的指标和工具。

A. 家庭收支储蓄表　　B. 家庭消费开支规划

C. 现金管理规划　　D. 家庭收入规划

【答案】A【解析】家庭收支储蓄表和资产负债表是分析家庭财务状况、进行家庭收支规划最重要的指标和工具。

【单选题】建立应急基金，保障个人和家庭生活质量和状态的持续性稳定，针对家庭财务流动性管理的是（　　）。

A. 家庭收支平衡规划　　B. 现金管理规划

C. 风险管理规划　　D. 家庭收入规划

【答案】B【解析】现金规划的核心是建立应急基金，保障个人和家庭生活质量和状态的持续性稳定，是针对家庭财务流动性的管理。

二、制订和提交书面理财规划方案（掌握）

真考解读属于常考点，一般会考1道题。

项　目	内　容
制订和提交书面理财规划方案的步骤	制订和提交书面理财规划方案一般包括以下步骤。 （1）在规划书文本制作完毕后，理财师应主动与客户联系，确定会面的时间和地点。 （2）会面后，理财师在向客户解释理财规划书内容时应尽量做到简明扼要、通俗易懂，帮助客户建立起对方案的整体印象。 （3）在帮助客户建立起对方案的整体印象后，理财师可开始对理财方案进行具体的分项说明。在方案说明过程中，理财师应根据情况主动引导客户提出问题并做出回答。对于方案重点问题则应当详细阐述，并提请客户一一确认。 （4）理财师将规划书经过必要修改后最终交付客户，客户签署客户声明。
注意事项	在这个过程中，理财师应注意以下八个方面的要求。 （1）使用通俗易懂的语言使客户清楚地了解理财规划书的内容和方案建议。 （2）对各类假设情况、一些概念名词和面临不确定情况时的选择决定要具体说明。 （3）在介绍理财师分析、建议时，要紧密结合客户的情况，把如何解决客户理财需求（目标）放在中心地位，避免产品宣传、推销的嫌疑。

续 表

项 目	内 容
注意事项	(4) 应多注意客户的反应和反馈，尽可能地鼓励客户多问问题。同时对客户的问题进行耐心的解释，自始至终让客户参与其中。 (5) 给客户足够的时间消化并理解理财规划书的内容和建议。 (6) 建议客户和家人讨论理财规划书的内容和建议。 (7) 如实告知客户方案实施中可能涉及的风险、方案实施成本、免责条款及规划方案中没有解决的遗留问题和需要其他专业人士协助解决的问题等。 (8) 必要时根据客户的反馈对理财规划书进一步修改，然后再与客户沟通、确认。 当规划书经过必要修改最终交付客户后，客户相信自己已经完全理解了整套方案，并且对方案内容表示满意，此时理财师可以要求客户签署客户声明。声明内容：信息真实准确，没有重大遗漏；已经完整阅读该方案，理财规划师已就重要问题进行了必要解释。解读2 这是理财师提供理财服务的必要程序，有助于明确责任。
总 结	作为一名专业理财师，在完成前面介绍的几个步骤后，需要以书面的形式向客户提交理财规划方案——理财规划书，并当面对理财规划方案的内容进行完整详细的介绍。这样方便理财师和客户之间就财务状况、理财目标和理财方案达成共识，完成一个科学标准化的专业理财服务流程。理财规划书要做到内容专业、科学，形式规范、标准。

解读2 常考点：客户声明的内容。

典型真题

【单选题】当理财方案经过必要的修改最终交付客户后，客户相信自己已经完全理解了整套方案，并且对方案内容表示满意，此时理财规划师可以要求客户签署客户声明，声明内容不包括(　　)。

A. 信息真实准确，没有重大遗漏

B. 完全同意由理财师对理财方案进行具体实施

C. 已经完整阅读该方案

D. 理财规划师已就重要问题进行了必要解释

【答案】B【解析】客户声明内容包括信息真实准确，没有重大遗漏；已经完整阅读该方案；理财规划师已就重要问题进行了必要解释。

【单选题】在制订书面理财规划方案过程中，下列表述错误的是(　　)。

A. 要把如何解决客户理财需求和目标放在中心地位，避免产品宣传、推销的嫌疑

B. 使用通俗易懂的语言，使客户清楚了解理财规划书的内容和方案建议

C. 对各类假设情况、一些概念名词和面临不确定情况时的选择决定要具体说明
D. 要让客户及时做决定，以免错过投资机会

【答案】D【解析】制订和提交书面理财规划方案，要给客户足够的时间消化并理解理财规划书的内容和建议，故选项D表述错误。

第五节　理财规划方案的执行

一、执行理财规划方案的原则（熟悉）

真考解读 考查相对较少，考生熟悉即可。

原　则	内　容
了解原则	应以充分了解客户真实需求为基础，选择与客户情况、财务目标及方案实施要求相一致的金融产品和服务。
诚信原则	理财师应对提供给客户的产品和服务进行深入的调查和恰当的评估，在有效信息的基础上形成专业判断，帮助客户选择和确定相应的金融产品和服务。
连续性原则	由于理财规划方案实施时间跨度可能较长，理财师一方面应向客户提供持续的信息反馈、建议和专业指导意见，另一方面要为客户建立完整的客户档案，即使在本人因为工作调动等原因不能再服务客户时，不同的理财师也可以为某一特定客户的理财方案的执行和实施提供连续性金融服务。

二、执行理财规划方案要注意的问题（掌握）

真考解读 属于常考点，一般会考1道题。

（一）要注意的因素

项　目	内　容
时间因素	理财规划方案中的理财规划目标是一个复杂的集合体，既包括客户不同方向的财务目标（投资规划、保险规划、现金规划等），也包括客户的时间目标（短期目标、中期目标和长期目标）。为实现这些目标，通常会有许多具体工作安排，这时候理财师需要对具体工作按照轻重缓急进行排序，即编制一个具体的时间计划，明确各项工作的先后次序。从而提高方案实施效率，节约客户的实施成本。
人员因素	理财规划方案是一个复杂的整体性方案，理财师虽然通常是理财专家，但也不可能做到面面俱到，因此多数情况下单靠理财师自身难以完成全部方案的实施工作。方案实施计划必然涉及许多其他领域的专业人士，如保险经纪人、律师和会计师、证券公司的投资顾问、房产中介、移民留学顾问等。有时方案实施过程中还需要客户家人一起参与。

续 表

项 目	内 容
资金成本因素	理财即意味着通过投资规划、现金规划、风险管理规划等子计划的实施对客户财务资源进行综合管理、调整优化，这就必然涉及客户的资金调用和调整成本。

解读1 常考点：理财师执行理财规划方案要把握的事项。

（二）理财师要把握的事项解读1

（1）事先重复沟通，让客户有明确的预期，以避免接下来每笔资金的动用、每个类别资产买进卖出及需要交纳的相关费用都会引起客户质疑。

（2）强调理财规划方案的整体性，以及每个涉及资金、理财产品选择和执行成本具体决策的理由和目的。

（3）在总体把握方案执行进度效果的同时，从客户的利益出发，跟踪分析、比较市场变化趋势和面临的不同选择，以降低客户的资金成本、费率，从而提高整体方案执行效果和客户满意度。

典型真题

【多选题】在对客户的资金调用和调整成本方面，理财师应把握的事项有（　　）。

A. 事先重复沟通，让客户有明确的预期

B. 强调理财规划方案的整体性

C. 详细阐述每个涉及资金、理财产品选择和执行成本具体决策的理由和目的

D. 避免每笔资金的动用都会引起客户质疑

E. 在总体把握方案执行进度效果的同时，从客户的利益出发，跟踪分析、比较市场变化趋势和面临的不同选择

【答案】ABCDE【解析】五个选项均符合要求。

真考解读考查相对较少，考生熟悉即可。

三、客户档案管理（熟悉）

在理财规划方案的具体实施过程中，必然会产生大量的文件资料，如会议记录、财务分析报告、授权书、介绍信等。理财师应当对这些文件资料进行存档管理，形成客户档案。

保存客户的记录和相关文件的重要性：一方面，这些标明日期的资料记录了客户的要求和承诺，理财师或者所在公司向客户提供的信息、意见和建议等与整个业务过程相关的重要信息。如果以后发生了针对理财师或者所在金融机构的法律纠纷，这些资料就可以作为有力的证据，从而使理财师和所在机构能免于承担不必要的法律责任。另一方面，这些真实而详细的信息，都是理财师不断加深对客户的了解、提升理财师服务水平和维护良好客户关系的重要支持。而且，理财规划过程中的许多客户资料、信息也可以作为公司和理财师的经验加以总结和归纳，供以后的工作中研究、交流、学习。

第六节 后续跟踪服务

一、后续跟踪服务的必要性（熟悉）

真考解读 考查相对较少，考生熟悉即可。

（1）理财规划服务是一个循序渐进的过程，不可能一次性完成。它除了包括上文提到的接触客户、分析客户财务状况、明确客户的理财目标、制订理财方案、实施理财方案五个流程之外，还包括交付方案之后对客户提供长期的服务和客户关系管理。

（2）客户的理财目标有短期也有长期的，金融机构和理财师理想的情况是给客户提供终生的专业理财服务，甚至成为客户家庭世代的理财师，这需要理财师在提交理财规划方案之后不断做好客户的后续跟踪服务。

（3）综合理财方案所依据的数据是建立在预测基础之上的，对未来的预估不可能完全准确或一直不变，这会导致方案的最终效果与当初的预期、目标产生较大差异。因此，在制订成方案并提交给客户开始执行后，仍需要理财师根据新情况来不断地调整，帮助客户及其财务安排更好地适应变化，达到预定的理财目标。

（4）从金融机构和理财师业务发展角度来说，接受全面理财规划和理财规划书服务的理财客户绝大多数都是价值较高的优质客户，如何通过后续跟踪服务，提升客户满意度、加强客户关系以实现客户生命周期价值最大化是每个理财师必须思考和努力实践的工作。此外，业务人员都明白开发一个新客户付出的努力是维护一个现成客户的数倍，非常满意的优质客户还可以给理财师介绍更多优质的新客户。

综上所述，理财经理或相关人员需要定期或者不定期地为客户提供后续跟踪服务。

典型真题

【单选题】在商业银行理财产品存续期内，(　　)应定期或不定期就产品运行情况与客户进行沟通，并解答客户对产品情况的问询。

A. 托管机构　　B. 审计机构

C. 理财经理　　D. 监管机构

【答案】C【解析】在产品存续期内，理财经理或相关人员应定期或不定期就产品运行情况与客户进行沟通，并解答客户对产品情况的问询。

二、实施方案跟踪和评估服务（熟悉）

真考解读 考查相对较少，考生熟悉即可。

（一）概述

定期评估是理财服务的必要步骤和要求，也是理财师应尽的责任。定期评估的频率主要取决于客户的投资金额和占比、客户个人财务状况变化幅度、客户的风险偏好三个因素。

评估频率越高对客户理财方案执行越有利，从而有助于建立公司与理财师个人的信誉与形象。不过，这还取决于客户的个性化要求，同时频率高也会增大理财师的工作量，增加理财方案的执行成本。

对理财规划方案的评估、修正实际上是理财规划服务的有机组成部分，每次评估和修正可以是局部、单项的财务安排（如健康保险规划、教育投资等）或投资产品组合的调整，也可能是较大规模或整体方案的修改。

（二）决定定期评估频率的三要素

项　目	内　容
客户的投资金额和占比	客户的投资金额和占比越大，定期理财规划方案检测与评估的频率应越高。因为投资金额较大或占比越高，[解读1]一旦决策建议错误，损失也越大，客户的心理负担也会越大。
客户个人财务状况变化幅度	（1）处在事业的黄金时期或者正面临退休需要理财师经常评估和修改理财方案。 （2）家庭生活和财务状况比较稳定的客户可以相应减少评估次数。
客户的风险偏好	有些客户偏爱高风险、高收益的投资产品，投资风格积极主动，而有些客户属于风险厌恶型的投资者，投资风格谨慎、稳健，注重长期投资。前者比后者更需经常性的理财方案评估。

解读1 客户的投资金额和占比与评估频率成正比。

真考解读 考查相对较少，考生熟悉即可。

三、不定期评估和方案调整（熟悉）

不定期的理财方案评估，以及随后的调整发生在出现某些突发和重大情况时，一般包括外部因素和内部因素。

项　目	内　容
外部因素	（1）外部因素变化的两种情形。 ①宏观经济政策、法规等发生重大改变，比如政府决定对某个领域进行改革或整顿，相关法律法规的修订，税务、养老金政策、公积金政策等的变化，利率、汇率政策的突然调整等。 ②金融市场的重大变化，比如经济形势、经济数据明显异于理财方案的估计值，行业变革创新、战争、自然灾害带来的新的投资机会和风险。 （2）应对策略。 外部因素发生变化导致理财规划方案需要调整的情况比较多。理财师由于专业能力和资源优势，往往更早获悉或觉察到这些变化，也应该意识到这些变化能给客户带来什么影响。因此，应该主动联系客户，尽快通知、提醒客户采取正确的应对措施。

续 表

项 目	内 容
内部因素（客户自身因素变化）	（1）客户自身因素变化。解读2 客户自身情况的突然变动，例如，客户继承大笔遗产，家庭主要收入来源者病故或失业，投资移民、客户投资实物资产（如房产、商铺、汽车）的计划、客户股权投资等。还有一种情况就是客户的理财目标发生改变，如提前退休、投资产品组合期限由长期改为短期等。 （2）应对策略。 对于客户自身情况变化，一般是客户主动与理财师联系，寻求建议。这时理财师应该明白，客户主动是基于对理财师的信任，理财师应该耐心地对待客户，如果是客户家中发生了不幸的事情还应该注意说话的语气，表现出对客户的关心与理解。这对于理财师的信誉和公司的形象有着十分重要的意义。 客户自身情况的变化往往对客户的家庭财务状况的影响更大。比如，客户决定创业，那么创业资金的筹措、家庭收入的保证、流动性的保障、创业一事对整个家庭财务安排和既定理财目标的影响等，都可能因为收入稳定性和现金流的变化而使客户的家庭财务状况变得复杂。

解读2 当面对客户自身情况有重大变故时，理财师应予以高度重视，耐心了解、理解和支持，必要的话，需要重新制订一个理财规划方案。

典型真题

【多选题】下列宏观经济政策措施中，会对个人理财产生影响的有（　　）。

A. 税务、养老金政策变化　　B. 公积金政策变化

C. 利率、汇率政策的突然调整　　D. 政府决定对某个领域进行改革或整顿

E. 客户继承大笔遗产

【答案】ABCD【解析】选项E不属于宏观经济措施。

四、从跟踪服务到综合规划的螺旋式提升（了解）

真考解读 较少考查，考生了解即可。

项 目	内 容
从初级阶段向专业理财规划服务发展	（1）作为一名理财师，不能停留在初级阶段（金融产品的“销售—购买”），而应把专业理财规划服务作为核心竞争力，在实践过程中，对客户进行不断的引导，展示自身的专业价值，抓住每次机会，把作为标准化服务流程的最后一步（跟踪服务包括方案调整）都当作新的规划或服务流程的开始，实现真正的服务升级。这同样也是理财师职业生涯得以持续健康发展的基础。 （2）理财师要实现由“对客户可投资性资产提供投资产品建议”转向“对客户家庭资产负债的全面管理”，更重要的是要帮助客户“做好每个家庭财务决策”，实现其理财目标和人生幸福。

续　表

项　目	内　容
理财师应注意长期价值创造与品牌提升	专业理财师要严格遵守行业相关的政策法规和职业操守，通过自己的专业技能和优质的客户服务，获取客户的信赖和认可，从而真正做到机构利益、客户利益以及自身的职业生涯发展三者之间的共赢。

章节练习

一、单选题（以下各小题所给出的四个选项中，只有一项符合题目要求，请选择相应选项，不选、错选均不得分）

1. 专业理财师的工作目标和重心是“帮助客户解决问题、实现其理财目标”。要达成这一目标，理财师首先要做的是(　　)。
   A. 出具专业理财规划报告书
   B. 深入了解客户
   C. 全面评估客户的财务问题
   D. 提出自己的见解和建议
2. 赵女士有一个女儿，她对女儿教育目标的设定不符合子女教育规划重要原则的是(　　)。
   A. 理财目标的设定要切合实际，角度宽松
   B. 尽早给孩子准备教育金
   C. 定期定额强制储蓄，来实现子女教育基金的储蓄
   D. 投资时可以采取积极策略以获得更多收入来筹集教育金
3. 执行理财规划方案的注意因素不包括（　　）。
   A. 风险因素　　B. 时间因素
   C. 人员因素　　D. 资金成本因素
4. 关于退休养老规划，下列表述不恰当的是(　　)。
   A. 制订退休养老规划的目的是保证客户在将来有一个自立、尊严、高品质的退休生活
   B. 退休养老规划内容包括理想退休生活设计、退休养老成本计算和退休后的收入来源估计和相应的储蓄、投资计划
   C. 理财师应建议客户尽早进行养老规划，以投资、商业养老保险以及其他理财方式来补充退休收入的不足
   D. 退休养老收入主要来源有社会养老保险、子女赡养费用和财产赠与
5. 客户信息的整理通常是针对(　　)，一般汇总为家庭资产负债表和收支储蓄表。
   A. 定性信息　　B. 定量信息
   C. 定性或者定量信息　　D. 定性和定量信息

二、多选题（以下各小题所给出的五个选项中，有两项或两项以上符合题目的要求，请选择相应选项，多选、少选、错选均不得分）

1. 在财富保障与规划中涉及的风险有（　　）。

A. 投资风险　　B. 信用风险
C. 责任风险　　D. 意外财产风险
E. 政治风险

2. 下列各项中影响定期评估频率的有（　　）。

A. 客户的投资金额和占比　　B. 客户的投资偏好
C. 客户个人财务状况变化幅度　　D. 自然灾害
E. 公积金政策变化

三、判断题（请对以下各项描述做出判断，正确的为 A，错误的为 B）

1. 财务安全是指个人和家庭的收入主要来源于主动投资而不是被动工作。（　　）

A. 正确　　B. 错误

2. 小张即将成为一名理财师，他认为要想吸引客户只能依靠高谈阔论，这样才能让客户感受到自己的诚意。（　　）

A. 正确　　B. 错误

答案详解

一、单选题

1. B【解析】当一个客户或潜在客户在面前时，理财师首先要做的是了解客户，了解客户的过程也就是收集相关信息和理财需求的过程，然后理财师需要判断客户是否需要理财规划服务、需要哪方面的服务。

2. D【解析】子女教育规划是指客户为子女将来的教育费用进行规划，对子女的教育可以分为基础教育、大学教育及大学后教育。制订子女教育规划应该遵循的重要原则为目标合理、提前规划、定期定额和稳健投资。

3. A【解析】执行理财规划方案的注意因素包括时间因素、人员因素和资金成本因素。

4. D【解析】退休养老收入一般分为三大来源：社会养老保险、企业年金和个人储蓄投资。

5. B【解析】客户信息的整理通常是针对定量信息，一般汇总为家庭资产负债表和收支储蓄表。

二、多选题

1. ABCD【解析】财富保障与规划主要包括投资风险、信用风险、责任风险、意外财产风险以及因为人身风险而引发的家庭财务危机。

2. ABC【解析】定期评估的频率主要取决于以下三个因素：①客户的投资金额和占比；②客户个人财务状况变化幅度；③客户的投资偏好。

三、判断题

1. B【解析】财务自由是指个人和家庭的收入主要来源于主动投资而不是被动工作。

2. B【解析】一名只知道高谈阔论而忽视客户感受的理财师，是无法得到客户真正认同的。只有从客户的角度出发，重视客户感受，才能真真切切地让客户感受到理财师的服务诚意。

第八章　理财师金融服务技巧

应试分析

本章简明介绍与提供理财规划服务紧密相关的几大基础工作技能和方法，以引起理财师的重视，从而在日常工作中进一步学习、练习和运用。主要包括理财师的商务礼仪与沟通技巧、工作计划与时间管理、电话沟通技巧和金融产品服务推荐流程与话术。考生对这些知识了解即可，注意与实际结合，将所学知识灵活运用到实际生活中。本章在考试中出现概率不大，涉及的分值约为2分，考生可结合思维导图对考点了解熟悉即可。

思维导图

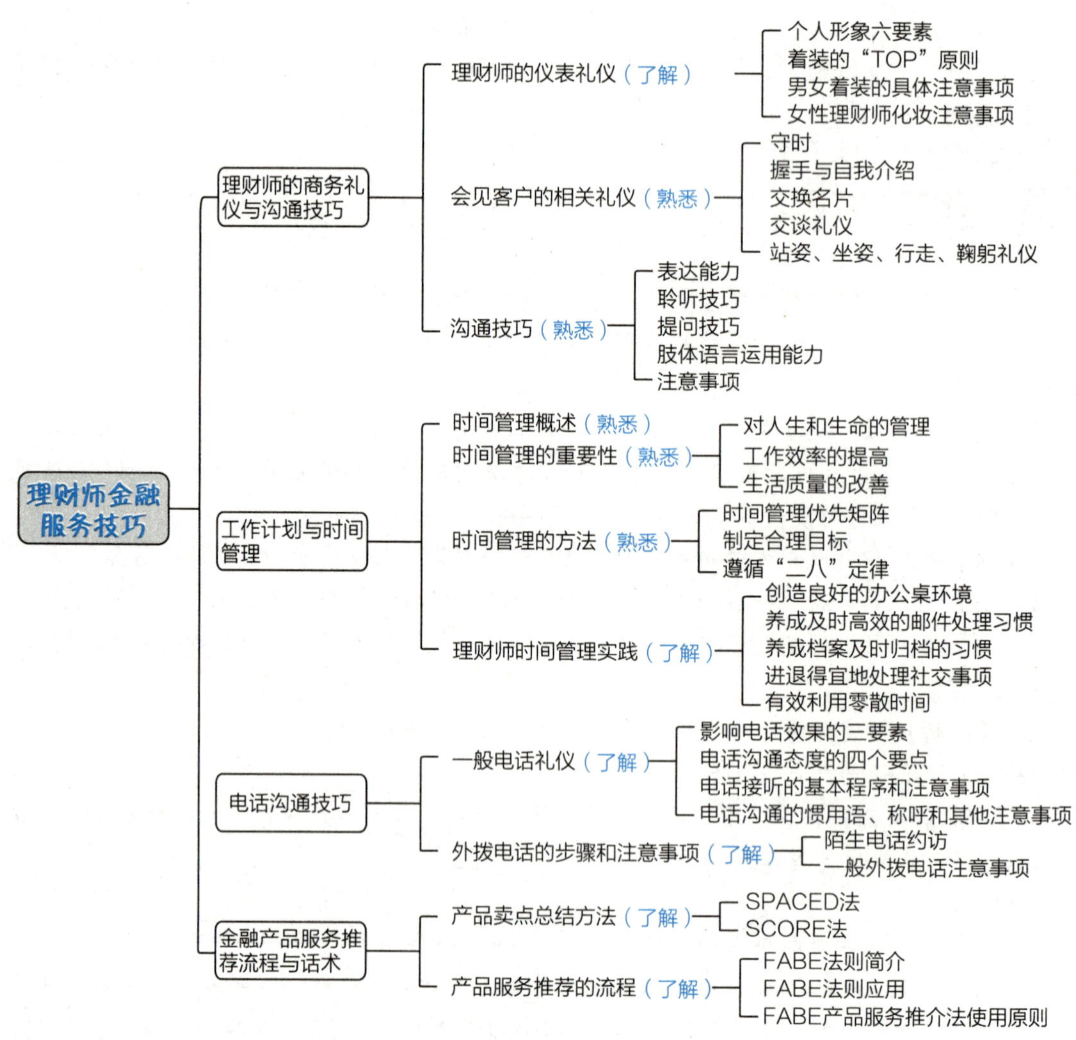

知识精讲

第一节 理财师的商务礼仪与沟通技巧

银行理财师和保险、证券等行业的理财师一样，首先应该是一名称职或合格的一线业务人员，然后才能逐步成长为给广大客户提供保值增值服务的专业人士。商务礼仪是在职场交流或商务活动中，对合作者、客户等表示尊重和友好的一系列行为规范，是礼仪在商务活动过程中的具体运用。商务礼仪以礼仪为基础，它遵循礼仪的基本原则：尊重、友好、真诚。

一、理财师的仪表礼仪（了解）

真考解读 较少考查，考生了解即可。

一个人的仪表在社会交往过程中是构成第一印象的主要因素，理财师的仪容仪表会影响他人对理财师专业能力和任职资格的判断。

（一）个人形象六要素

要　素	内　容
仪　表	仪表者外观。
表　情	第二语言，此时无声胜有声。
风　度	优雅的举止。
谈吐语言	低音量、慎选内容、礼貌用语。
待人接物	诚信为本、遵守时间。
服　饰	教养与阅历的最佳写照。

（二）着装的“TOP”原则

原　则	内　容
Time（时间）	着装也分春夏秋冬，比如秋冬季节穿件夏天的凉爽短袖肯定不合时宜。
Objective（目的）	第一次与 VIP 客户见面，着装应该比较正式，这样显得专业和尊重。
Place（场合）	约见客户和闲暇逛街对着装的选择肯定有所不同。

（三）男女着装的具体注意事项

人　群	注意事项
男士（三个三原则）	（1）三色原则：男士在正式场合穿着西服套装时，全身颜色尽量限制在三种之内，否则就会显得不伦不类，失之于庄重。 （2）三一定律：三位一色，指男士穿着西服、套装时，鞋子、

续 表

人 群	注意事项
男士（三个三原则）	腰带、公文包的色彩最好统一起来。 （3）三大禁忌：袖口商标没有拆，正规场合穿黑皮鞋、白袜子，正规场合短袖配领带。
女士（六不）	（1）六不：①不杂乱无章；②不过分鲜艳；③不过分暴露；④不过分透视；⑤不过分短小；⑥不过分紧身。 （2）手表：女士尽量不选择时尚手表。 （3）色彩：尽量不超过三种。

典型真题

【单选题】女士着装要求不包括(　　)。

A. 不杂乱无章　　B. 不过分鲜艳

C. 佩戴时尚手表　　D. 不过分短小

【答案】C【解析】女士着装要求有"六不"，选项A、选项B、选项D均符合要求。但是女士在着装时最好不要选择时尚手表，花哨浮夸的时尚表难免会给客户留下不严谨、不庄重的感觉。女士可尽量选择佩戴简洁大方的普通手表。

（四）女性理财师化妆注意事项

化妆是自尊自爱，同时也是对客户尊重的体现。化妆的注意事项包括以下几方面。

（1）自然，"妆成有却无"的状态。

（2）美化，不过分时尚，不标新立异，符合常规审美标准。

（3）避人，理财师是专业人士，有品位教养，不应当众化妆。

（4）协调，颜色协调、质地协调，如指甲油与唇彩要一个颜色，唇彩与衬衫的主色调要协调。

（5）戴首饰总的要求：符合身份，以少为佳。

真考解读 考查相对较少，考生熟悉即可。

二、会见客户的相关礼仪（熟悉）

理财师与客户会面时要注意自己的礼节规范，不能给客户留下教养素质差、不尊重人的印象，避免造成客户对理财师及其所在金融机构的服务水平评价和总体印象大打折扣，甚至失去客户。主要的礼节规范包括以下五方面。

（一）守时

预约与守时，已经成为现代职场标准的商务礼仪。理财师主动约见客户，应当事先沟通好，尽量提前几分钟或者准时赴约。如果提前或晚到时间较多（如10分钟以上），应当通知客户。

（二）握手与自我介绍

项　目	内　容
握　手	（1）握手顺序。 伸手、握手还有先后次序的讲究，一般次序：①男女之间，女士先；②长幼之间，长者先；③上下级之间，上级先，下级趋前相握；④迎接客人，主人先；⑤送走客人，客人先。 （2）握手的动作。 握手要面带笑容、稍许用力，目视对方、稍事寒暄。 ①身体前趋，右臂向前伸出，与身体略呈五六十度的角度，目视对方，手掌心微向左上，拇指前指，目视对方，四指并拢，虎口相对，全掌相握。 ②握手的力度，热烈而有力，代表信心、热情、勇气和责任心。 ③握手的时间，轻摇3~4下，握手整个过程不超过5秒。 （3）注意事项。 ①不可滥用双手；②不可交叉握手；③双眼要注视对方；④不可手向下压；⑤不可用力过度。
自我介绍	初次与客户相见，首先要自我介绍。常规做法是先递名片再介绍。介绍时间简短，内容规范、完整，自我介绍的内容一般包括单位、部门、职务、姓名等。

典型真题

【多选题】关于伸手握手的先后次序，下列说法正确的有（　　）。

A. 男女之间，女士先

B. 长幼之间，长者先

C. 上下级之间，上级先，下级趋前相握

D. 迎接客人，客人先

E. 送走客人，主人先

【答案】ABC【解析】选项D，迎接客人，主人先；选项E，送走客人，客人先。选项A、选项B、选项C正确。

（三）交换名片

项　目	内　容
名片的准备	（1）名片不要和钱包、笔记本等放在一起，原则上应该使用名片夹。 （2）名片可放在上衣口袋（但不可放在裤兜里）。 （3）要保持名片或名片夹的清洁、平整。

续 表

项 目	内 容
接收名片	（1）必须起身接收名片。 （2）应用双手接收。 （3）不要在接收的名片上做标记或写字。 （4）接收的名片不可来回摆弄。 （5）接收到名片时，要认真地看一遍，熟悉对方的姓名、职务等。 （6）不要将对方的名片遗忘在座位上，或存放时不注意落在地上。
递名片	（1）递名片的次序是由下级或访问方先递名片，如是介绍时，应由先被介绍方递名片。 （2）递名片时，应说些“请多关照”“请多指教”之类的寒暄语。 （3）互换名片时，应用右手拿着自己的名片，用左手接对方的名片后，用双手托住。 （4）在会议室如遇到多人相互交换名片时，可按对方座次排列交换名片。 （5）应称呼对方的职务、职称，如“×经理”“×教授”等。无职务、职称时，称“×先生”“×小姐”等，而尽量不使用“你”或直呼其名。

（四）交谈礼仪

注意要点	内 容
表情认真	在倾听时，要目视对方，全神贯注，不能东张西望，心不在焉的表情会让对方感到很不舒服。交谈时双方目光接触应该占总的交谈过程的一半以上，但并不意味着你应该目不转睛地盯着对方的眼睛，这样同样会让对方感到不舒服。
动作配合	自己接受对方的观点时，应以微笑、点头等动作表示同意。身体后仰、抱着胳膊、跷着腿，从心理学角度看，是对对方保持警戒的状态。歪着脑袋，摇头晃脑，容易使人误解为“是不是对我的意见不满意?”另外，不停地抖腿、转动手中的笔、两手紧握弄得关节嘎嘎作响，都是应该引起注意的无意识的坏习惯。
语言合作	在听别人说话的过程中，不妨用“嗯”或“是”等词加以回应，表示自己在认真倾听，不要打断客户讲话。
谈话要温和委婉	在交谈中，应当力求言语含蓄温和。如在谈话时要去洗手间，不便直接说“我去厕所”，应说“对不起，我出去一下，很快回来”，或其他比较容易接受的说法。谈话中严禁大声说笑或手舞足蹈，不要插入“个人、私密”谈话，不要讨论有争议的题目，如宗教和政治。

（五）站姿、坐姿、行走、鞠躬礼仪

项　目	内　容
站　姿	基本要求：站立时抬头、目视前方，挺胸直腰、肩平、双臂自然下垂、收腹，两脚分开、比肩略窄，将双手合起，放在腹前或背后。
坐　姿	（1）走到座位正面，轻轻落座，避免扭臀寻座或动作太大引起椅子发出响声。 （2）造访生客时，落座在座椅前 1/3 处；造访熟客时，可落座在座椅前 2/3 处，不得倚靠椅背。 （3）女士落座时，应用两手将裙子向前轻拢，以免坐皱或显出不雅。 （4）听人讲话时，上身微微前倾或轻轻将上身转向讲话者，用柔和的目光注视对方；根据谈话内容确定注视时间长短和眼部神情。不可东张西望或显得心不在焉。
行　走	基本要求：身体协调、姿势优美，步伐从容、步态平稳、步幅适中、步速均匀，走成直线。女走一字步，男走两条线；脚抬起，不要拖着地走；男不扭腰，女不晃臀。
鞠　躬	鞠躬也是表达敬意、尊重、感谢的常用礼节。鞠躬时应从心底发出对对方的感谢与尊重，从而体现于行动，给对方留下有诚意、守信用的印象。

三、沟通技巧（熟悉）

真考解读 考查相对较少，考生熟悉即可。

沟通技巧是理财师应该掌握和经常运用的一项核心工作技能。

沟通艺术或技巧，广泛意义上包括前面提到的一些与客户面对面打交道时的商务礼仪（直接、间接地会影响与客户的沟通交流效果）和即将介绍的电话沟通、产品服务推荐技巧等。

本书着重从表达能力、聆听技巧、提问技巧、肢体语言运用能力等方面进行阐述，目的在于提高理财师与客户打交道时的效率，更快地取得客户的信赖、获取更多的客户信息，加强对客户的了解和进一步维护客户的关系，从而有利于业务的顺利开展。

（一）表达能力

项　目	内　容
口头表达能力	在和客户交谈的过程中要吐字清晰、语速中等，说话简明扼要、层次分明、用词妥当、有逻辑性、有针对性，既不夸夸其谈，也不避重就轻。 （1）理财师可从以下两方面进行沟通前的准备。解读1

解读1 理财师在和客户沟通时，要注意不要使用“保证”“肯定”“一定”等承诺性的词语。

续　表

项　目	内　容
口头表达能力	①在面对客户前可以把要讲的话打好草稿，练习几遍。 ②牢记一点，理财师想讲的未必是客户想要听的，客户也未必能听进去，因此一定要把复杂问题简单化，把专业内容通俗化。 （2）为了增强口头表达能力，理财师还需要注意一些谈话的小细节。 ①正确的行为：为了加强交流效果，可用“我们”来代替“我”，用公司的商誉、各类资源来加深客户的信任感；顾及客户的感受，聆听客户的需求和困惑。 ②不正确的行为：一味地谈公司品牌，谈金融理财理念，谈自己；使用“保证”“肯定”“一定”等承诺性的词语。
书面表达能力	（1）理财师有很多机会与客户进行书面交流，如电邮沟通、制作书面的理财规划方案等。 （2）理财师撰写理财规划报告时书面表达能力就是和客户成功沟通的关键，因此理财规划书的制作必须按照一定的标准格式和制作流程完成。

（二）聆听技巧

所谓沟通，一定是双向的，它不仅包括说也包括听。成功的沟通，应该要做到三点：角色互换、鼓励发言及仔细倾听。

（1）在面对客户时理财师切忌只顾自己大谈金融理财服务的好处、保险的重要性、投资的方法或热销产品等，而忽视客户的感受，必须了解客户的兴趣、需求和困惑，了解什么对客户是重要的，交流才能引起客户的注意。

（2）合格的理财师往往是一个很好的聆听者，因为聆听可以使理财师对客户有更深层次的了解和理解，通过聆听，也加深了客户对理财师的信任，因为客户觉得你对我的情况、想法感兴趣，而不是一味讲理财师自己（知道、推广）的东西。

（3）在聆听客户讲话时，理财师可以不时微笑、点头，用“嗯”“哦”“是”“没错”等表示认可、鼓励客户的讲话。[解读2]

解读2 了解客户、与客户互动和鼓励客户多讲话的有效方法是理财师多问和客户相关的问题。

（三）提问技巧

在约见客户及沟通过程中，为了让客户积极参与互动、多了解客户，理财师要多问问题，更要善于提问。这里讲几点关于提问的常识和技巧。

一般可以先对要提问的内容进行分类，这样就能根据工作需要找出更有效的提问技巧或方式。

1. 两种形式的问题

项 目	内 容
开放式问题	（1）开放式问题，指能让客户充分阐述自己的意见、看法及陈述某些事实现状的提问方式，可以让客户自由发挥。这种提问方式便于充分发掘客户需求，获取更多有用信息，让客户多说话。例如，“您目前的家庭财务状况如何？收入怎么样？”“您如何看待投资风险？”“您比较喜欢投资什么样的理财产品？” （2）有时直接询问客户不大熟悉或者太敏感的内容可能会造成紧张气氛，通常可以采用间接提问法，即先叙述别人的看法或意见，然后再邀请客户表述其看法。例如，“我有个朋友也像您一样是老师，毕业班的班主任，平时很忙。后来他发现基金定投这种投资方式非常方便省心，收益也不错，不知道您的看法如何……”
封闭式问题	封闭式问题是让客户针对某个主题在限制选择中明确回答的提问方式，即答案为“是”或“否”，或是量化的事实。例如，“您是想买股票型基金还是平衡型基金呢？”“您以前投资过开放式基金吗？” 封闭式提问只能提供有限的信息，一般多用于重要事项的确认，如客户资料收集或促成交易时。如能使所提的问题明确而具体，效果会更理想。例如，邀约客户时，希望客户在既定的时间赴约，可以在交谈即将结束时说：“那么我们是下周一上午见，还是周二上午见？”收集客户资料时，“您是否认为基金经理专家理财比个人炒股的风险要小一些呢？”“您认为投资时本金安全更重要吗？”在交谈后期的销售促成时，“现在就为您办理基金定投手续如何？”“您这次是先买6万元还是7万元呢？”
总 结	理财师要善于灵活掌握提问的步骤。在营销会谈中，应先多问开放式提问，充分发掘客户需求，当某项客户需求已较为明确时，再进行封闭式提问，以获得客户的认同。 此外，理财师要善于将封闭式提问转化为开放式提问，如将“……您同意吗？”（封闭式）改为“您认为怎么样？”（开放式）沟通效果会明显增强。

典型真题

【多选题】关于封闭式提问方式，下列说法正确的有(　　)。

A. 便于充分发掘客户需求　　B. 能获取更多有用信息

C. 只能提供有限的信息　　D. 多用于重要事项的确认

E. 可以让客户自由发挥

【答案】CD【解析】封闭式提问只能提供有限的信息，一般多用于重要事项的确认。选项A、选项B、选项E均属于开放式提问方式的特点。

【判断题】开放式问题是让客户针对某个主题在限制选择中明确回答的提问方式，即答案为“是”或“否”，或是量化的事实(　　)。

A. 正确　　　　B. 错误

【答案】B【解析】开放式问题是指能让客户充分阐述自己的意见、看法及陈述某些事实现状的提问方式，可以让客户自由发挥。

2. 两大类内容的问题

项　目	内　容
事实性的问题（Facts）	（1）比如“您收入多少”“您有遗嘱吗”都是事实性问题。 （2）事实性的问题不要问得太突兀，在问一些客户比较敏感的事实性问题时，可以先有一些铺垫，如先问对方的工作单位和职务，然后可以说：“你们单位的效益一定不错吧？”客户也许就把收入告诉你了，如果回答是“还可以”“一般吧”，可以再进一步：“那您方便告诉我您具体的月收入和员工福利大概是多少吗？”表面看来区别不大，但在这个过程中，理财师还了解了客户对其工作收入的满意程度。 （3）有些事实性问题可以直接问得具体明确，比如在收集客户的财富保障、保险情况时，理财师可以直截了当地询问：“您买过哪些种类的保险呢？”而不是问：“您有保险吗？”
感受性的问题（Feelings）	多要求对方叙述对事物的认识、态度。感受性问题的典型代表是了解客户对金融理财服务以及相关的一些领域（如保险、投资）的看法。

（四）肢体语言运用能力

沟通交流其实通过两种形式达到：语言沟通和非语言沟通。在语言沟通中，沟通双方应该积极交流和认真倾听与应答；非语言沟通，包含的元素很多，如表情、目光、体姿、动作、服饰与发型等。

（1）在面对面沟通中，肢体语言往往比语言本身对沟通效果的影响更重要。美国心理学家艾伯特·梅拉别恩根据实验研究指出，在沟通结果或效果上，言辞占7%，声音占38%，肢体语言占55%。由此可见，理财师的肢体语言与沟通、表达的内容一样重要，有时甚至对结果的影响更大。

（2）肢体语言的形式包含三方面：面部表情、身体角度、动作姿势。

（3）肢体语言传递的信息。

传递信息	面部表情	身体角度	动作姿势
认　可	轻松、微笑，直接且柔和的目光接触，积极与富有情感的语调。	身体前倾，双手摊开，握手有力。	双臂放松，一般不再交叉。双腿交叉叠起并朝向你。

续　表

传递信息	面部表情	身体角度	动作姿势
犹　豫	迷茫或者困难，躲避的目光，伴随着疑问或者中性的语调。	朝远离你的方向倾斜。	双臂交叉，略显紧张，双手摆动或手上拿着笔等物品不停地摆弄着，握手乏力。
拒　绝	表现出生气与紧张或者忐忑不安的样子，紧锁双眉，不再与你有目光接触，伴随着低沉与消极的语调。	突然起身，整个身体背向你或者缩紧双肩，身体向后倾斜，显示出“拒人以千里之外”或者“心不在焉”的态度，一些客户利用清嗓子、擦手或用力地一捏耳朵、环顾左右等方式转达明显的抵制情绪。	双臂交叉紧紧抱在胸前，握手乏力或做出拒绝的手势，双腿交叉并远离你。

典型真题

【单选题】肢体语言传递的信息不包括(　　)。

A. 认可　　B. 犹豫

C. 拒绝　　D. 纠结

【答案】D【解析】肢体语言传递的信息有认可、犹豫和拒绝。

（五）注意事项

在交谈中理财师需要注意以下三点。

（1）理财师要注意接收客户在与你谈话期间不解、反对、不耐烦、不在乎等细小的肢体语言反应，避免加深客户的负面感受，影响沟通效果。

（2）理财师感受到客户负面情绪后（“红灯”亮起），一个很好的方法就是停下来问客户：“您对我们刚才讲的内容有什么问题吗?”这样可以及时解决客户的问题，又可以使自己表现得从容和镇定。切忌在发现客户的负面情绪后，还继续滔滔不绝地讲下去，这样不但使自己的慌乱情绪表露在客户面前，而且很有可能不断重复刚才讲过的内容，使客户产生反感。

（3）当客户对理财师的谈话内容表现出很有兴趣时，理财师也不应该自己打乱自己的节奏，这时不要故作幽默，以免有得意忘形之嫌，也不应该转移话题。理财师应该把握机会，一方面不断地得到客户的认同，另一方面把自己的观点流畅、简明地向客户解释，以达到预期的会面成果。

第二节 工作计划与时间管理

真考解读 考查相对较少，考生熟悉即可。

一、时间管理概述（熟悉）

时间管理是指研究如何合理、有效地组织、运用时间资源，以达到工作和生活的目标。美国著名管理学大师史蒂芬·柯维认为，犹如人类社会从农业革命演进到工业革命，再到资讯革命，对时间管理的认识、实践也可分为四个阶段。

阶 段	内 容
第一代时间管理	着重利用便条与备忘录，在忙碌中调配时间与精力，缺点在于并不存在“优先概念”，对于重要而非必要的事情并无突出。
第二代时间管理	强调行事历与日程表，反映出时间管理已注意到规划未来的重要，但仍然缺少轻重缓急之分。
第三代时间管理	是目前正流行、讲求优先顺序的观念，也就是依据轻重缓急设定短、中、长期目标，再逐日制订实现目标的计划，将有限的时间、精力加以分配，争取最高的效率。缺点在于可能会因过于死板，导致个性化、任性化不够。关于理财师的工作时间管理也是在这层面上讨论的。
第四代时间管理	第四代时间管理理论与前三代截然不同，它从根本上否定了“时间管理”这个名词，主张关键不在于时间管理，而在于个人管理。与其着重于时间与事务的安排，不如把重心放在维持产出与产能的平衡上。也就是说，以原则为中心，考虑个人对使命的认知，兼顾重要性与紧急性，着重完成战略性事务。

真考解读 考查相对较少，考生熟悉即可。

二、时间管理的重要性（熟悉）

时间管理是日常事务执行中的一种有目标的可靠的工作技巧，其关键是合理有效地利用可以支配的时间。时间管理的重要性主要体现在以下三个方面。

项 目	内 容
对人生和生命的管理	（1）管理好时间就是管理好人生，人们可以靠有效地利用时间来获得更多的资源。 （2）古语说“寸金难买寸光阴”，时间是世界上最稀缺的资源。由于时间供给量是固定不变的，并且无法失而复得、无法取代，一旦挥霍了时间，任何人都无力挽回。但与此同时，任何一项活动都有赖于时间的堆砌，时间是任何活动不可缺少的资源。
工作效率的提高	（1）在实际工作中，时间管理的目的就是将时间合理投入在与目标相关的工作上，从而提高工作效率，减轻工作压力，同时也有更充裕的时间对下一步工作包括家庭生活有所安排。

续 表

项　目	内　容
工作效率的提高	（2）对于管理者而言，管理时间还可以使其获得更多的“空闲时间”，从事更多重要但不紧急的事务，提升组织效能，最终促进团队的组织目标的达成。对于个人而言，有效管理时间则可能升职加薪，获得事业上的进步和家庭生活的幸福。
生活质量的改善	进行良好的时间管理，能够省出更多时间与家人和朋友相处，做自己想做的事情，从而劳逸结合，增加生活的乐趣。合理利用时间，增加悠闲时光，是一种时间管理，也是一个良性循环的过程，对于工作、生活的改善都大有帮助。

三、时间管理的方法（熟悉）

真考解读 考查相对较少，考生熟悉即可。

进行时间管理的方式方法有许多种，下面就几种常见的时间管理方法进行介绍。

（一）时间管理优先矩阵

（1）根据时间管理理论，可以把事件或工作按其紧急性和重要性分成A、B、C、D四类，形成时间管理的优先矩阵，以此来进行时间管理，如下图所示。

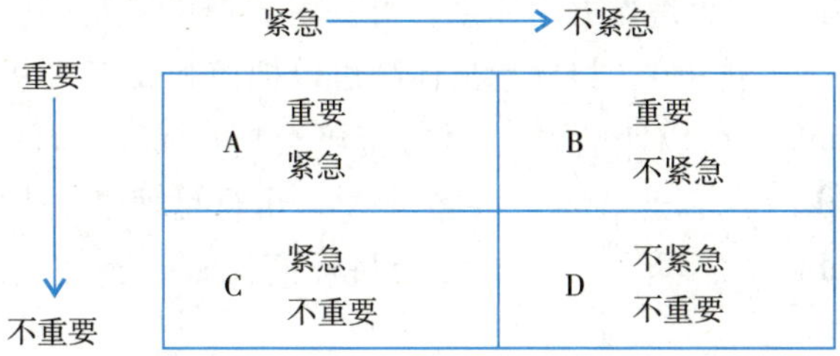

紧急 ——→ 不紧急

重要 ↓ 不重要

A 重要 紧急	B 重要 不紧急
C 紧急 不重要	D 不紧急 不重要

（2）紧急性是指必须立即处理的事情，不能拖延。重要性与目标是息息相关的。有利于实现目标的事情都称为重要，越有利于实现核心目标，就越重要，如下图所示。

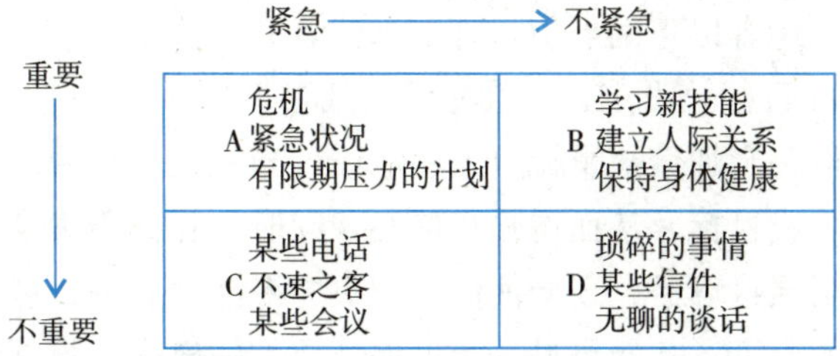

紧急 ——→ 不紧急

重要 ↓ 不重要

A 危机 紧急状况 有限期压力的计划	B 学习新技能 建立人际关系 保持身体健康
C 某些电话 不速之客 某些会议	D 琐碎的事情 某些信件 无聊的谈话

（3）优先矩阵的应用。解读1

项　目	紧　急	不紧急
重　要	第一象限：危机、客户投诉；紧急的问题；有期限压力的任务；突发事件；与核心价值观联系紧密的事。	第二象限：防患于未然；改进产能；建立人际关系；开拓新市场规划、目标管理；体育锻炼。

解读1 良好的习惯是先做重要又紧急的事情，多做重要不紧急的事情，少做紧急不重要的事情，不做不重要不紧急的事情。

续 表

项 目	紧 急	不紧急
不重要	第三象限：不速之客；没有预约的电话；邮件或无预约当面面谈；必要但不紧急、不重要的会议。	第四象限：琐碎的工作；某些信件或邮件；浪费时间的事情；有趣的休闲活动。

典型真题

【判断题】紧急性是指必须立即处理的事情，不能拖延。重要性与目标是息息相关的，有利于实现目标的事情都称为重要，越有利于实现核心目标，就越重要。(　　)

A. 正确　　B. 错误

【答案】A **【解析】**题干表述正确。

（二）制定合理目标

除了按照事件的紧急性和重要性来进行时间管理之外，还可以通过“制定目标—达成目标”来进行时间管理。

其中目标的设定应当遵循五个原则，可以用SMART来表示。

（1）Specific（具体的），目标越具体越可以把控和具有约束力。

（2）Measurable（可以计量的），目标应该有判断标准，而且能分阶段衡量。

（3）Attainable（可以达到的），目标科学、可行是理想，否则就是幻想。

（4）Reasonable（合理的），只有制定目标的流程、条件判断合理，目标才科学可行。

（5）Time（有时限性的），设定没有期限的目标没有约束力。

需要注意的是，目标设定是一个持续的过程。因为目标不是永恒不变的，如果目标设定的内容错误或者要求太高或太低的时候，就需要重新修订。在制定和修订目标过程中，还有以下两点值得理财师注意和尝试。

（1）重视书面目标。设定目标最好用白纸黑字写下来。当一个人的目标是白纸黑字的时候，他一定加倍地重视自己的承诺。当一个人重视承诺的时候，他会认真思考并设法完成目标，从而增强自信心，同时，目标明确会减少不必要的彷徨、矛盾心理，增强自尊心，还会使注意力更为专注、集中，有助于做出正确的决策，有了正确的决策，才能更进一步地保证工作的效率、目标的实现和人生价值的提升。

（2）目标设定要用文字描述出来。在设定目标的时候，最好的方法是找出几大理由，重要的不是做什么，而是为什么要做这些事情。目标是一种挑战，它能激发个人的行动力。目标是成绩判断标准，没有目标，就缺乏评估标准。没有目标，即使最好的工作方法也没有用。

（三）遵循"二八"定律

"二八"定律适用于生活工作中的很多事情。在工作上，理财师应当集中时间精力去完成重要艰巨的工作，即把 80% 的时间放在 20% 最重要的事情上。生活中肯定会有一些突发事件或困扰和迫不及待要解决的问题，如果你发现自己天天都在处理这些琐事，那表示你的时间管理并不理想，整日忙乱。成功者花最多时间在做最重要而不是最紧急的事情上，然而一般人都是做紧急但不重要的事，所以成效甚微。

四、理财师时间管理实践（了解）

真考解读 较少考查，考生了解即可。

如何看待时间，如何运用时间，是一个人心态和心境的表现。良好的时间管理，是一种习惯的养成，是理财师高效工作的基础技能。

在理财师实际工作中，常常会有许多外在因素和内在因素影响着理财师的时间管理行为。

外在因素包括电话干扰、不速之客、社交闲谈、权责混淆、沟通不良、资料不全、会议耽搁、文件繁多、工作搁置等。

内在因素包括危机应付、计划欠妥、贪求过多、事必躬亲、条理不清、欠缺自律、无力拒绝、做事拖延等。

良好的习惯养成将有助于减少这些时间管理不良现象的发生。下面讲述五点日常工作中理财师可以使用的时间管理小技巧。

（一）创造良好的办公桌环境

办公桌就是每个职业人的第一战场，是时间管理的行为标志。维持办公桌环境干净整洁、井然有序有助于提高工作效率，增加工作专注度。创造干净整洁的办公桌环境的方法包括但不限于以下五点。

（1）尽量保持桌面整洁，只留正在做的事情的相关文件。

（2）工作中经常要用到的物品应容易取得。

（3）每一件物品应摆放在固定的位置，用完之后即刻归于原位。

（4）定期处理不需要的文件，避免东西的无谓增加。

（5）原则上，办公桌不摆放私人物品。

（二）养成及时高效的邮件处理习惯[解读2]

解读2 电子邮件已经成为理财师与客户、领导、同事沟通的必不可少的工具，每天理财师都需要收发大量电子邮件。

项　目	内　容
收邮件时	（1）通常对接收到的邮件有 3R 政策，即 Read（阅读），Respond（回复）和 Remove（清理）。 （2）限制每天处理邮件的次数，这样，你就可以更加专注、更有创造性、更为集中地处理既定工作。同时，尽量避免在工作时处理私人邮件。 （3）需要处理的邮件要尽快处理，不要让邮件堆积起来，及时删除不再需要的邮件。如果没有时间详细回复邮件，可以先根据要

续 表

项　目	内　容
收邮件时	点进行简短回复，并说明稍后细说。或者将邮件放入“须回复”文件夹，进行统一回复。 (4) 对于需要保留的邮件及时进行分类，并放在规定的文件夹内。 (5) 过滤垃圾邮件。及时删除垃圾邮件以及自己订阅却很少阅读的邮件。
发邮件时	(1) 使用有意义的标题，让收信人一下就能明白里面是什么，同时也区别于垃圾邮件。 (2) 邮件简明扼要。如果有许多事项需要说明，可以列成要点，让人一目了然。如果是一封长信，最好在开篇处对重要内容进行摘要。 (3) 不要忘记电话。邮件有它的优势，但有时电话可以产生一对一接触的效果，并能及时收到反馈，对推动特定事项进展有更高的效率。

（三）养成档案及时归档的习惯

相关电子、书面档案应按档案管理制度等有关制度按时进行归档处理；办公电脑里的电子文件，要及时整理，避免无序保存在电脑桌面的情况。

（四）进退得宜地处理社交事项

1. *解决过多电话的时间管理方法*

项　目	内　容
阻绝干扰	很多理财师就是因为不知道过滤电话，以至于他在一天的时间里往往都浪费在接电话上。学会过滤电话，阻绝干扰有几个步骤。 (1) 处理。如果有可能尽量由助理或前台回答来电者的需求，并记下有关的信息。 (2) 转接。如果助理无法处理，下一步就是把电话转给团队里其他能够协助的人。 (3) 暂缓。如果遇到只有你能处理的状况，助理要试着记下留言，避免使你受到打扰，你可以下一步再去处理这个事情。 (4) 速办。如果来电者合乎事先约定好的原则，紧急事或者重要人物的电话可以直接接听，速办可以把时间压缩更短。 如果没有助理，可以考虑与同事互相帮助接电话，或者安装留言系统。如果必要，在关键性的时间里可以关掉电话。
集合所有电话	在某时间段把电话一起回掉，这样能够高效地解决所有电话问题，避免工作时间的被动割裂。

2. 解决过多机动事项干扰的时间管理方法

管理方法	内　容
不要一味苛求受到别人的赞许或者接纳	对朋友、同事应该友爱互助、坦诚相待，但不是有求必应。否则，如果应允的事情过多无法兑现，理财师可能因此失去而不是得到尊重，进而影响自己的工作和生活，令自己觉得难堪。
不要怕会冒犯别人	对于害怕冒犯别人，它的解决之道是要培养和学习在不冒犯他人情况之下拒绝别人的技巧。理财师可以适当地提出合理的拒绝。对于那种事事强求的解决方法，有必要培养拒绝别人的能力，一个人的时间、精力是有限的，别过多要求自己在短期内做一大堆事情、满足所有人的请求。
对于义务的认识要正确	解决的方法是检讨造成的理由并加以控制。可以问一下自己：这个事情该我做吗？这个事情我会做得很好或更好吗？从主观上思考自己是否能够胜任，是否有足够时间完成事项。
学会如何拒绝，聆听别人的要求	如果情况适当，理财师应当面拒绝，并说出原因，或者找出一种可以替代的方法。 如果找不到拒绝理由，可以直接告知，有时候没有借口比找个蹩脚的借口强。 在答应别人之前理财师先应该停一下，即暂缓的反应。

（五）有效利用零散时间

对于零星时间的高效运用，可以在时间管理上起到事半功倍的效果，我们称为“碎片化时间”的利用。例如，在每日上下班路上，或是在旅行途中、等待途中（如等火车飞机、看病、缴费等）的零散时间里，都可以做一些小事。如学习相关专业知识、提升专业技能、了解最新政策和行业动态、回复一些亲友同事的电话、邮件等。这些均有助于充分利用时间、提高时间管理能力和提升工作效率。

第三节　电话沟通技巧

电话是理财师与客户较常见的沟通方式之一，无论是约见客户、信息了解、礼节问候或推荐产品服务，电话沟通比面对面沟通和书信（包括电邮）沟通使用得多，也频繁得多。同时，由于和面对面沟通相比电话沟通只能通过声音传递信息，效果有所影响，因此，理财师掌握一定的电话沟通技巧有助于避免误解，提升客户感受，提高工作效率。

一、一般电话礼仪（了解）

真考解读 考查较少，考生了解即可。

首先介绍一下一般电话（无论是接听还是外拨电话）的注意事项，然后具

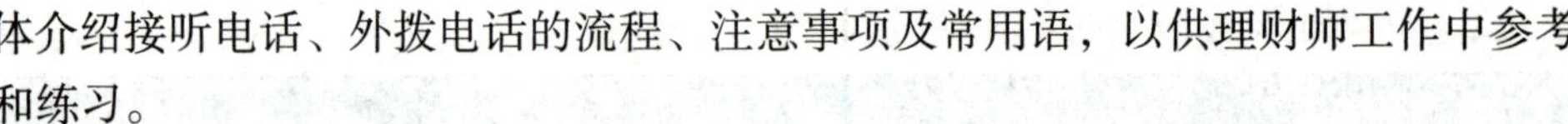

体介绍接听电话、外拨电话的流程、注意事项及常用语，以供理财师工作中参考和练习。

（一）影响电话效果的三要素

要　素	内　容
时间和空间的选择	（1）打电话有个时间和时机的问题（接听电话例外），而且这一问题有两面，即什么时间打电话给客户方便和效果好，以及什么时间打电话理财师更在工作状态和更有效。 （2）至于什么时间打电话给客户更好，是理财师了解客户和长期沟通的结果。必要时，可以直接问客户“一般什么时间给您打电话方便呢？”另一个相关问题是什么时间打电话效果更好，在这点上似乎行业里有争议。譬如，有人提出：不选星期一上午，特别是刚上班的时候通话；不在周五下班前通话——别人记不住（周末）。不过，一些理财师和客户经理的经验结论是，每天刚上班时给客户打电话效果更好，因为那时客户一天的工作还没有开始，比较空闲，往往到下午手头事情比较多，精神状态也不是最佳的。总之，在这点上以客户的要求为准。 （3）理财师则要在综合了解客户的基础上，根据需要安排好自己的工作计划和时间。总之，理财师每天最好在固定的时间、集中一段时间拨打电话。打电话不要选择过于嘈杂的环境。
通话的态度	其重要性类似见面时的肢体语言。与面对面沟通不同，在电话上理财师不能借助姿态语言影响沟通效果，但是理财师通话时的声音、语调、语速和用词会大大影响电话沟通的效果。
通话的内容	应力求通俗易懂、简明扼要，电话中应避免使用对方不能理解的专业术语或简略语。

（二）电话沟通态度的四个要点

项　目	内　容
声　音	热情悠扬的声音可以为你的客户增加对你和公司的信任度。
语　调	柔和并突出和强调重要的词语，适当的沉默可以使客户感觉到你在倾听。
语　速	稍慢的表达可以使你和客户之间有轻松的气氛，适当的停顿能帮助你更清楚地表达。
词　语	使用礼貌、专业、适当的词语，简明扼要，必要时事先打好草稿。

（三）电话接听的基本程序和注意事项

程序和事项	内　容
迅速接听电话	一般电话铃响不超过三声，应拿起电话。如果在超过四次铃响以后才接起来，一定要说一声致歉的话："对不起，久等了。"如果正在处理紧急事情，听到电话铃响也应立即接起，然后要先致歉，"对不起，请稍候片刻"，或者征求其意见可否另外时间打来，或另外打一个电话，如"实在对不起，请您再拨一次×××好吗?"如果暂时搁置电话，回头再接听时要说："对不起，让您久等了。"或"很抱歉，浪费您的时间了。"
致以简单问候	接电话后，一般在自报单位或部门名称和自己姓名之前，要有简短的问候，如"您好""早上好""下午好"等，语气力求柔和亲切。
自报单位名称和个人姓名	比较正规的电话应答可能要求单位、部门和个人姓名三者内容都要有，譬如"您好，(这里是)××银行×××部（或网点名称），我是×××，有什么事可以帮您?"
认真倾听	接通客户电话后一定要全神贯注，譬如不能同时还与身边的人说话，耐心、认真倾听对方的电话事由，不急于下结论或结束电话。如需传呼他人，应请对方稍候，然后轻轻放下电话，走去传呼他人，切忌在原位大声呼唤同事。如是对方通知或询问某事，应按对方要求逐条记下，并复述或回答对方。
记录谈话内容	譬如，记下对方通知或留言的事由、时间、地点、号码和姓名；并把你所记录的内容复述给对方核实。
感谢对方来电或要求	在结束通话前应该礼貌性感谢对方来电；有时再加一句"祝您有一个愉快的下午"，会让客户倍感亲切。
结束通话时要后放电话	在通话结束后金融机构工作人员要等对方放下电话后，再轻轻放下，否则给客户的感觉是你急于打发他、对他不重视。
电话中途断线	如果电话讲到中途断线，接听电话的一方，应把电话放下，并等候对方再拨电话来，而打电话的一方要再拨一次，在接通电话后，应加上一句"刚才中途断线，真是抱歉"。

（四）电话沟通的惯用语、称呼和其他注意事项

项　目	内　容
电话常用语	（1）您好，这是××银行。 （2）我的名字是××。请问您是××先生/女士吗? （3）对不起，您拨错了电话号码。 （4）不要客气。

续 表

项 目	内 容
电话常用语	(5) 请问需要我留言吗? (6) 对不起，请讲慢一点。 (7) 刚才电话断了，很对不起。 (8) 请等一下，不要挂断。 (9) ××先生/女士外出了。
正确使用称呼	(1) 按职务称呼。 了解客户的姓名和职务，按照姓氏冠以职务称呼。如只知其姓氏而不知其职务，也可按照姓氏冠以“先生”或“小姐”“女士”进行称呼。 (2) 按年龄称呼。 在无法了解姓名和职务的情况下，可根据客户的年龄状况予以尊称。如先生、太太、小姐、老人家、小朋友等。 (3) 按身份称呼。 对军队官员有军衔、职务称呼，暂时不清楚军衔的官员可统称“首长”，对无官衔的士兵可称“解放军同志”。对地方官员按职务称呼，如暂不清楚职务的可统称“先生”。对宗教人士，按教名称呼，如天主教称主教、神甫；基督教称牧师；道教称道士、道长；佛教称方丈、师父。
其他电话沟通时的注意事项	(1) 正确使用敬语。 (2) 对容易造成误会的同音字和词要特别注意咬字清楚。 (3) 接听电话，语言要简练、清楚、明了，不要拖泥带水、浪费客户时间，从而引起对方反感。 (4) 接听或打电话时，无论对方是熟人还是陌生人，尽量少开玩笑或使用幽默语言。因双方在电话中既无表情又无手势的配合，开玩笑或幽默语言往往容易造成事与愿违的效果。 (5) 对方拨错电话时，要耐心地告诉对方“对不起，您拨错电话号码了”，千万不要得理不让人，造成客户不愉快。自己拨错了电话号码，一定要先道歉，然后再挂线重拨。

真考解读 较少考查，考生了解即可。

二、外拨电话的步骤和注意事项（了解）

外拨电话的目的或事由很多，如邀约客户、了解情况、推荐产品和服务以及感情联络、关系维系等。

（一）陌生电话约访

陌生电话约访是理财人员开发新客户的重要手段，陌生电话约访的客户名单可来自外部收集的潜力客户名单、银行内部资源（如信用卡名单）、举办投资报告说明会活动收集的名单或客户转介绍等。

1. 陌生电话前的准备工作

项　目	内　容
了解电访客户的背景	（1）理财人员在电访客户前要对客户的相关背景资料有一个了解的准备工作，对客户的潜在需求进行初步分析判断，掌握客户信息资料越多，在电话中更容易直接切入客户的需求，销售成功的概率就越高。 （2）如果是针对原本个人资料信息少的客户，需要通过电访建立客户详尽的信息资料，在电访前应准备一份客户档案资料表，明确需要通过电话获得客户哪些更多的信息。
了解本行的产品服务及其优势	事先了解本行与竞争对手差别的地方，了解本行的产品服务有哪些特点、优势，以建立销售信心。
明确电话目的和内容、话术	（1）建议理财师事先写下每次电话的目标和话术，甚至设计、准备好开场白。 （2）针对电访的目的准备要提的问题，提问的方式可以是开放式也可以是封闭式。把要准备问客户的问题分类列出，例如， 人：客户有多少投资金额、未来的可投资金额有多少？客户的职业是什么？购买的主要决策是客户本人还是其他人？ 事：因为什么去邀请/拜访客户？可以配合哪些事件/礼品/产品/活动作为理由邀请/拜访客户？ 时：在什么时间电话拜访合适？会谈拜访时间的长短是多少？客户资金处理的紧急性如何？ 地：在哪里？邀请来支行还是登门拜访？场地布置状况如何？ 物：先想清楚要推荐给客户的产品或服务项目。所推介的产品有哪些独特条件？例如，“好卖的、报酬高、较流行、市面上评价高……”所推介的产品有哪些独特条件满足客户什么样的需求：保本？增值？灵活性？避税？暴利？所介绍的产品和服务针对客户的具体需求是什么？能够帮助客户解决哪些具体问题？
做好心理准备	（1）业务人员打电话时，常见的恐惧心理主要有怕客户赔钱、怕看错市场、怕被客户拒绝、不知道如何应答等。 （2）解除以上心理压力的方法是做好充分的信息和心理准备。不要预想客户拒绝、不感兴趣，视客户的拒绝和反对意见为正常的情形，解读客户的反对意见中潜在的购买信号，通过客户的拒绝和反对意见了解客户的真正需求，有针对性地提出解决办法和提供相对应的产品给客户，并为下次与客户接触打下良好的基础。

典型真题

【多选题】陌生电话约访是理财人员开发新客户的重要手段，下列选项中属于陌生电话前的准备工作的是(　　)。

A. 了解电访客户的背景　　B. 面谈的具体时间和地点

C. 了解本行的产品服务及其优势　　D. 明确电话目的和内容、话术

E. 做好心理准备

【答案】ACDE【解析】陌生电话前的准备工作：①了解电访客户的背景；②了解本行的产品服务及其优势；③明确电话目的和内容、话术；④做好心理准备。

2. 开场的基本认知

呼出电话开始有两点非常重要，一是自信，二是亲和力。想要电访成功，必须让客户有信任感。要做到这一点，必须让客户感受到理财师的自信，具体有以下几点注意事项，需要理财师尽量避免。

(1) 用字遣词充满了“可能”“或许”“好像”“应该”等不确定的字眼，说话声调微弱甚至颤抖。

(2) 不太敢介绍自己的银行或表明自己的身份，在介绍产品的时候畏畏缩缩。

(3) 在初次介绍产品之后，总是会问客户“不知道×先生有没有兴趣?”习惯说“参考看看”。只要客户稍微质疑或拒绝就立刻退缩、放弃。

另一基本认知是亲和力。“开场”是通话、沟通的开始，给客户的第一印象在短短的几分钟甚至几秒钟内就能决定，必须靠令人舒服的亲和力取得客户的好感。“微笑”“热诚”等声音技巧都可以协助提升亲和力。

3. 陌生电话沟通的步骤和关键

(1) 在简单开场、寒暄后理财师应通过运用简单提问技巧，获得线索，发掘客户需求，接着向客户提问事先设计好的简单问题，得到想要的线索，了解客户需要及在意的到底是什么。

(2) 理财师应尽量争取第一时间引发客户的兴趣。第一次电访时间最好控制在5分钟之内，如果已经确定客户是目标客户，找到客户在意点，打动客户。

(3) 在通话中，当客户有一点意愿时，理财师应与客户敲定见面时间或下一步安排。约时间要用封闭式问题，让客户二选一，当客户犹豫的时候，可以提及进行中的促销活动或产品畅销，用时间的紧迫感推动客户敲定时间。

(4) 如果客户表明没有意愿，或目前没有闲置资金不可能投资，仍要留伏笔或者创造其他销售机会。

(5) 客户暂时无投资意愿，对于经过判断属于有潜力的客户，可以征求意见通过邮寄资料或者 E-mail 资料的方式保持沟通，同时可请求客户推荐客户。

（二）一般外拨电话注意事项

（1）预先将电话内容整理好（以免届时遗漏信息或讲话混乱）。

（2）电话接通后致以简单问候。

（3）自我介绍。

（4）使用敬语。

（5）说明自己要找的人的姓名：这时理财师也可能不找或不知道找具体的人，可以简要说明要找的部门或电话事由。

（6）确定对方为要找的人并致以简单的问候。

（7）按事先准备的事由逐条简述。

（8）确认对方是否明白或是否记录清楚。

（9）致谢语、再见语。

（10）等对方放下电话后，自己再轻轻放下。

第四节　金融产品服务推荐流程与话术

理财师的专业技能不能只局限于了解、分析客户需求，进行理财规划和资产分配。如何将专业的意见和合适的理财产品有效地传递给客户，得到客户的认可和贯彻执行是最关键的一步。这就涉及理财师应该掌握的另一关键沟通技巧，即金融产品服务推荐流程与话术。

一、产品卖点总结方法（了解）

真考解读 较少考查，考生了解即可。

（一）SPACED 法

1. 概述

当理财师要向客户推荐或说明银行的一项服务或产品时，涉及产品（或服务）的卖点总结、表述。产品或商品有有形和无形两种，其中金融产品和服务都可以归纳为无形产品或商品。当然金融机构的产品有其特殊性，譬如，在风险提示、合规方面的要求更高，部分产品结构较为专业复杂。在总结产品卖点时，不论有形还是无形，都可以从安全、性能或外观等方面去概括，即 SPACED 法。

2. SPACED 法具体内容

卖　点	含　义	指　标
Safety	安全/安定	风险属性
Performance	性能/绩效	收益特性
Appearance	外观/形象	历史业绩/公司品牌
Comfortability	舒适/方便	客服内容
Economy	经济/节省	费率
Durability	耐用/持续	业绩的可持续性

（二）SCORE 法

1. 概述

SPACED 是一般产品，包括有形产品和无形产品的卖点总结办法，非常全面。但是在实际推荐产品时，无论是面对面还是电话沟通，理财师不可每次都面面俱到地从那么多方面去介绍一个产品或服务，而是从最为重要的或最具特色的、客户可能感兴趣的几点着手。结合金融行业尤其金融服务，包括理财规划的特殊性，有人提出更有针对性的金融产品服务卖点总结，即 SCORE 法，任何金融产品或服务卖点都可以从如下几方面概括。

2. SCORE 法具体内容

卖　点	含　义	以开放式基金为例
安全性（Safety）	会不会亏损、有无风险。	开放式基金投资多家上市公司股票和债券，分散了风险。
灵活性（Control）	取钱或兑现问题。	基金种类多、代销渠道多、随时买卖。
规范性（Order）	规范操作，管理问题。如每日公布净值、每月邮寄对账单、资金托管在银行等。	基金投资的资金由银行托管，专款专用。
回报（Results）	收益率。	由基金经理研究、决策，专家理财。
其他一些特殊的卖点或优势（Etc.）	如有奖销售或费率优惠。	如促销活动、有奖活动或费率优惠等。

典型真题

【多选题】任何金融产品或服务卖点均可以从(　　)方面进行概述。

A. 安全性　　B. 灵活性

C. 规范性　　D. 回报

E. 其他一些特殊的卖点或优势

【答案】ABCDE【解析】任何金融产品或服务卖点都可以从如下五方面概括：①安全性，会不会亏损、有无风险；②灵活性，取钱或兑现问题；③规范性，规范操作、管理问题，如每日公布净值、每月邮寄对账单、资金托管在银行等；④回报，收益率；⑤其他一些特殊的卖点或优势，如有奖销售或费率优惠。

真考解读 较少考查，考生了解即可。

二、产品服务推荐的流程（了解）

能从 SCORE 法或 SPACED 法几方面总结产品卖点、向客户说明，还不能算是有效的产品推荐或合格的销售话术。譬如，商场售货员说这衣服质地是全棉的、餐馆服务员说他们供应的是农家菜，全棉的和农家菜说明了产品的性能或安全性，但并没有说明客户为什么要拥有或选择它，而拥有或选择一个产品的理由或好处才是真正打动客户做出购买决策的东西。如何才能简明、有效而又完整地阐明产品的卖点，从而打动客户、影响客户决策？在推荐产品（卖点）时，不能停留在产品好的特点的描述上，除说明产品的特征（Feature）外，还要讲解产品的优势（Advantage），以及这样的产品特征、优势会带给客户的利益、好处（Benefit），或如何能满足客户需求、帮助他们解决问题。这就是产品服务推荐、说明的 FAB 或 FABE 法则。

（一）FABE 法则简介

FABE 法则是由美国俄克拉荷马大学企业管理博士、中国台湾中兴大学商学院院长郭昆漠总结的，是指销售人员运用产品的特征 F（Feature）和优势 A（Advantage）支持，把产品的利益 B（Benefit）和潜在顾客的需求联系起来，详细介绍所销售的产品如何满足潜在顾客的需求，并用“证据”E（Evidence）来说服顾客。它通过四个关键环节，极为巧妙地处理好了顾客关心的问题，从而顺利地实现产品的销售。在当今时代，越来越多的人已经把它应用到销售或市场推广中，在对客户提供金融服务和产品推荐中具有代表性。

（二）FABE 法则应用

1. FABE 法则应用示例（某电商公司）

项　目	内　容
特征（Feature）	因为：这是一个让全世界的商家在互联网上做生意的平台。
优点（Advantage）	所以：它做到让买卖双方能在网上以最好的价钱、最优的质量、最佳的信用进行交易。
利益（Benefit）	对您而言：它会给投资人、员工、客户带来丰厚的收益，它会成为网上的沃尔玛。
证明（Evidence）	比如，美国高盛、我国香港长江实业都有意向投资该电商公司。

2. SCORE/FABE 法则应用示例（开放式基金）

特征（Feature）	优点（Advantage）	利益（Benefit）	证明（Evidence）
因为：基金投资多家上市公司股票和债券（安全，S）。	所以：分散风险、稳定收益。	对您而言：不用整天担心市场波动和投资损失。	比如，身边许多亲友都开始投资基金。
基金投资由基金经济研究、决策（收益，R）。	潜在更好的回报。	能够为教育和养老积累巨额资金。	我许多朋友都买基金了。

续 表

特征（Feature）	优点（Advantage）	利益（Benefit）	证明（Evidence）
基金投资的资金由银行托管（规范，O）。	规范、安全。	长期投资的资金安全。	现在越来越多的人选择基金投资。
基金种类、代销渠道很多、随时买卖（灵活，C）。	简单易行。	方便您、满足您（各类理财需求）。	在美国接近一半的家庭持有基金。

3. 案例：用 FABE 法则推介资产配置服务

项　目	内　容
特征（Feature）	因为：我们专家根据不同类型客户的情况和需要，推荐一揽子股票或基金（组合）。
优点（Advantage）	所以：客户不需要整天花时间盯住市场（决策买卖），且可以获取好的回报。
利益（Benefit）	对您而言：您可以有更多的时间陪家人，将来小孩读大学的费用也不用发愁了。
证明（Evidence）	比如，最近每天都有客户来询问和开户，采用我们这一特色服务。

如果一名理财师在推介相关服务时，一味强调产品的特征、卖点，不把落脚点放到资产配置服务如何能满足客户的需求或解决其家庭财务问题上，也就是说在面对客户时，理财师反复强调的仅仅是第一层或前两层意思（特征和优点），这样的销售或推介就不会有很好的效果。掌握 FABE 法则，并不断地熟练应用，就等于打开了与顾客沟通的法门，在以后的市场营销中理财师就可能成为顾客信赖喜欢的专家顾问。

（三）FABE 产品服务推介法使用原则

项　目	内　容
巧妙引导、激发需求	在金融服务中，通过介绍产品来引起顾客的兴趣，从而激发顾客的需求。我们使用 FABE 法则是为了促进交易的完成，而交易的完成也就是为了满足顾客的需求。因此，在金融服务中，激发顾客需求是第一步。
突出核心价值、展示亮点	每个顾客在购买产品时，都希望自己所买的产品能最大限度地满足自己的需求。如何给顾客介绍产品在很大程度上决定了顾客的购买行为。我们在推销过程中，应突出产品的核心价值内容，展示出产品的与众不同。

续 表

项 目	内 容
强调利益、因客而异	决定顾客是否实施购买行为的关键点是产品所提供的利益是否与顾客的需求相匹配。如果不匹配，顾客就会拒绝购买。因此，在推销中，应根据顾客的需求来强调此产品能给顾客带来的利益。让顾客感受到这就是我所需要的产品。但是萝卜白菜各有所爱，这就要求我们因客而异来强调利益。
罗列证据、反复证明	在当今社会，王婆卖瓜自卖自夸的人越来越多，这也就造成了很多不诚信的现象。如果要促进销售的顺利进行，不妨用“证据”来说话。用证据来说服顾客，这是一种非常有效的方法，这对那些性格比较谨慎的人来说更为有效。

综上所述，理财师必须掌握一些基本且关键的客户服务和销售技能，这样不仅能树立企业和自身的良好专业形象，也能大大提升工作效率，很好地履行理财师的工作职责。

章节练习

一、单选题（以下各小题所给出的四个选项中，只有一项符合题目要求，请选择相应选项，不选、错选均不得分）

1. (　　)的缺点在于可能会因过于死板，个性化、人性化不够。

A. 第一代时间管理　　B. 第二代时间管理
C. 第三代时间管理　　D. 第四代时间管理

2. 下列不符合个人形象六要素的是(　　)。

A. 仪表　　B. 表情　　C. 服饰　　D. 守时

3. 下列不属于阻绝干扰电话步骤的是(　　)。

A. 处理　　B. 拒接　　C. 暂缓　　D. 速办

二、多选题（以下各小题所给出的五个选项中，有两项或两项以上符合题目的要求，请选择相应选项，多选、少选、错选均不得分）

1. 对理财师口头表达能力的要求包括(　　)。

A. 吐字清晰　　B. 语速中等　　C. 说话简明扼要　　D. 用词妥当
E. 避重就轻

2. 下列不符合女士着装要求的包括(　　)。

A. 穿衣过分鲜艳　　B. 穿衣过分暴露
C. 穿衣过分短小　　D. 佩戴时尚手表
E. 穿紧身衣

三、判断题（请对以下各项描述做出判断，正确的为 A，错误的为 B）

1. 小王在接待客户时，客户给他发了一张名片。此时，刚好来了一个电话，需要他记下东西，小王就在客户的名片上记下来了。小王的做法是合理的。(　　)

   A. 正确　　　　B. 错误

2. 掌握 SPACED 法则，并不断地熟练应用，就等于打开了与顾客沟通的法门，在以后的市场营销中理财师就可能成为顾客信赖喜欢的专家顾问。(　　)

   A. 正确　　　　B. 错误

答案详解

一、单选题

1. C【解析】第三代时间管理的缺点在于可能会因过于死板，个性化、任性化不够。

2. D【解析】守时是在会客时理财师必须遵守的一项礼仪。个人形象的六要素包括仪表、表情、服饰、风度、谈吐语言、待人接物。

3. B【解析】阻绝干扰电话步骤包括处理、转接、暂缓和速办。拒接是不恰当的处理方式，可能会错过重要电话。

二、多选题

1. ABCD【解析】理财师在和客户交谈的过程中要吐字清晰、语速中等，说话简明扼要、层次分明、用词妥当、有逻辑性、有针对性，既不夸夸其谈，也不避重就轻。

2. ABCDE【解析】女士着装要求有“六不准”，选项 A、选项 B、选项 C、选项 D、选项 E 均符合题目要求。另外，女士在着装时最好不要选择时尚手表，花哨浮夸的时尚手表难免会给客户留下不严谨、不庄重的感觉。女士可尽量选择佩戴简洁大方的普通手表。

三、判断题

1. B【解析】小王的做法是错误的。理财师接收的名片不应在上面做标记或写字，特别是当着客户的面。

2. B【解析】掌握 FABE 法则，并不断地熟练应用，就等于打开了与顾客沟通的法门，在以后的市场营销中理财师就可能成为顾客信赖喜欢的专家顾问。

附录一　相关问卷及表格

一、商业银行客户风险类型评估问卷

商业银行客户风险类型评估问卷

重要提示：

1. 请您根据自身实际情况认真填写本问卷，以便界定您的风险类型，进而帮助您获得合适的理财规划和资产配置方案。

2. 本问卷包括9个问题，每个问题根据您自身的实际情况勾选一个选项。不准确、不完整地填写问卷可能会影响您的风险类型评估，本行对因此产生的后果不承担任何责任。

3. 本问卷的最终解释权归中国农业银行股份有限公司所有。您若对本问卷内容有任何疑问，请咨询您的专属财富顾问。

客户资料：

客户姓名：　　　　　　　　　　　　联系电话：

问卷题目（单选，请在所选答案对应的□中打√）：

1. 您可以接受的最长投资期限为：

□A. 大于5年　　□B. 3~5年（含）　　□C. 2~3年（含）

□D. 1~2年（含）　　□E. 1年及以内

2. 您对退休后的生活是否已做了充足的资金安排：

□A. 充足且有额外保障　　□B. 基本充足

□C. 不足　　□D. 未做考虑

3. 您目前投资于价值波动型产品（包括股票、股票型和混合型基金、期权、期货以及其他衍生产品等）的资产大约占您现有净资产（不包括自住房产）的比例：

□A. 0　　□B. 10%以下　　□C. 10%~25%（不含）

□D. 25%~50%（含）　　□E. 50%以上

4. 扣除您想投资的资金外，您所持有的现金和存款大约可以支付多久的生活开销：

□A. 小于5年　　□B. 5（含）~10年

□C. 10（含）~20年　　□D. 20年（含）以上

5. 您对投资收益和风险所持的态度是：

□A. 我希望承担风险，愿意为获得较高回报而承受较大的负面波动，能够承担本金损失。

□B. 我能够承担风险，愿意接受一定范围的负面波动以提高投资的潜在回报，能够承担部分本金损失。

□C. 我对风险的态度一般，愿意在投资期限内接受较小的负面波动，只要回报能明显高于定期存款。

□D. 我希望避免风险，能够接受轻微的价格波动，以追求高于定期存款的回报。

□E. 我不愿意承担风险，也不能接受投资的价值下跌。

6. 您有多少年投资以下产品的经验（下述5项都需选择）：

(1) 债券、债券型基金

□A. 没有　□B. 小于2年

□C. 2（含）~6年　□D. 6年（含）以上

(2) 股票、股票型基金

□A. 没有　□B. 小于2年

□C. 2（含）~6年　□D. 6年（含）以上

(3) 外汇、非保本结构性产品

□A. 没有　□B. 小于2年

□C. 2（含）~6年　□D. 6年（含）以上

(4) 期货、期权等衍生产品

□A. 没有　□B. 小于2年

□C. 2（含）~6年　□D. 6年（含）以上

(5) 未上市公司股权、上市公司未公开发行或交易股份

□A. 没有　□B. 小于2年

□C. 2（含）~6年　□D. 6年（含）以上

7. 您目前有一笔资金，仅有一次选择的机会，您会选择以下哪种机会（不用考虑，请立即回答）：

□A. 确定2%的收益

□B. 获得5%的收益，或收益为0（机会均等）

□C. 获得8%的收益，或损失5%（机会均等）

□D. 获得40%的收益，或损失25%（机会均等）

□E. 获得100%的收益，或损失50%（机会均等）

□F. 获得300%的收益，或损失100%（机会均等）

8. 如果您有一项投资，在一个月内下跌了30%，您会如何对待：

□A. 难以承受，想立即出售　□B. 焦虑不安，能部分接受

□C. 认为正常，继续持有　□D. 加仓，期待反弹

9. 您和您的家庭希望通过投资达到的目的：

□A. 迅速获得高收益　□B. 实现投资增值

□C. 获得股息、分红等　□D. 为养老、育儿准备

□E. 保值

投资者问卷得分与风险类型对应（由银行填写）：

□激进型　□进取型　□稳健型　□谨慎型　□保守型

财富顾问签字：　业务主管签字：

投资者确认（仅供投资者使用）：

本人已经根据自身实际情况，认真填写完成了本问卷，并已充分了解自身的风险承受能力

和风险类型。

客户签字：　　　　　　　　日期：

二、电话约访前的准备清单样本

电话约访前的准备清单样本

<table>
<tr><td colspan="3">电话约访前的准备清单</td></tr>
<tr><td colspan="3">客户姓名：</td></tr>
<tr><td>联系电话：</td><td colspan="2">E-mail：</td></tr>
<tr><td>此次约访的目的</td><td colspan="2"></td></tr>
<tr><td>客户的职业等背景资料</td><td colspan="2"></td></tr>
<tr><td>其他往来银行或金融机构</td><td colspan="2"></td></tr>
<tr><td>客户目前所使用的银行服务/产品</td><td colspan="2"></td></tr>
<tr><td colspan="3">列举至少三种以上的客户潜在需求（交叉销售的机会）与产品/服务及其优势/益处：</td></tr>
<tr><td>客户潜在需求</td><td>产品/服务</td><td>优势/益处</td></tr>
<tr><td></td><td></td><td></td></tr>
<tr><td></td><td></td><td></td></tr>
<tr><td></td><td></td><td></td></tr>
<tr><td colspan="3">准备提出的开放式问题（怎么、什么、请告诉我……），例如：</td></tr>
<tr><td colspan="3">1. 策略性问题</td></tr>
<tr><td colspan="3">在财务上您是如何为孩子出国留学的梦想做准备的？</td></tr>
<tr><td colspan="3">2. 关于产品的问题</td></tr>
<tr><td>请问您投资或购买过哪些基金、保险？</td><td colspan="2"></td></tr>
<tr><td>目前您所持有的产品主要是哪些？</td><td colspan="2"></td></tr>
<tr><td>竞争对手服务/产品信息</td><td colspan="2"></td></tr>
<tr><td>潜在的目标或障碍</td><td colspan="2"></td></tr>
</table>

附录二　货币时间价值在理财规划中的应用案例

一、房产规划案例

【例题1】王先生打算3年后买房，预计总房价为100万元，首付30万元，贷款利率为7%，贷款期限为20年。

（1）每年还款额为多少万元？

（2）如果投资报酬率为5%，按年定期定额投资，为了攒够首付款，需要每年投资多少万元？

【解析】（1）还款的年金现金流为期末普通年金，首先计算20年每年需还款额，首付30万元，那么贷款额为70万元。

7 [I/Y]，20 [N]，70 [PV]，0 [FV]，[CPT] [PMT] = -6.6075（万元）

若等额本息还款20年，则每年需要还款6.6075万元。

（2）如果投资报酬率为5%，3年每年投多少万元就可以获得首付30万元。

5 [I/Y]，3 [N]，0 [PV]，30 [FV]，[CPT] [PMT] = -9.5163（万元）

每年需要投资9.5163万元，3年后就能获得30万元的回报投资。

【例题2】陈先生最近购买了一套总价为100万元的新房作为婚房，首付40万元，商业贷款60万元，期限20年，年利率为6%。

（1）若采用等额本息方式还款，每月还款额为多少万元？

（2）等额本息还款方式的利息总额是多少万元？

（3）若采用等额本金方式还款，第2个月还款额为多少万元？

（4）若陈先生选用了等额本息还款法，5年后陈先生有一笔20万元的偶然收入，他计划用这笔钱来提前归还部分商业贷款，提前还贷后，希望还款期限不变，接下来的第1个月还款额应为多少万元？

（5）提前偿还部分贷款使陈先生的总利息支出减少多少万元？

【解析】（1）采用等额本息方式还款，每月还款额：

6/12 = [I/Y]，20×12 = [N]，0 [FV]，60 [PV]，[CPT] [PMT] = -0.4299（万元）

若采用等额本息方式还款，每月还款额为0.4299万元，即4 299元。

（2）等额本息还款方式的利息总额：

0.4299×20×12-60=43.176（万元）

等额本息还款方式的利息总额为43.176万元。

（3）采用等额本金方式还款，第2个月还款额：

每月还款本金：60/240=0.25（万元）

第2个月剩余本金应缴纳利息：（60-0.25）×（6%/12）=0.2988（万元）

第2个月还款额：0.25+0.2988=0.5488（万元）

采用等额本金方式还款，第 2 个月还款额为 0.5488 万元，即 5 488 元。

（4）若陈先生提前还贷后，希望还款期限不变，那么他接下来的第 1 个月还款额为：

[2ND] [PV] 调用 AMORT 功能，显示 P1 = 1，60 [ENTER]，显示 P1 = 60，按击向下键，显示 P2 = 1，60 [ENTER]，显示 P2 = 60；按击向下键，显示 BAL = 50.9370，即为还款 5 年后的剩余本金额。[CE/C] 显示 50.9370 − 20 = 30.9370，按击 [PV]，显示 PV = 30.9370，即为 5 年后提前还款 20 万元后贷款本金。提前还贷后，希望还款期限不变，接下来的第 1 个月还款额为：15 × 12 = 180 [N]，6 ÷ 12 = [I/Y]，0 [FV]，[CPT] [PMT] = −0.2611（万元）。

若陈先生提前还贷后，希望还款期限不变，那么他接下来的第 1 个月还款额为 0.2611 万元，即 2 611 元。

（5）提前偿还部分贷款使陈先生的总利息支出减少：

（0.4299 − 0.2611） × 12 × 15 − 20 = 30.384 − 20 = 10.384（万元）

提前偿还部分贷款使陈先生的总利息支出减少 10.384 万元。

二、子女教育规划案例

【例题】李女士的女儿贝贝今年读小学，考虑女儿 10 年后读大学，届时大学学费为每年 2 万元，连续 4 年，教育金投资产品的年投资回报率为 6%。

（1）若采用定期定额投资的方式，需要每年投资多少钱能达到孩子届时上学的费用？

（2）若采用现在一次性投资的方式，需要投资多少钱？

【解析】（1）首先需要计算出贝贝大学四年总学费在第 1 年的现值。由于学费缴到最后 1 年即已缴费完成，故 FV = 0，学费每年 2 万元，即 PMT = 2，N 为 4 年，求 PV，此部分年金为期初年金，所以需要将计算器调至期初模式 BGN。

[2ND] [PMT]，再按击 [2ND] [ENTER] 组合键（[SET] 键），显示 [BGN]，这表示已修改为期初年金。

6 [I/Y]，4 [N]，−2 [PMT]，0 [FV]，[CPT] [PV] = 7.346（万元）

这意味着贝贝读大学第 1 年有 7.346 万元即可保证 4 年的学费。

再计算每年应投资多少钱即可达到 FV = 7.346 万元定额定投为期末年金，先需要将计算器重新调回期末模式 [END]。

按击 [2ND] [ENTER] 组合键，将计算器重新调回期末模式 [END]。

6 [I/Y]，10 [N]，0 [PV]，7.346 [FV]，[CPT] [PMT] = −0.5573（万元）

这表示若以定额投资的方式，李女士只要每年投资 0.5573 万元，即 5 573 元即可保证贝贝未来读大学的学费支出。

（2）若采用现在一次性投资的方式，则：

6 [I/Y]，10 [N]，0 [PMT]，7.346 [FV]，[CPT] [PV] = −4.102（万元）

所以若采用现在一次性投资的方式，则李女士需要投资 41 020 元即可达到预期目标。

三、投资规划

【例题】周先生打算与朋友一起投资厂房，投入成本为170万元，每年能收回12万元，10年后以220万元转让，折现率为8%。

（1）此厂房是否可以投资？

（2）投资此厂房的内部报酬率是多少？

【解析】（1）按击CF键，出现CFo=0.0000，输入CFo=－170 ENTER，表示期初投入成本170万元。

按击向下键，出现C01，12 ENTER，表示收入12万元。

按击向下键，出现F01=9 ENTER，表示连续9期现金。

C02=12+220=232

按击ENTER键后，按击向下键，按击NPV显示I=　，8 ENTER，

按击向下键，显示NPV=　，按击CPT得出12.4235，

净现值>0，此厂房可以投资。

（2）延续上题，输入CF值后，按击IRR键，显示*IRR*=0，

按击CPT键算出*IRR*=8.9952

所以投资此厂房内部报酬率约为9%。

四、保险规划

【例题】某款定期领回储蓄险，一次性缴纳100万元，每5年拿回10万元，20年后领回100万元。计算该定期领回储蓄险的投资报酬率是多少？

【解析】按击CF键，出现CFo=0.0000，输入CFo=－100 ENTER，按击向下键

显示C01 0，按击向下键，显示F01 0，按击4 ENTER，显示F01=4，按击向下键

显示C02 0，按击10 ENTER，显示C02=10，按击向下键显示F02 0，按击1 ENTER R，显示F02=1，按击向下键

显示C03 0，按击向下键，显示F03 0，按击4 ENTER，显示F03=4，按击向下键

显示C04 0，按击10 ENTER，显示C04=10，按击向下键

显示F04 0，按击1 ENTER，显示F04=1，按击向下键

显示C05 0，按击向下键，显示F05 0，按击4 ENTER，显示F05=4，按击向下键

显示C06 0，按击10 ENTER，显示C06=10，按击向下键

显示F06 0，按击1 ENTER，显示F06=1，按击向下键

显示C07 0，按击向下键，显示F07 0，按击4 ENTER，显示F07=4，按击向下键

显示 C08 0，按击 100 ENTER，显示 C08 =100，按击向下键

显示 F08 0，按击 1 ENTER，显示 F08 =1

按击 IRR 键，显示 *IRR* =0

按击 CPT 键，得出 *IRR* =1.5085

故该储蓄保单的报酬率为 1.51%。

五、退休规划

【例题】孙女士 25 岁，30 年后退休，退休后每年开销现值 5 万元，生活 20 年。通货膨胀率 3%，投资回报率工作期 8%、退休后 5%，现有资产 5 万元，问孙女士每年应储蓄多少可以达到退休目标？

【解析】3 I/Y，30 N，0 PMT，－5 PV，END，CPT，FV =12.1363（万元）

现在 5 万元现值 30 年后值为 12.14 万元。

5－3 =2 I/Y，20 N，－12.1363 PMT，0 FV，BGN，CPT PV =202.4184（万元）

退休后支出为期初年金，用 BGN，用简便算法算出折现率（5%－3% =2%），算出所需退休金总额为 202.42 万元。

8 I/Y，30 N，－5 PV，202.4148 FV，CPT PMT =－1.3427（万元），算出孙女士每年应储蓄 1.3427 万元才可以达到退休目标。